PREFACE

前 言

众所周知，企业产品的成本信息是基础性决策信息，在企业经营管理中具有重要的作用；成本是企业产品与服务定价的基础，成本是否准确，将直接影响产品定价的合理性，影响企业盈利的质量、盈亏的计算与业绩评价，影响企业利益相关者的经济决策，从而在一定程度上可决定企业在市场竞争与行业发展中的地位。成本信息可以为企业财务会计体系提供资产负债表中存货的结存成本与计算确定分期经营成果时所需已销商品与服务的业务成本信息，从而连接着财务会计与管理会计系统，成为现代企业会计体系的关键节点。

为了加强企业产品成本核算工作，规范企业成本管理行为，确保产品成本信息真实、完整，促进企业和经济社会的可持续发展，我国财政部于2013年8月16日发布了《企业产品成本核算制度（试行)》（以下简称新制度)，并于2014年1月1日起施行。这是我国成本管理会计制度建设史上的一件大事，体现了我国政府特别是财政部对于强化企业产品成本核算、保证成本会计信息质量、为经济决策提供基础信息的高度重视。发布实施企业产品成本核算制度，推进我国管理会计体系建设，必将有利于打造具有国际竞争力的世界一流企业目标的实现。新制度按行业分类制定了各行业的成本核算方法；适用于各行业的大中型企业，包括制造业、农业、批发零售业、建筑业、房地产业、采矿业、交通运输业、信息传输业、软件及信息技术服务业、文化业以及其他行业的企业；对于我国点多面广的广大中小企业而言，也同样有借鉴意义，在新制度第五章附则中即明确指出，“小企业参照执行本制度”。

为了便于更好地学习、理解、掌握和运用新制度，我们根据《企业会计准则》、财政部发布的《企业产品成本核算制度（试行)》及其讲解编写了本书。全书分为十二章，各章分别介绍了各个不同行业企业产品成本的核算对象、核算方法和归集与分配程序，针对各行业产品成本计算与核算的特殊性，着力行业成本核算差异与产品成本核算特点展开；各章配备了实例和章末小结。本书由中央财经大学会计学院教授、博士生导师余应敏制定编写大纲与各章案例，起草部分章节并统稿；张新玲、彭红星博士和陈川、黄秋婵、肖健思、项纯、彭娜、王蓓、程莅雯、赵坦迪、严亚洲、李昌蔚、孟玥硕士以及中国青年政治学院李朝晖博士参与了本书的编写。感谢中国财政经济出版社会计分社副社长宋学军博士、张若丹编辑的耐心和大力支持。囿于时间和编者水平所限，书中错漏难免，恳请同行和读者不吝批评指正。

余应敏

2014 年 6 月

新企业产品成本会计实务

余应敏　主　编
张新玲　副主编

中国财政经济出版社

图书在版编目（CIP）数据

新企业产品成本会计实务/余应敏主编．—北京：中国财政经济出版社，2014.10

ISBN 978-7-5095-5493-7

Ⅰ.①新…　Ⅱ.①余…　Ⅲ.①企业管理—产品成本—会计实务

Ⅳ.①F275.3

中国版本图书馆 CIP 数据核字（2014）第 140433 号

责任编辑：张若丹　　　责任校对：杨瑞琦

封面设计：耕　者

中国财政经济出版社 出版

URL：http：//ckfz.cfeph.cn

E-mail：ckfz@cfeph.cn

社址：北京市海淀区阜成路甲 28 号　邮政编码：100142

营销中心电话：010-88190406　北京财经书店电话：010-64033436、84041336

北京富生印刷厂印刷　各地新华书店经销

880×1230 毫米　32 开　12 印张　315 000 字

2014 年 10 月第 1 版　2014 年 10 月北京第 1 次印刷

印数：1—3 060　定价：28.00 元

ISBN 978-7-5095-5493-7/F·4442

（图书出现印装问题，本社负责调换）

质量投诉电话：010-88190744

打击盗版举报热线：010-88190492，QQ：634579818

本教材获中央财经大学第二批青年科研创新团队项目《实验会计与审计》和中央财经大学“会计类专业群（改革试点）”资助

CONTENTS

目 录

第一章　企业产品成本核算与成本计算概述

★★ 小案例 ★★

上海宝钢集团公司的标准成本管理体系①

在激烈的市场竞争中，市场决定了产品的价格，产品成本的高低也就决定了企业效益的高低，改善成本管理成为提高企业竞争力的内在要求和现实选择。为此宝钢实行了标准成本制度，通过对成本中心各项成本指标及其成本动因的细化分析，找寻规律并设定相应的成本标准及预算因子，运用标准与实际对比揭示差异并分析的方法，实施对成本事前、事中和事后的全过程控制，通过成本中心成本绩效衡量，着力于成本改善，并运用成本标准服务于经营决策的成本管理体系。宝钢推行标准成本制度以来，财务人员在降低成本方面扮演了越来越重要的组织者的角色，具体做法是：（1）组织起高效的成本网络。财务人员组织成立标准成本推进网络，以高效快捷地反映成本信息。公司经理担任小组组长，各工序兼职成本员、统计员、领料员等为网络主要成员，及时反馈成本信息，定期进行成本分析，有效地控制成本。（2）组织成本管理的过程控制。①财务人员对成本进行事前预测。首先建立成本指标分解体系：对于成本预算中的各类费用有专人控制，杜绝“无人管的费用”发生。制造费用各项费用指标分解到各月，同时确定控制者及主管领

---

①　节选自范松林：“宝山钢铁公司标准成本制度管理体系探索”，《财会通讯》，2004 年第 23 期。

导。其次建立月度成本计划体系：实行年预算指导下的月度成本计划管理，即根据每月的生产计划制订出月工序成本计划及各项消耗定额，进行成本的月控制，使预算置于强有力的过程控制之下。②财务人员充分发挥成本管理网络的作用，对现场成本进行事中控制。首先通过作业长控制现场成本：年初作业区把预算指标分解到班组、岗位，使人人有指标、有压力、有动力，使成本压力由作业长层层传递到班组、岗位。各作业区由作业长为责任人提出2～3项各自工序的重点控制项目，定出指标，进行事中控制，每月进行检查。公司单独拿出奖金进行奖励（按节约额的5%提奖），这种管理方式已经取得了较显著的成绩。其次由作业长责令班组长控制班组成本：各班组分解指标、落实责任人、制定考核办法，月度作业区对直接材料、机物料、低耗品的责任人进行考核，与奖金挂钩。再次通过领料员控制物资领用：以月度成本计划为基础，领料员上报计划，作业长签字确认；领料员做好物资的验收工作，及时登记台账，并对当月各班、整个消耗情况进行分析，作业长控制物料的耗用。③财务人员组织好成本的事后分析。建立成本分析例会制度，由财务科牵头召开成本分析会，作业区内作业长牵头召开作业区班组长成本分析会。一些数据经过核对后，及时进行更正，并研讨解决成本管理中出现的各种问题。

通过成本结构的调整或变动来进行成本管理是重要的，但往往并不会短期内见效，故很多成本管理变成了产量管理，高产量会因规模经济而减低单位成本，执行成本领先策略而非差异化。同时，要关注成本发生的目的。成本控制并非要一味地追求绝对成本的降低或削减，更重要的要保证一定的成本发生带来最优的收益。降低成本、节能降耗是钢铁企业目前最重要、最紧迫的任务。

第一节　发布新成本会计核算制度[①]的必要性

一、制定和发布新成本会计核算制度的必要性

企业产品成本核算既是企业的一项重要会计工作，也是企业的一项重要管理活动。制定成本制度是规范和加强企业产品成本核算的一项重要制度安排，对于加强企业内部管理、提高竞争力具有重要意义，也是不断完善企业会计准则体系、推进管理会计体系建设的一项重要任务（杨敏，2014）[②]。

（一）旨在强化企业的成本管理与控制

随着市场经济体制的日益完善，企业由传统生产型，向生产经营型和开拓经营型转变。企业产品成本核算的目的也发生了重大变化，不仅要满足政府、股东、债权人等利益相关方的外部信息需求，还要为企业内部管理服务，从而切实提高企业的经济效益。这在客观上要求企业要建立起既能计算产品实际成本，又便于成本控制和成本预测决策；既能满足宏观成本管理要求，又能满足企业内部管理要求的成本核算模式。现行企业产品成本核算办法难以满足企业多层次、多维度的管理需求。为此，楼继伟部长和余蔚平部长助理专门作出“从出资人角度研究会计问题，切实加强管理会计工作”的指示。结合市场经济新发展和企业管理新需要制定成本制度，进一步规范企业产品成本核算，提高产品成本信息质量，有助于企业开展绩效考评、成本决策、经营决策等管理活动，促进提高企业竞争力（杨敏，2014）。

（二）适应企业参与国际市场竞争的需要

随着我国企业产品出口贸易的迅速发展，国际社会特别是欧美

---

① 书中所述“新成本会计核算制度”、“新成本会计制度”以及“新制度”系指财政部于2013年8月16日发布的《企业产品成本核算制度（试行）》。

② 杨敏：“认真学习 扎实推进 全面贯彻《企业产品成本核算制度（试行）》”，财政部网站，2014年。

国家借产品成本问题对我国出口产品发起的反倾销案件急剧增加，我国已经连续多年成为全球首位被反倾销对象，一定程度上影响了我国企业参与国际竞争。如何应对反倾销的挑战，并尽可能地规避其带来的风险已成为当务之急。会计信息在反倾销提起、反倾销调查和反倾销应诉过程中，起着基础性作用。特别是产品成本的核算方法，是确定被调查产品倾销存在与否的重要依据。规范企业产品成本核算，保证成本信息质量，是企业有效应对反倾销的重要举措。因此，制定成本制度是谋求我国完全市场经济地位的重要制度安排，是提高企业国际竞争力的重要制度基础，对于贯彻实施中央“走出去”战略具有重要意义（杨敏，2014）。

（三）是构建管理会计体系，进一步完善企业会计规范体系的必然选择

随着经济全球化的日益深入和市场竞争的不断加剧，企业的生存与发展愈来愈取决于企业的管理水平。大力推进管理会计的研究和运用，在提升企业经营管理水平、防范企业风险、增加企业价值等方面为各级决策者提供强有力的决策支持，已成为各界的广泛共识和一致呼声。然而，一段时期以来，我们的会计标准建设，考虑外部投资者、社会公众和外部审计较多，而服务企业内部管理决策不够，应当同时从出资人角度研究会计问题，切实加强管理会计工作。为此，通过制定成本会计制度，从而探索建立我国管理会计体系是有益的，也是可行的。如在制定成本制度的过程中，财政部会计司会同中国石油化工股份有限公司、中国机械工业集团公司、中国铁道建筑股份有限公司、中国远洋运输（集团）总公司、中国电信集团公司、中国普天信息产业集团公司、中钢集团等多家企业，以及会计理论界的知名专家组成专家工作组，充分吸收其所代表的行业的先进做法和经验，制定了成本制度。成本制度既满足了加强企业成本核算的需要，又体现了管理会计理念（杨敏，2014）。

我国从 20 世纪 50 年代到 80 年代期间陆续颁布了《国营工业企业统一成本计算规程》、《国营工业企业成本核算办法》等关于企业成本会计核算的规范。随着会计改革的深入，在90年代先后发布了《企业会计准则》和《企业财务通则》，以及13个行业会计制度和财务制度，在2000年《企业会计制度》印发后配套制定了12个行业核算办法，不断规范、改进企业成本核算。2006年2月15日，财政部发布1条基本准则和38条具体《企业会计准则》后，企业产品成本核算得到了进一步充实和完善，实现了国际趋同。但是，无论是准则还是制度，都没有具体涉及成本费用的计算方法、归集和分配等内容，而这些内容往往会影响财务报告中存货成本和营业成本等信息的准确性。因此，进一步规范产品成本核算，建立一套各行业通用的产品成本核算制度，是推动企业会计准则体系不断健全、完善的一项重要任务，对企业会计准则的持续平稳有效实施具有重要意义（杨敏，2014）。

目前，企业会计标准体系基本建成并在大中小型企业全面实施，管理会计体系已列为今后会计改革与发展的重点方向。成本制度一方面与企业会计标准体系保持了衔接，通过有机整合零散分布在存货、固定资产、借款费用、无形资产、职工薪酬等具体准则中关于产品成本要素的内容，进一步细化成本核算方法，统一规范成本核算项目，从而减少了企业产品成本核算工作的随意性。例如存货会计准则关于产品加工成本的内容，建造合同会计准则关于工程施工成本的内容，无形资产、固定资产会计准则中关于应计入产品成本的摊销和折旧的内容，职工薪酬会计准则中关于应计入产品成本的人工费用的要素范畴。同时，由于以上规定相对较为原则，不够具体，不能满足企业进行产品成本核算的需要，成本制度在整合的基础上，还进一步规范了产品成本核算对象、产品成本核算项目和范围以及产品成本归集、分配和结转，建立了企业产品成本核算的操作性规范。另一方面，成本制度与管理会计体系建设进程保持了衔接，突出体现了企业内部管理对产品成本核算多维度、多层次的需要，明确规定企业应当根据内部管理要求确定成本核算对象、成本核算项目，并在此基础上对有关费用进行归集、分配和结转，同时，适度加入作业成本法等，为管理会计体系的建设迈出了坚实步伐（杨敏，2014）。

二、新成本会计核算制度实现的若干重大突破

（一）建立制造业和非制造业企业统一适用的产品成本核算体系，兼顾制度的普遍适用性和可操作性

我国制造业（工业）在国民经济中具有重要地位，且其产品结构复杂繁多，成本核算方法和程序较为典型、成熟，长期以来，无论是企业会计准则、制度还是成本会计教科书，通常以制造企业为蓝本作出相关规定或加以阐述。然而，随着非制造业在国民经济中的比重日益扩大，以及现代企业集团多领域、跨行业的多元化发展趋势及其产品成本核算的日益复杂化，农业、采矿业、建筑业、交通运输业、信息传输业等非制造业的产品成本信息在企业管理中变得日益重要。制定统一适用于制造业和非制造业的产品成本核算制度，已成为当务之急。

新制度以“制造业”为蓝本，明确企业产品成本核算的总体要求和一般原则。企业通常情况下应当据此进行产品成本核算。同时，成本制度还兼顾其他行业特点作出了有关规定，除已经明确规定的以外，其他行业企业应当比照成本制度中类似行业的企业进行产品成本核算。成本制度规定了各行业企业产品成本核算的基本原则方法，统一了各行业企业产品成本核算标准，有力规范了企业产品成本核算行为，保证了成本信息真实完整。同时，行业不同，企业产品成本核算特点不同，但从成本核算流程及归集、分配、结转的方法看，又具普遍规律，成本制度准确把握了这一规律，从成本核算对象、范围、项目、归集、分配、结转、报告入手，系统整合了分散在具体会计准则、专业核算办法等会计准则制度中的有关规定，保证了成本制度科学可行。另外，随着企业产品成本核算方式逐步由传统的手工记账向信息化转变，为进一步提高产品成本核算的及时性、准确性和全面性，充分发挥产品成本核算在经营管理活动中的基础性作用，成本制度明确要求企业充分利用 ERP 等现代

信息技术，切实加强内部成本管理的各项基础工作，体现了会计信息的发展方向（杨敏，2014）。

（二）以国民经济分类标准划分的20大类行业为基础，并结合财政部以往发布的行业会计制度和核算办法所涉及的13个行业，《企业产品成本核算制度（试行）》将有效遏制企业产品成本核算工作的随意性，在全国范围内形成统一的能对企业会计人员具有强制约束力的规则体系

新制度涵盖了包括采矿企业在内的十种行业的企业。根据《国民经济行业分类》（GB/T 4754－2011）及联合国《所有经济活动的国际标准产业分类》（ISIC Rev. 4），我国主要以产业活动单位和法人单位作为划分行业的单位。采用产业活动单位划分行业，适合生产统计和其他不以资产负债、财务状况为对象的统计调查；采用法人单位划分行业，适合以资产负债、财务状况为对象的统计调查。在以法人单位划分行业时，应将由多法人组成的企业集团、集团公司等联合性企业中的每个法人单位区分开，按单个法人单位划分行业。我国的行业分为：A. 农、林、牧、渔业；B. 采矿业；C. 制造业；D. 电力、热力、燃气及水生产和供应业；E. 建筑业；F. 批发和零售业；G. 交通运输、仓储和邮政业；H. 住宿和餐饮业；I. 信息传输、软件和信息技术服务业；J. 金融业；K. 房地产业；L. 租赁和商务服务业；M. 科学研究和技术服务业；N. 水利、环境和公共设施管理业；O. 居民服务、修理和其他服务业；P. 教育；Q. 卫生和社会工作；R. 文化、体育和娱乐业；S. 公共管理、社会保障和社会组织；T. 国际组织。

新制度科学、系统地整合划分了11个行业类别，制度第二条规定："本制度适用于大中型企业，包括制造业、农业、批发零售业、建筑业、房地产业、采矿业、交通运输业、信息传输业、软件及信息技术服务业、文化业以及其他行业的企业。其他未明确规定的行业比照以上类似行业的规定执行。本制度不适用于金融保险业的企业。"比如采矿企业此后将有制度可依，"维简费"不再是产品成本核算工作的难题：（1）基本上覆盖了以往发布的行业会计制度、行业会计核算办法所涉及的行业范围，保持政策必要的延续性；（2）与国民经济行业分类标准基本一致，确保成本制度行业划分的科学性，便于企业理解和操作；（3）涵盖了国民经济分类中的主要类型，不但包括制造业、农业等传统产业，还包括了交通运输、信息传输、软件及信息技术服务等生产性服务业，以及有关生活性服务业，确保成本制度适应经济社会发展要求，具备广泛适用性；（4）考虑到金融保险业的企业在业务流程、经营管理等方面的特点，规定其不适用这次发布的成本制度（杨敏，2014）。

（三）体现企业管理发展的新需要，适度引入现代企业成本核算的新实践，促进发挥成本信息在决策中的基础作用

成本核算是成本管理的一项基础性工作，同时，成本管理又为成本核算的不断完善提供了方向和环境。但是，传统的成本核算方法难以满足实务中成本管理的新需要。例如，企业在进行定价决策时，需要掌握特定产品的成本信息；在进行生产流程优化决策时，需要掌握各个生产步骤的成本信息；在进行营销决策时，需要掌握特定订单或客户的产品成本信息。为此，成本制度规定，企业可以按照“多维度”、“多层次”的管理需求进行产品成本核算。又如，随着企业 IT 技术的运用，企业使用现代信息技术来管理经营与生产，是产品成本核算和管理的趋势。作业成本法作为管理会计的重要内容之一，适时予以引入，将有助于引导企业将产品成本核算与成本信息的分析和应用结合起来，促进企业降本增效。调研显示，目前信息传输、软件及信息技术服务行业的有关企业，已经具备了较好的作业成本法操作基础和成功实践。成本制度据此作出了适度规定（杨敏，2014）。

第二节　成本的含义、特征、内容和分类

一、成本的相关含义

成本作为商品生产的经济范畴，随着产品交换而产生，又随着商品经济的发展而不断改变其表现形式。在经济学和会计学中，成本均属于使用频率很高的词汇，在不同的语境下，却具有不同的内涵。

在经济学中，成本属于价值范畴，成本是商品价值中已耗费的需要在产品销售收入中获得补偿的那部分价值，即已经消耗的生产资料转移的价值和劳动消耗的价值。马克思指出："每一个商品的W的价值，用公式可以表现为W=C+V+M。如果我们从这个商品价值中减去剩余价值M，那么，在商品中剩下的，只是在一个生产要素上耗费的资本价值C+V的等价物或补偿价值，只是补偿商品使资本家自身耗费的东西，所以对资本家来说，这就是商品的成本价格。"根据马克思的成本价格理论，产品的成本由C+V两部分构成，C+V构成的内涵既是成本研究的理论基础，又是测算理论价格的依据，所以被称之为理论成本。作为一个广义的经济范畴，成本是指人们在经济活动过程中，为达到一定的目的而耗费的各种资源，包括人、财、物、时间、信息、机会等。经济学中的成本概念主要有两个主要特征：(1) 成本是需要补偿的价值，而不是可分配的价值，只有为社会创造的价值才是可供分配的价值；(2) 成本是经济价值的耗费，包括生产资料耗费和劳动力耗费，而不是为社会创造新的价值。

现代会计体系有财务会计和成本管理会计两大分支。在会计学中，常常把成本理解为实现一特定目的所付出的价值牺牲。美国会计学会所属成本概念与标准委员会在1951年给成本所下的定义："成本是指为达到特定目的而发生或应发生的价值牺牲，它可以用货币单位加以衡量。"美国会计师协会在1957年对成本所下的定义

为："成本系为获取财务或劳务而支付的现金或转移其他资产、发行股票、提供劳务或发生负债，而以货币衡量的数额。"财务会计中使用的成本概念，具有以下特征：（1）成本是经济资源的耗费；（2）成本是以货币计量的耗费；（3）成本是特定对象的耗费；（4）成本是正常生产经营活动的耗费。企业在一定时期内（如一月、一季、一年）为进行生产活动所发生的全部费用，即用货币形式表现的生产耗费就是该时期的生产费用；为生产一定种类和数量的产品所发生的生产费用总和，就是产品成本。而管理会计中使用的成本可分为两大类：（1）决策使用的成本；（2）日常计划和控制使用的成本。

综上所述，我们可以把成本理解为特定的会计主体为了取得各项生产要素、产品或劳务以及为实现特定经济目的而发生的耗费。具体包括以下几层含义：（1）成本发生于某一特定的会计主体，以符合会计主体假设。（2）成本的发生是为了达到一定的目标。如果没有明确的目标，发生的成本就是一种浪费。（3）成本是可以用货币计量的。

二、成本的主要特征

（一）成本是经济资源的耗费

企业的生产经营过程同时也是资源的耗费过程。根据成本归属理论，当任何原材料或设备在耗用之后，它们的原始购置成本就随之归属于产出物，成为产出物的成本。

（二）成本是以货币计量的耗费

成本总是需要支付货币的，或者说只有支付货币的耗费才属于成本。

（三）成本是特定对象的耗费

成本是转移到一定产出物的耗费，是针对一定的产出物计算归集的。这个产出物称为成本计算对象，它可以是一件产品或者一项服务。

成本和费用的区别之一，就是成本有特定的对象而费用没有特定对象。广义的费用是资产的耗费，它强调资产已经被耗费而不是强调被“谁”耗费；狭义的费用仅指为取得营业收入而发生的资产耗费，它强调与特定会计期间收入配比的耗费，而不一定是特定产出物的耗费。

（四）成本是正常生产经营活动的耗费

成本会计中的“成本”多指存货（产品或服务）的取得成本，是正常生产经营状态下的成本。非正常的、意外的耗费不计入存货成本，而将其直接列为期间费用或损失。

三、成本的构成内容

在实际工作中，对于一个实行经济核算制的企业来说，必须以生产经营过程中的收入来弥补支出，补偿生产经营中的资金耗费。因此，在实务中，从资金补偿的角度，把某项不构成产品成本的支出，也列入了成本中，这就是产品成本的实际内容，一般将其称为成本开支范围。为了加强成本管理，防止滥挤、虚列成本，成本的开支范围通常由国家统一规定，各企业必须严格遵守。产品成本开支范围是以产品成本的实质为基础，同时又考虑了加强企业经济核算、进行生产耗费的补偿，把一部分与产品价值无关的费用也列入产品成本中。这样有助于充分发挥成本在加强企业生产经营管理和经济核算上的积极作用。尽管目前我国没有一个统一的成本开支范围的具体规定，但其基本内容在基本会计准则、具体会计准则及相关的会计制度中都有体现。综合这些规定，成本开支范围通常包括：（1）为制造产品而消耗的原材料、辅助材料、外购半成品和燃料的原价与运输、装卸、整理等费用；（2）为制造产品而耗用的动力费；（3）企业生产单位支出的职工薪酬，包括工资、奖金、津贴和补贴、福利费、社会保险等；（4）生产用固定资产的折旧费用；（5）企业生产单位因生产原因而发生的废品损失，以及季节性、修理期间的停工损失；（6）企业生产单位为管理和组织生产而支付的办公费、取暖费、水电费、差旅费，以及运输费、保险费、设计制图费、实验检验费和劳动保护费等。

为了加强成本管理，制度还明确规定，下列各项开支不得列入产品成本：（1）购置和建造固定资产、无形资产和其他长期资产的支出。这些支出属于资本性支出，在会计上不能一次列入成本，只能按期逐月分摊。（2）对外投资的支出以及分配给投资者的利润支出。（3）罚没的财务损失，支付的滞纳金、罚款、违约金、罚金、赔偿金，以及企业赞助、捐赠等支出；应在公积金中开支的支出等。

四、成本费用的分类

成本可以按照多种不同的标准进行分类，例如按照财务会计的成本报告目的所进行的成本分类和按照管理会计的成本决策目的所进行的成本分类。为了科学地进行成本管理，适应管理上的不同需要，正确计算产品成本和期间费用，需要对种类繁多的成本费用进行合理分类。

（一）财务会计的成本分类

西方会计学认为，成本是企业为了获取某项资产或达到一定目的而发生的以货币计量的价值牺牲，成本的形成既可以通过直接牺牲一项资产来实现，也可以通过产生某项负债而导致未来的价值牺牲的方式来实现；在我国传统的财务会计教科书中，通常把成本定义为：在一定条件下，企业为生产一定产品所发生的各种耗费的货币表现。

1. 按成本功能分：制造成本和期间费用

一般会计准则按照成本功能对成本费用分为两类，即制造成本和期间费用。

（1）制造成本，也称为生产成本，是企业在生产过程中发生的所有与产品生产相关的成本，这些成本包括与原材料成本、人工成本以及与生产能力有关的成本。按照制造成本的发生方式可以进一步分为直接制造成本和间接制造成本。

直接制造成本是能将成本形成的原因直接追溯到产生这些产品的成本，如产品生产过程中耗费的原材料、计件支付的生产车间的人员职工薪酬。

间接制造成本是发生的成本与生产的产品有一定的关系，但是不能直接将成本形成的原因追溯到产生这些产品的成本，如固定资产折旧、生产制造车间的管理费（制造费用）。

（2）期间费用，是指一定时期发生的与产品的制造没有直接关系的费用支出，具体包括配送费用、销售费用、管理费用、财务费用等。

配送费用，指把产品送到客户手中所发生的运输费、装卸费等成本。

销售费用，指涉及销售人员工资和佣金，以及销售部门的其他费用支出。

管理费用，指企业行政管理部门为组织和管理生产经营活动而发生的各项费用支出，例如工资和福利费、折旧费、办公费、水电费和保险费等。

从企业产品成本核算制度的沿革来看，1992 年以前，我国成本会计采用完全成本法来核算产品成本，即将制造成本和非制造成本中的销售费用、管理费用和财务费用都计入产品成本。由于在完全成本法下，企业通过产量来调节利润的空间较大，也不利于正确计算当期损益。1992 年以后通过会计改革，依据国际惯例采用制造成本法核算产品成本，即：企业归集一定期间内生产过程中所发生的各种制造成本，采用一定的方法和标准分配计入相应的产品，非制造成本（销售费用、管理费用和财务费用）从当期损益中直接扣除。制造成本法作为一种普遍的成本核算办法，一直稳定使用至今。

2. 按成本对象分：直接成本和间接成本

成本按照计入不同的成本对象可分为直接成本和间接成本，这种分类的目的是为了经济合理地把成本归属于不同的成本计算对象。成本计算对象指成本所计入的对象，例如产品、服务、客户等。

（1）直接成本，指可以分清哪种产品所耗用，可以直接计入某种产品的费用。如直接材料、直接人工等。

（2）间接成本，指不能直接归集到某一成本对象而是由多个成本对象共同分担的资源成本。如销售费用、管理费用等。

3. 按经济用途分：生产成本、营销成本和管理成本

在我国财务会计对成本费用的分类中，通常对成本按经济用途分为生产成本、营销费用和管理费用三大类。

（1）生产成本，也称为制造成本，指为制造产品或提供劳务而发生的成本，可按其具体的经济用途分为直接材料、直接人工和制造费用。直接材料，指在生产中直接用来构成产品主要实体的材料成本。直接人工，指在生产中直接改变原材料的性质或形态所耗用的人工成本。制造费用，指在生产过程中发生的不能归属于直接材料和直接人工项目的其他成本。如间接材料、间接人工和其他制造费用。

（2）营销费用或销售费用，指在企业销售推广产品过程中发生的费用，如广告费、展览费、销售人员的工资和销售部门发生的其他费用等。

（3）管理费用，指生产成本和营销费用之外的，由企业行政管理部门在组织和管理生产经营活动时发生的各项费用支出，如办公费、邮电费、水电费等。

成本按其经济用途分类通常被认为是财务会计中对成本的基本分类方法。这种分类方法具有以下优点：

①能清楚地反映产品成本结构，便于与本企业历史资料或同行业数据比较，用来评价和考核目标成本的执行情况，分析成本变动的原因，并提出相应的改进措施和建议。

②将总成本分为生产成本、营销费用和管理费用三大类，有利于“产品成本”和“期间费用”的划分，更好地贯彻“配比”原则。

③将生产成本分为料、工、费，有利于直接成本与间接成本的

划分，以便根据“谁受益，谁负担”的原则进行成本分配，便于正确计算产品成本和期间费用。

此种分类虽然具有上述优点，但也存在明显的缺陷，表现为：

①没有同企业的生产能力挂钩，因而不利于企业事先控制产品成本和进一步挖掘企业内部的生产潜力。

②产品成本与销售量之间的关系不明确，各种间接成本要经过多次按用途的集合和分配，才能归属于不同产品，因而不利于分析销售量变动对产品成本的影响。

（二）管理会计的成本分类

在市场经济条件下，企业管理的重心由企业内部转向外部，由重生产管理转向重经营决策管理，研究分析各种决策成本也就成为企业成本管理的一项至关重要的内容，常见的决策成本如相关成本、差量成本、机会成本、边际成本、付现成本、重置成本、可避免成本、可递延成本、未来成本等。在企业成本管理中，重视和加强对这些管理决策成本范畴的研究分析，可以避免决策失误给企业带来的巨大损失，为保证企业作出最优决策、获取最佳经济效益提供基础。

1. 按成本是否与决策相关，可以分为相关成本和无关成本。（1）相关成本，指与特定决策有关，在决策过程中必须加以考虑的成本，如机会成本、重置成本、差量成本等。（2）无关成本，指对未来决策没有影响的成本，如沉没成本、共同成本等。

2. 按成本发生的时态，可以分为历史成本和未来成本。（1）历史成本，指已经发生的成本，也就是财务会计中的实际成本。（2）未来成本，指预先测算的成本，实际上是一种目标成本。

3. 成本的大小，与业务量的增减变动有一定的关系，成本按可变性（性态）可分为变动成本和固定成本。（1）变动成本，指在一定的相关范围内，成本总额与业务量成正比例变动的成本。（2）固定成本，指在一定的相关范围内，成本总额与业务量变动无关的成本。比如房屋租金，我们每年花 10 万元租下一个门面房销售产品，不论是销售100万元的产品，还是销售1 000万元的产品，这10万元的租金是不变的，即是固定的；当然，如果销售量达到10 000万元，那么，这个门面房可能就不够用了，也许要再租一间，再花10万元甚至更多。因此，固定成本总额只有在一定时期和一定业务量范围内才是固定的，即固定成本的固定性是有条件的。这里所说的一定范围为相关范围。如果业务量的变动超过此范围，固定成本就不再是固定的，而是会发生变动的。

在实务中，很多成本兼具变动成本与固定成本的性质，称为混合成本，这类成本会随着业务量的变动而变动，但不保持正比例关系。一般来说，混合成本可以进一步地分解为固定成本和变动成本。

第三节　产品成本核算方法

一、产品成本核算的基本要求

（一）严格执行国家规定的成本开支范围和费用开支标准

企业进行成本核算，必须体现经济责任的客观要求，严格执行国家规定的成本开支范围和费用开支标准。成本开支范围和费用开支标准是根据企业在生产经营过程中发生的生产费用的不同性质、成本的具体内容以及加强经济核算的要求，由国家统一制定的。企业的特点之一就是企业全面的标准化，因此，企业进行成本、费用核算，必须严格根据国家有关的法律和制度，以及企业的成本计划和相应的消耗定额，对企业的各项费用进行审核和控制。

首先应加强对生产费用的审核和控制，提供生产费用支出的真实资料。对不合理的开支，要坚决抵制；对超计划的费用开支，要按规定的审批手续办理；对各项浪费和损失，要查明原因，追究有关人员的责任。

（二）合理确定成本核算对象和成本核算的方法

企业应根据自身的经营特点和企业成本管理的要求，合理地确定成本核算对象和选择成本核算方法。基于企业的生产类型，无论是单件生产、大批量生产、多品种生产，在不同的生产方式下进行成本核算和成本控制的关键点是不同的。基于生产流程，单步骤生产和多步骤生产企业进行成本核算和成本控制的节点也不一样。所以，企业一般按照产品品种、批次、订单和生产步骤等确定产品成本的核算对象。

（三）正确划分各项费用支出的界限

产品的生产成本是企业的一种费用支出，但企业发生的各项费用支出并不都属于产品的生产成本。为了正确核算产品的生产成本，必须划清各项费用支出的界限。

1. 正确划分资本支出和收益支出的界限。正确划分计入产品成本与不计入产品成本的界限，确定成本费用的范围。企业发生的费用有很多项目，根据谁受益（或谁消耗）、谁负担的原则，凡生产过程中消耗的各种材料、人工和其他费用都应计入生产成本。否则，就不能计入生产成本。如支付的各种滞纳金、罚款、违约金、赔款、捐赠、赞助款等应计入营业外支出；支付的股利应计入利润分配；管理费用、财务费用等均不应计入生产成本，而应计入期间费用。

2. 正确划分产品生产费用支出与期间费用支出的界限。为正确地计算产品成本和企业的损益，在进行成本核算时应严格区分生产费用和期间费用。在企业中，为生产一定种类和数量的产品而发生的原材料费用、生产工人工资费用和制造费用以及在规定的范围内发生的废品损失、停工损失等都应计入生产费用，并以此为依据计算产品成本。企业发生的各种费用支出，凡应计入本月由当月负担的费用，应进一步区分产品成本和期间费用的界限。凡在产品生产中发生的费用，属于产品成本，应该记入“生产成本”科目，产品完工后再转入“库存商品”科目；销售后再结转记入“主营业务成本”科目，期末结转“本年利润”。

而与产品生产无关的期间费用，如为销售产品而发生的销售费用，为进行生产管理而发生的管理费用以及为筹集资金而发生的财务费用则应计入当期损益，从当期利润中扣除。凡在非生产领域中发生的管理费用、销售费用和财务费用都属于期间费用，其处理方法比较简单，在期末一次性全部转入“本年利润”科目，一次性冲减当期损益。

3. 正确划分各个月份的费用界限。企业不能混淆不同期间的成本费用，在进行成本核算时，企业应根据权责发生制（应计制）原则的要求，将发生的费用按受益原则分别归属到相应的月份中去：凡应由本月负担的费用，不论是否已经支付，都应全部计入本月产品成本或费用；凡不应由本期产品成本或费用负担的支出，即使在本期支付，也不能计入本期产品成本或费用，应将其明确归入相应期间的成本费用，如长期待摊费用等。

4. 正确划分不同产品的成本界限。为了计算和分析各种产品成本，以及考核和评价计划成本或定额成本的执行情况，对于计入产品成本的生产费用，必须严格区分不同产品之间所应负担的费用界限。如果企业只是生产一种产品，那么全部生产成本就是这种产品的成本，但一般企业都不止生产一种产品，这就需要把全部生产成本在几种产品之间进行分配，凡能分清应由哪种产品负担的费用，应直接计入该种产品的成本。凡由几种产品共同负担的费用，则要采用恰当的标准（根据“谁受益、谁负担”的原则）进行分配。换言之，凡属于某种产品单独发生、能够直接计入该种产品成本的生产费用，应直接计入该种产品的生产成本；凡属于应由几种产品共同负担的间接费用，则需要选择适当的分配方法进行分配后，分别计入这几种产品的成本。在这个过程中需要注意的是，首先，间接费用在各种产品之间分配时，所选择的分配方法和分配标准应与要分配的间接费用有一定的内在联系。其次，分配的标准和方法一经确定后不能随意更改，只有这样才能确保以后各期的分配结果具有可比性。

5. 正确划分完工产品与在产品成本的界限。在每个会计期末

(如月末)，需要将费用在完工产品和在产品之间进行分配。如果某种产品已经全部完工，其各项费用之和就是该产品的完工成本；如果某种产品都没有完工，其各项费用之和就是该产品未完工产品成本；如果一部分产品完工，一部分产品尚未完工，就需要采用适当的分配方法，将成本对象应负担的成本费用在完工产品和未完工产品之间进行分配，分别计算出完工产品成本和未完工产品成本。一般来说，一件在产品应该比一件产成品负担的成本要少，因为在产品尚未完工，消耗的资源比产成品要少，完工产品与在产品之间的成本分配要考虑完工程度。分配的方法有约当产量法、定额法、定额比例法等。通常本期生产费用、期初在产品成本、完工产品成本、期末在产品成本具有如下关系：

月初在产品成本 + 本月产品生产费用 = 完工产品成本 + 月末在产品成本

（四）做好各项基础工作

企业开展产品成本核算，应按照国家有关的法规、制度和企业经营管理的要求，对生产经营过程中实际发生的各种劳动耗费进行计算，并进行相应的账务处理，提供真实、有用的成本信息。产品成本核算工作较复杂，为了保证成本核算的及时和准确，必须做好各项基础工作。

1. 建立健全定额管理制度。

2. 建立健全材料的计量、收发、领退和盘点报告制度（包括在产品盘点制度)。

3. 建立健全原始记录。

4. 正确确定成本核算工作的组织方式。既可以根据成本管理要求设立事业部、分厂、车间或制造区段、班组、流水线等成本中心进行成本核算，也可以进行集中统一核算。

二、确定成本核算对象的基本原则

产品成本核算对象[①]，是指为计算产品成本而确定的生产费用归集和分配的范围，是被计算成本的客体，是生产费用的归属对象和生产耗费的承担者，是进行成本核算的前提；成本核算对象的确定是产品成本核算的核心，因而也是构成产品成本核算方法的主要标志。为了正确计算产品成本，首先就是要确定成本核算对象，以便按照每一个成本核算对象，选择不同的核算方法，并根据核算对象设置产品成本明细账和成本计算单，来归集各个对象所应承担的生产成本，计算出各个对象的总成本和单位成本。

产品成本核算对象应当根据企业的生产类型，结合成本管理的要求来确定。成本核算是成本管理的一项基础性工作，同时，成本管理又为成本核算的不断完善提供了方向和改善思路。例如，企业在进行定价决策时需要掌握特定产品的成本信息，在进行生产流程优化决策时需要掌握各个生产步骤的成本信息，在进行营销决策时需要掌握特定订单或客户的产品成本信息。企业内部管理者通常需要根据成本核算信息进行成本预测、成本决策、成本控制、成本考核等管理活动。不同企业应拥有与之相适应的产品成本核算程序与方法；同一企业随着科技水平、工艺流程和管理方式的发展，也可以选用不同的成本核算程序与方法。在分批生产的单件生产的企业里，生产的安排和对产品成本的分析是根据产品批别来进行的，因此产品成本计算对象为每批产品，成本计算单按产品的批别设置；在大量生产的企业里，产品和半成品的品种较固定，生产的安排和对产品成本的分析是根据产品和半成品的品种来进行的，当企业的工艺特点是简单生产时，成本计算对象就是每种产品；当企业的工艺特点虽是复杂生产，但企业在管理上并不需要计算及分析半成品成本或零部件成本时，成本计算对象也是每种产品，成本计算单按

---

① 从严格意义上讲，成本核算对象不同于成本计算对象，一般的，前者涵盖的内容要大于后者，本书为了行文方便，对二者不作严格区分。

每种产品来设置；当企业的工艺特点为复杂生产，且企业在管理上需要计算及分析半成品成本或零部件成本时，成本计算对象应是各加工步骤的半成品、零部件及每种产品，成本计算单也要分别按半成品、零部件和各种产品来设置。

三、确定成本计算项目和范围的基本原则

企业产品成本范围，通常是指成本费用要素，即企业生产经营中所耗费的资源。企业产品成本核算项目，通常是指将成本费用要素按照特定原则进行分类组合。在企业中主要体现在对各项生产要素、产品或劳务的耗费，为实现特定经济目的而发生的耗费；也就是原材料、人力以及各种自然资源耗费。

企业在生产经营过程中的耗费是多种多样的，为了科学地进行成本管理，正确地进行成本核算，首先需要对生产费用按一定标准进行分类，从而确定相关成本项目。费用可以按不同的标准分类，其中最基本的是按费用的经济内容和经济用途的分类。新成本会计制度第二十一条规定："企业应当根据生产经营特点和管理要求，按照成本的经济用途和生产要素内容相结合的原则或者成本性态等设置成本项目。"

（一）按经济内容的分类

费用按经济内容进行分类，是指在生产过程中消耗了什么，消耗了多少活劳动，消耗了哪些物化劳动。生产费用按经济内容分类通常称为费用要素，凡为生产产品和提供劳务而开支的货币资金以及消耗的各项实物资产，均称为费用要素。生产费用可以按经济内容划分为劳动对象、劳动手段和活劳动三方面的耗费，称为三大要素费用，具体可分为以下八个要素：

1. 外购材料，指企业为了生产产品和提供工业性劳务而消耗的由外部购入的原料及主要材料、辅助材料、外购半成品、外购周转材料（如包装物和低值易耗品）等。

2. 外购燃料，指企业为生产产品和提供劳务而耗用的一切外购的各种固体、液体和气体燃料。

3. 外购动力，指企业为生产产品和提供劳务而耗用的一切由外部购入的电力、蒸汽等各种动力。

4. 职工薪酬，是指企业为获得职工提供的服务或解除劳动关系而给予的各种形式的报酬或补偿。根据我国《企业会计准则第9号——职工薪酬》（财会［2014］8号）的规定，职工薪酬具体包括：短期薪酬、离职后福利、辞退福利和其他长期职工福利。企业提供给职工配偶、子女、受赡养人、已故员工遗属及其他受益人等的福利，也属于职工薪酬。

（1）短期薪酬，是指企业在职工提供相关服务的年度报告期间结束后十二个月内需要全部予以支付的职工薪酬，因解除与职工的劳动关系给予的补偿除外。短期薪酬具体包括：职工工资、奖金、津贴和补贴，职工福利费，医疗保险费、工伤保险费和生育保险费等社会保险费，住房公积金，工会经费和职工教育经费，短期带薪缺勤，短期利润分享计划，非货币性福利以及其他短期薪酬。

（2）带薪缺勤，是指企业支付工资或提供补偿的职工缺勤，包括年休假、病假、短期伤残、婚假、产假、丧假、探亲假等。利润分享计划，是指因职工提供服务而与职工达成的基于利润或其他经营成果提供薪酬的协议。带薪缺勤分为累积带薪缺勤和非累积带薪缺勤。企业应当在职工提供服务从而增加了其未来享有的带薪缺勤权利时，确认与累积带薪缺勤相关的职工薪酬，并以累积未行使权利而增加的预期支付金额计量。企业应当在职工实际发生缺勤的会计期间确认与非累积带薪缺勤相关的职工薪酬。累积带薪缺勤，是指带薪缺勤权利可以结转下期的带薪缺勤，本期尚未用完的带薪缺勤权利可以在未来期间使用。非累积带薪缺勤，是指带薪缺勤权利不能结转下期的带薪缺勤，本期尚未用完的带薪缺勤权利将予以取消，并且职工离开企业时也无权获得现金支付。

（3）离职后福利，是指企业为获得职工提供的服务而在职工退休或与企业解除劳动关系后，提供的各种形式的报酬和福利，短期薪酬和辞退福利除外。企业应当将离职后福利计划分类为设定提存计划和设定受益计划。离职后福利计划，是指企业与职工就离职后福利达成的协议，或者企业为向职工提供离职后福利制定的规章或办法等。其中，设定提存计划，是指向独立的基金缴存固定费用后，企业不再承担进一步支付义务的离职后福利计划；设定受益计划，是指除设定提存计划以外的离职后福利计划。

（4）辞退福利，是指企业在职工劳动合同到期之前解除与职工的劳动关系，或者为鼓励职工自愿接受裁减而给予职工的补偿。

（5）其他长期职工福利，是指除短期薪酬、离职后福利、辞退福利之外所有的职工薪酬，包括长期带薪缺勤、长期残疾福利、长期利润分享计划等。

企业应当在职工为其提供服务的会计期间，除企业向职工提供的辞退福利应当在“①企业不能单方面撤回因解除劳动关系计划或裁减建议所提供的辞退福利时”与“②企业确认与涉及支付辞退福利的重组相关的成本或费用时”两者孰早日确认辞退福利产生的职工薪酬负债计入当期损益（管理费用）以外，其他职工薪酬均应根据职工提供服务的受益对象，将应确认的职工薪酬（包括货币性与非货币性薪酬）计入相关资产成本或当期费用，同时确认为应付职工薪酬负债。换言之，应由生产产品、提供劳务负担的职工薪酬，计入产品成本或劳务成本。

具体而言，（1）企业应当将实际发生的短期薪酬确认为负债，并计入当期损益，其他会计准则要求或允许计入资产成本的除外。（2）企业发生的职工福利费，应当在实际发生时根据实际发生额计入当期损益或相关资产成本；职工福利费为非货币性福利的，应当按照公允价值计量。（3）企业为职工缴纳的医疗保险费、工伤保险费、生育保险费等社会保险费和住房公积金，以及按规定提取的工会经费和职工教育经费，应当在职工为其提供服务的会计期间，根据规定的计提基础和计提比例计算确定相应的职工薪酬金额，并确认相应负债，计入当期损益或相关资产成本。（4）企业应当在职工为其提供服务的会计期间，将根据设定提存计划计算的离职后福利应缴存金额确认为负债，并计入当期损益或相关资产成本。根据设定提存计划，预期不会在职工提供相关服务的年度报告期结束后12个月内支付全部应缴存金额的，企业应当按规定的折现率，将全部应缴存金额以折现后的金额计量应付职工薪酬。报告期末，企业应当将设定受益计划产生的职工薪酬成本确认为下列组成部分：①服务成本，包括当期服务成本、过去服务成本和结算利得或损失。其中，当期服务成本，是指职工当期提供服务所导致的设定受益计划义务现值的增加额；过去服务成本，是指设定受益计划修改所导致的与以前期间职工服务相关的设定受益计划义务现值的增加或减少。②设定受益计划净负债或净资产的利息净额，包括计划资产的利息收益、设定受益计划义务的利息费用以及资产上限影响的利息。③重新计量设定受益计划净负债或净资产所产生的变动。除非其他会计准则要求或允许职工福利成本计入资产成本，上述第①项和第②项应计入当期损益；第③项应计入其他综合收益，并且在后续会计期间不允许转回至损益，但企业可以在权益范围内转移这些在其他综合收益中确认的金额。（5）企业向职工提供的其他长期职工福利，比照离职后福利计划分为设定提存计划和设定受益计划分别进行处理。

5. 折旧费，指企业的生产单位（车间、分厂）按规定计提的固定资产折旧费。企业应按照规定的固定资产折旧方法，对生产经营使用的固定资产计算提取折旧费用。

6. 利息支出，指企业应计入财务费用的借入款项的利息支出减利息收入后的净额。

7. 税金，指应计入企业管理费用的各种税金，如房产税、车船税、土地使用税、印花税等。

8. 其他支出，指企业为生产产品和提供劳务而发生的不属于以上要素费用但应计入产品成本或期间费用的费用支出。如车间发生的办公费、差旅费、水电费、租赁费、外部加工费以及保险费等。

按照以上费用要素反映的费用，称为要素费用。将费用划分为若干要素分类核算的作用是：

（1）可以反映企业一定时期内在生产经营中发生了哪些费用，数额各是多少，据以分析企业各个时期各种费用的构成和水平。

（2）这种分类反映了企业生产经营过程中外购材料和燃料费用以及职工工资的实际支出，因而可以为企业核定储备资金定额、考核储备资金的周转速度，以及编制材料采购资金计划和劳动工资计划提供资料。

但是，这种分类不能说明各项费用的用途，因而不便于分析各种费用的支出是否节约、合理。

（二）按经济用途的分类

费用的经济用途，是指生产成本在生产产品或提供劳务过程中的实际用途。费用按照经济用途分成的类别，通常称为一个成本项目，即构成产品生产成本的项目。按经济用途分类，能够反映出费用与产品的关系，也可以揭示产品成本的构成内容，便于进一步分析费用支出的合理性和结构水平，为挖掘企业降低成本的潜力创造了有利条件。

企业的各项费用按其经济用途分类，首先应分为生产经营管理费用和非生产经营管理费用。生产经营管理费用还应分为计入产品成本的生产费用和不计入产品成本的经营管理费用。

计入产品成本的生产费用在生产过程中的用途也不相同。有的直接用于产品生产，有的间接用于产品生产。为了具体地反映计入产品成本的生产费用的各种用途，还应进一步划分为若干个项目，即产品成本项目。

根据生产特点和管理要求，一般设立以下成本项目：

1. 直接材料，指直接用于产品生产、构成产品实体的原料、主要材料以及有助于产品形成的辅助材料费用。

2. 燃料和动力，指直接用于产品生产的各种直接燃料和动力费用。

3. 直接人工，指直接参加产品生产的工人的薪酬费用。

4. 制造费用，指间接用于产品生产的各项费用，以及虽然直接用于产品生产，但不便于直接计入产品成本，因为没有专设成本项目的费用（如机器设备的折旧费）。制造费用包括企业内部生产经营单位（分厂、车间）的管理人员薪酬费用、固定资产折旧费、租赁费、机物料消耗、低值易耗品摊销、取暖费、水电费、办公费、运输费、保险费、劳动保护费等。

企业可以根据生产特点和管理要求对上述成本项目做适当调整。对于管理上需要单独反映、控制和考核的费用，以及产品成本中比重较大的费用，应专设成本项目；否则，为了简化核算，不必专设成本项目。例如，如果在工艺上耗用的燃料和动力不多，为了简化核算工作，可将工艺用燃料费用记入“直接材料”成本项目，将工艺动力费用记入“制造费用”成本项目。又如，在生产过程中可能发生废品，如果废品损失在产品成本中的比重较大，则需要作为一项重点费用进行核算和管理，也可以增设“废品损失”成本项目。如果没有废品或者废品损失不大，则不必设置“废品损失”成本项目。

（三）按与产品生产的关系分类

费用按与产品生产的关系分类，可以分为直接费用和间接费用两类。

1. 直接费用，指消耗以后能够形成产品实体或有助于产品形成的费用，如直接材料费、直接人工费、机器设备折旧费等。

2. 间接费用，指消耗后与产品的形成没有直接关系的费用，如车间管理人员的职工薪酬、车间办公费、保险费、取暖费等。

（四）生产费用按计入产品成本的方法分类

生产成本按计入产品成本的方法不同，可以分为直接计入费用和间接计入费用两类。

1. 直接计入费用，指发生后能分清是哪种产品耗用的、可以直接计入某种产品成本的生产成本。如 A 产品耗用了甲材料 500 千克，材料费 4 000 元。

2. 间接计入费用，指几种产品共同耗用的，而且不能直接分清哪种产品耗用了多少的生产成本。间接计入费用不能直接计入某种产品成本，而必须先按照一定标准进行分配，然后将分配结果分别计入各种产品成本。

四、企业产品成本的归集与分配

（一）成本归集与分配的基本原则

产品成本的核算是对生产费用支出和产品成本形成情况的核算。产品成本核算的一般程序为：

第一，生产费用的核算，涉及各费用要素的归集与分配。生产费用核算，是根据经过审核的各项原始凭证汇集生产费用，进行生产费用的总分类核算和明细分类核算。然后，将汇集在有关费用科目中的费用再进行分配，分别分配给各成本核算对象。

第二，产品成本的计算，是将通过生产费用核算分配到各成本计算对象上的费用进行整理，按成本项目归集并在此基础上进行产品成本计算。如本期投产的产品本期全部完工，则所归集的费用总数即为完工产品成本。如果期末有尚未完工的在产品，则需采用适当方法将按成本项目归集起来的各项费用在完工产品和在产品间进行分配，计算出完工产品的成本。

新成本会计制度第三十四条规定："企业所发生的费用，能确定由某一成本核算对象负担的，应当按照所对应的产品成本项目类别，直接计入产品成本核算对象的生产成本；由几个成本核算对象共同负担的，应当选择合理的分配标准分配计入。企业应当根据生产经营特点，以正常生产能力水平为基础，按照资源耗费方式确定合理的分配标准。企业应当按照权责发生制的原则，根据产品的生产特点和管理要求结转成本。"

不同行业间的企业产品成本的归集分配和结转方式一般都存在共同的规律和原则，但由于企业所处的行业的特殊性，其产品成本的归集分配和结转也会存在着较大差异。鉴于企业的行业与产品特点差异，费用的发生及其对产品发挥作用的方式存在较大差异，企业产品成本的分配标准各异。新成本核算制度规定，企业应当根据生产经营特点，以正常生产能力水平为基础，按照资源耗费方式确定合理的分配标准。实务中，确定分配标准应遵循的原则为：(1)受益性原则。成本分配应始终遵循受益性原则，即谁受益、谁负担费用；负担多少，视受益程度而定，即负担费用的多少应与受益程度的大小成正比；何时受益，何时分担费用。因此，企业选用的成本分配标准应能反映受益者受益的程度。(2) 成本效益原则。由于成本分配也有成本，因此应考虑成本效益原则；只有当成本分配可能带来的效益大于耗费的成本才进行成本分配。一般而言，企业的一切成本管理活动应以成本效益观念作为支配思想，从“投入”与“产出”的对比分析来看待“投入”（成本）的必要性、合理性，即努力以尽可能少的成本付出，创造尽可能多的使用价值，为企业获取更多的经济效益。(3) 及时性原则。为保证成本信息的有用性质量，确保成本计算与核算工作的顺利进行，应当坚持成本分配的及时性原则，按时进行成本分配，确保各月的成本费用归属的合理性与及时性，既不提前也不滞后。(4) 客观性原则。成本分配一定要考虑成本基础信息的真实客观性，确保成本分配后产生的成本信息客观真实，为管理决策提供信息支持。

(二) 材料费用的归集与分配

企业在生产经营过程中领用的各种材料，包括原料及主要材料、半成品、辅助材料、修理用配件、包装物与低值易耗品等周转材料，无论是外购或是自制，都应根据审核后的领、退料凭证，按照材料的具体用途进行归集分配。

一般而言，直接用于生产产品、构成产品实体的原材料费用，在产品成本中占有较大的比重，按照重要性原则，应单设成本项目进行反映。直接用于产品生产的原材料通常是按照产品品种分别领用。例如，纺织生产用的原棉、冶炼用的矿石、机械生产用的钢材等，属于直接计入费用，可以直接记入各种产品成本的“直接材料”成本项目；对于不能按照产品品种分别领用，而是几种产品共同耗用的原料及主要材料，如化工生产的多种产品所耗用的原材料费用，属于间接计入费用，应采用既合理又简便的分配方法，在各种产品之间进行分配，而后记入各种产品成本的“直接材料”成本项目。

材料费用的分配方法主要有：

1. 定额耗用量比例分配法，是按照各种产品原材料消耗定额比例分配材料费用的一种方法，它一般在各项材料消耗定额健全且比较准确的情况下采用，计算公式如下：

$$\text{某产品材料定额耗用量}=\text{该产品实际产量}\times\text{单位产品材料定额耗用量}$$

$$\text{材料定额耗用量分配率}=\frac{\text{材料实际总耗用量}}{\text{各种产品材料定额耗用量之和}}$$

$$\text{某产品应分配的实际材料数量}=\text{该产品材料定额耗用量}\times\text{材料定额耗用量分配率}$$

$$\text{某产品应分配的材料费用}=\text{该产品应分配的实际材料数量}\times\text{材料单价}$$

采用上述方法计算分配材料费用，不仅能计算出每种产品应分配的材料费用，而且还能计算出每种产品耗用材料的实际数量。这为考核材料消耗定额的执行情况提供了材料，有利于加强成本核算和管理，但是比较麻烦。为了简化材料费用的分配工作，对于不需要考核材料耗用量的企业，可采用材料定额耗用量的比例直接分配材料费用的方法，其计算公式如下：

$$\text{材料费用分配率}=\frac{\text{材料实际总耗用量}\times\text{材料单价}}{\text{各种产品材料定额耗用量之和}}$$

$$\text{某产品应分配的材料费用}=\text{该产品材料定额耗用量}\times\text{材料费用分配率}$$

2. 产品重量比例分配法，是按照各种产品的重量比例分配材料费用的一种方法。这种方法一般适用于产品所耗用材料的多少与产品重量有直接联系的企业，其计算公式如下：

$$\text{材料费用分配率}=\frac{\text{材料实际总耗用量}\times\text{材料单价}}{\text{各种产品重量之和}}$$

某产品应分配的材料费用＝该产品的重量×材料费用分配率

3. 产品产量比例分配法，是按照产品的产量比例分配材料费用的一种方法。当产品的产量与其所耗用的材料多少有密切联系的情况下，可采用这种方法分配材料费用，其计算公式如下：

$$材料费用分配率=\frac{材料实际总耗用量\times材料单价}{各种产品实际产量之和}$$

某产品应分配的材料费用＝该产品实际产量×材料费用分配率

4. 产品材料定额成本比例分配法，是按照产品材料定额成本分配材料费用的一种方法。它一般适用于几种产品共同耗用多种材料的情况，其计算公式如下：

某产品材料定额成本＝该产品实际产量×单位产品材料定额成本

$$材料定额成本分配率=\frac{各种产品实际材料费用总额}{各种产品材料定额成本之和}$$

某产品应分配的材料费用＝该产品材料定额成本×材料定额成本分配率

（三）燃料费用的归集与分配

生产过程中使用的燃料，实际上也属于材料。因此，其费用的归集与分配的方法与材料费用的归集与分配方法大致相同。

对于生产产品使用的燃料，在燃料使用不多时，可不设置专门的成本项目，而将其列入“制造费用”成本项目中。若燃料耗用的数量较大，则应专门设置“燃料及动力”成本项目，归集生产中使用的燃料费用，以便于对其使用情况进行分析和考核。这时，对于直接用于产品生产的燃料，能分清是由哪种产品所耗用的，则应根据有关的原始凭证，直接记入该产品的成本计算单中的“燃料及动力”成本项目中。若企业不设置“燃料及动力”成本项目，则应将其直接记入“制造费用”成本项目中。几种产品共同耗用而分不清哪种产品耗用的燃料费用时，则应采取适当的分配标准，在各种产品当中进行分配。采用的分配标准一般为产品的重量、体积、定额耗用量等。

对于辅助生产车间使用的燃料，应列入“辅助生产成本明细账”中。基本生产车间一般耗用的燃料，则应列入“制造费用明细账”中。管理部门使用的燃料，应列入“管理费用明细账”中。

（四）外购动力费用的归集与分配

外购动力费用是指企业从外单位购入的电力、蒸汽等动力费用。如果使用外购动力的各部门都有仪器仪表计量，则外购动力费用应根据仪器仪表记录的各部门耗用量进行分配。如果使用动力的各部门没有仪器仪表计量，可按机器工作时数等标准进行分配。下面以外购电力为例，说明外购动力费用分配的计算公式。在一般情况下，对于各车间、部门耗用的电力，都有电表等计量器具加以计量。因此，各车间、部门应分配的电费应按以下公式计算：

$$\text{每度电费分配率}=\frac{\text{外购的电力费用总额}}{\text{各车间、部门耗用的外购电力度数之和}}$$

$$\begin{matrix}\text{某车间、部门}\\\text{应分配的电费}\end{matrix}=\begin{matrix}\text{该车间、部门}\\\text{用电度数}\end{matrix}\times\text{每度电费分配率}$$

对于生产车间用于产品生产的外购电力，由于不能按产品分装电表计量其耗用的数量，因此，一般采用工时的比例进行分配，其计算公式如下：

$$\text{某生产车间电力费用分配率}=\frac{\text{该生产车间用电度数}\times\text{每度电费分配率}}{\text{该车间产品的生产工时之和}}$$

$$\begin{matrix}\text{某产品应分配}\\\text{的电费}\end{matrix}=\text{该产品的生产工时}\times\begin{matrix}\text{该生产车间}\\\text{电力费用分配率}\end{matrix}$$

（五）人工费用的归集与分配

人工费用的分配，是指将企业职工的职工薪酬作为一种费用，按照它的用途和发生部门进行归集和分配。

人工费用分配对象的确定与材料费用的分配基本相同，即按照谁受益谁负担的原则进行分配。

人工费用的分配方法因工资的计算形式不同而有所区别。在实际工资中，人工费用的分配一般按照产品的生产工时比例等进行分配，其计算公式如下：

$$人工费用分配率=\frac{某车间生产工人计时工资总额}{该车间各种产品生产工时实际或定额总数}$$

$$\begin{matrix}某产品应分配\\计时工资\end{matrix}=\begin{matrix}该产品生产工时\\(实际或定额)\end{matrix}\times人工费用分配率$$

（六）辅助生产费用的归集与分配

由于辅助生产车间是为基本生产车间、行政管理等部门提供产品和劳务的，因此，辅助生产车间发生的费用，应由企业生产的各种产品或行政管理等部门负担。

辅助生产车间发生的各种费用计入成本费用的方法，是由辅助生产车间提供产品和劳务的性质及其在生产中的作用决定的。若辅助生产车间是生产产品的，如自制材料、工具等，在这些产品完工后，应将其成本从“生产成本——辅助生产成本”科目，转入到“原材料”或“低值易耗品”等科目中。各车间、部门领用时，再比照财务会计中存货的核算方法，根据具体的用途和数量，一次或分次转入有关成本费用科目。

如果辅助生产车间提供电、水、蒸汽等产品或劳务，辅助生产车间发生的费用在归集后，应根据各受益部门的耗用量，在各受益部门间进行分配。在这种情况下，辅助生产车间除主要向基本生产车间和行政管理部门提供劳务外，也相互提供劳务。如供电车间向供气车间提供电力，供气车间向供电车间提供蒸汽。这样，要计算电的成本，首先应计算蒸汽的成本；而计算蒸汽的成本，又要以先计算出电的成本为先决条件。由于它们之间相互制约互为条件，使辅助生产费用的分配产生了困难。因而，辅助生产费用的分配采用了一些特殊的分配方法，主要有直接分配法、一次交互分配法、计划成本分配法、代数分配法和顺序分配法等。

1. 直接分配法，指把辅助生产车间发生的实际费用，仅在各基本生产车间和行政管理部门之间按其受益数量进行分配，对于各辅助生产车间之间相互提供的产品或劳务则不进行分配的一种辅助生产费用分配方法。其计算公式如下：

$$\text{某辅助生产车间费用分配率}=\frac{\text{该辅助生产车间直接发生的费用总额}}{\text{该辅助生产车间向基本生产车间、行政管理部门提供的劳务数量}}$$

$$\frac{\text{某基本生产车间、行政管理}}{\text{部门应分配的辅助生产费用}}=\frac{\text{辅助生产车间}}{\text{费用分配率}}\times\frac{\text{该基本生产车间、行政管}}{\text{理部门耗用的劳务数量}}$$

2. 一次交互分配法，指将辅助生产车间的费用分两次进行分配，第一次只限于各辅助生产车间之间根据相互提供的产品或劳务进行交互分配费用；第二次是将辅助生产分配前的费用，加上分入的费用，减去分出的费用，计算出各辅助生产车间的实际费用后，再采用直接分配法，分配给基本生产车间和行政管理部门等各受益单位。其计算公式如下：

第一阶段的交互分配：

$$\text{某辅助生产车间费用分配率}=\frac{\text{该辅助生产车间直接发生的费用}}{\text{该辅助生产车间提供的劳务总量}}$$

$$\frac{\text{某辅助生产车间应分配}}{\text{其他辅助生产车间的费用}}=\frac{\text{该辅助生产车间耗用}}{\text{其他辅助生产车间劳务量}}\times\frac{\text{其他辅助生产}}{\text{车间费用分配率}}$$

第二阶段的交互分配：

$$\frac{\text{某辅助生产车}}{\text{间费用分配率}}=\frac{\frac{\text{该辅助生产车间}}{\text{直接发生的费用}}+\frac{\text{分配转入}}{\text{的费用}}-\frac{\text{分配转出}}{\text{的费用}}}{\text{该辅助生产车间向基本生产车间、行政管理部门提供的劳务数量}}$$

$$\frac{\text{某基本生产车间或行政管理等}}{\text{部门应分配辅助生产费用}}=\frac{\text{基本生产车间或行政}}{\text{管理部门劳务耗用量}}\times\frac{\text{辅助生产车间}}{\text{费用分配率}}$$

3. 计划成本分配法，指按事先确定的辅助生产车间提供的产品或劳务的计划单位成本和各车间、部门耗用的数量，计算各车间、部门应分配的辅助生产费用的一种方法。对于按计划成本计算的分配额和各辅助生产车间实际发生费用之间的差额，为了简化计算，可列入“管理费用”科目中。如果是超支差异额，应增加管理费用，如果是节约差异额，则应冲减管理费用。其计算公式如下：

$$\frac{\text{各车间、部门应分}}{\text{配的辅助生产费用}}=\frac{\text{该车间、部门}}{\text{的劳务耗用量}}\times\frac{\text{辅助生产车间提供产品}}{\text{或劳务的计划单位成本}}$$

$$\text{某辅助生产费用分配的差异额}=\left(\text{该辅助生产车间直接发生的实际费用}+\text{分配转入额}\right)-\text{按计划成本分配的数额}$$

按照计划单位成本分配法分配辅助生产费用，能简化和加速分配辅助费用的计算工作，同时，排除了辅助生产实际费用的高低对各受益单位成本的影响，便于考核和分析各受益单位的经济责任，还能够反映辅助生产车间产品或劳务的实际成本脱离计划成本的差异。但是应用计划单位成本分配法，要求辅助生产产品或劳务的计划单位成本必须比较准确。

4. 代数分配法，指运用代数中建立多元一次方程组的方法，计算出各辅助生产车间提供产品或劳务的单位成本，然后，再按各车间、部门（包括辅助生产车间）耗用辅助生产车间产品或劳务的数量计算应分配的辅助生产费用的一种方法。其计算公式如下：

$$\text{某辅助生产车间提供产品或劳务数量}\times\text{该产品或该辅助生产劳务的单位成本}=\text{该辅助生产车间直接发生的费用}+\text{该辅助生产车间耗用其他辅助生产车间产品或劳务的数量}\times\text{某辅助生产车间产品或劳务的单位成本}$$

只要将上式中产品或劳务的单位成本分别用未知数代替，即可建立一个方程。将建立的每一个方程联立成一个方程组，并解出未知数，即可计算出每一种产品或劳务的单位成本。然后，按照下式便可将辅助生产费用分配出去：

$$\text{各车间、部门应分配的辅助生产费用}=\text{该车间、部门的劳务耗用量}\times\text{产品或劳务的单位成本}$$

5. 顺序分配法，指根据各辅助生产车间相互提供产品或劳务费用的多少排成顺序，耗用其他辅助生产车间费用少的辅助生产车间排列在先，先将费用分配出去；耗用其他辅助生产车间费用多的辅助生产车间排列在后，后将辅助生产费用分配出去的一种方法。如供电和供气两个辅助生产车间，若供电车间耗用供气车间的费用少，而供气车间耗用供电车间的费用多，则辅助生产费用的分配顺序是应先分配供电车间的费用，然后再分配供气车间的费用。其计算公式如下：

$$某辅助生产车间费用分配率=\frac{该辅助生产车间直接发生的费用+分配转入的费用}{该辅助生产车间向其他车间、部门提供产品或劳务数量}$$

$$\text{各车间、部门应分配的辅助生产费用}=\text{该车间或部门耗用的产品或劳务数量}\times\text{辅助生产车间费用分配率}$$

（七）制造费用的归集与分配

在只生产一种产品的车间，发生的制造费用可以直接计入该种产品的成本计算单中。在生产多种产品的车间里，发生的制造费用属于间接费用，应由本车间生产的各种产品负担，因此，应采用适当的方法在各种产品中进行分配。制造费用分配的主要方法有生产工时比例法、机器工时比例法、生产工人工资比例法、年度计划分配率方法。

1. 生产工时比例法，指以各种产品所耗的实际（或定额）工时为标准，来分配制造费用的一种方法。其计算公式如下：

$$制造费用分配率=\frac{制造费用总额}{各种产品实际（或定额）工时之和}$$

$$\text{某产品应分配的制造费用}=\text{该产品实际（或定额）工时}\times\text{制造费用分配率}$$

2. 机器工时比例法，指按照各种产品所用机器设备运转时间的比例分配制造费用的一种方法。其计算公式如下：

$$制造费用分配率=\frac{制造费用总额}{各种产品耗用的机器工时之和}$$

$$\text{某产品应分配的制造费用}=\text{该产品耗用的机器工时}\times\text{制造费用分配率}$$

3. 生产工人工资比例法，指以各种产品直接成本中实际负担的生产工人的工资为标准，来分配制造费用的一种方法，其计算公式如下：

$$制造费用分配率=\frac{制造费用总额}{各种产品的生产工人工资之和}$$

$$\text{某产品应分配的制造费用}=\text{该种产品的生产工人工资}\times\text{制造费用分配率}$$

4. 年度计划分配率法，指按照年度开始前确定的全年适用的计划分配率分配费用的一种方法，采用这种分配方法，不论各月实际发生的制造费用多少，每月各种产品成本中的制造费用都按年度计划确定的计划分配率分配。其计算公式如下：

$$\text{年度计划分配率}=\frac{\text{年度制造费用计划总额}}{\text{年度各种产品计划产量的定额工时总额}}$$

$$\text{某月某产品应分配的制造费用}=\text{该月该种产品实际产量的定额工时}\times\text{年度计划分配率}$$

（八）完工产品与期末在产品间的成本分配

完工产品和月末在产品之间分配费用，是成本核算中一项重要而又复杂的工作，在产品结构复杂、零件种类和加工工序较多的情况下更是如此。企业应根据在产品数量的多少、各月在产品数量变化的大小、各项费用比重的大小及定额管理基础的好坏等具体条件，选择既合理又简便的分配方法。通常可采用的分配方法有：

1. 不计算在产品成本法，指虽然月末有在产品，但月末在产品数量很少从而可以对月末在产品成本忽略不计的一种分配方法。

2. 按年初数固定计算在产品成本法，指月末在产品数量较小或者在产品数量虽大但是各月之间在产品数量变动不大，从而对各月在产品按照年初在产品计价的一种分配方法。

3. 在产品按所消耗直接材料费用计价法，指月末在产品只计算所耗用的直接材料费用，不计算所耗用的直接人工和制造费用等加工费用，产品的加工费用全部计入完工产品成本的一种分配方法。这种分配方法适用于各月末在产品数量较大，数量变化也较大，同时直接材料费用在成本中所占比重较大的产品，如造纸、酿酒等行业的产品，直接材料费用占产品成本比较大。

4. 约当产量法，指将月末在产品数量按照完工程度折算为相当于完工产品的产量，即约当产量，然后按照完工产品产量与在产品的约当产量的比例分配计算完工产品费用和月末在产品费用的一种分配方法。这种分配方法适用于月末在产品数量较大、各月末在产品数量变化也较大、产品成本中直接材料和加工费用比重相差不多的产品。

5. 在产品按完工产品成本计算法，指按照预先制定的定额成本计算月末在产品成本，然后从某种产品全部生产费用（月初在产品费用加本月生产费用）中减去月末在产品的定额成本，就是完工产品成本的方法。这种分配方法适用于月末在产品已经接近完工，或者产品已经加工完毕，但尚未验收或包装入库的产品。

6. 定额比例法，指生产费用按照完工产品和月末在产品的定额消耗量或定额费用的比例，分配计算完工产品成本和月末在产品成本的方法。其中，直接材料费按照直接材料定额消耗量或直接材料定额费用比例分配；直接人工费用、制造费用等各项加工费，可以按定额工时的比例分配，也可以按定额费用的比例分配。这种分配方法适用于定额管理基础较好，各项消耗定额和费用定额比较准确、稳定，各月末在产品数量变动较大的产品。

（九）成本核算需要设置的主要会计科目

为了进行成本核算，企业一般应设置“基本生产成本”、“辅助生产成本”、“制造费用”、“销售费用”、“管理费用”、“财务费用”、“废品损失”等科目。

“基本生产成本”科目。基本生产是为了完成企业主要生产目的而进行的商品产品生产。为了归集基本生产所发生的各种生产费用，计算基本生产产品成本，应设置“基本生产成本”科目。

“辅助生产成本”科目。辅助生产是为了基本生产而进行的产品生产和劳务供应。为了归集辅助生产所发生的各项生产费用，计算辅助生产所提供的产品和劳务的成本，应设置“辅助生产成本”科目。

“制造费用”科目。为了核算企业为生产产品和提供劳务而发生的各项制造费用，应设置“制造费用”科目。该科目的借方登记实际发生的制造费用，贷方登记分配转出的制造费用，除季节性生产企业外，该科目月末应无余额。

“销售费用”科目。为了核算企业在产品销售过程中发生的各项费用以及为了销售本企业产品而专设的销售机构的各项经费，应设置“销售费用”科目。

“管理费用”科目。为了核算企业行政管理部门为组织和管理生产经营活动而发生的各项管理费用，应设置“管理费用”科目。

“财务费用”科目。为了核算企业为筹集生产经营所需资金而发生的各项费用，应设置“财务费用”科目。

“废品损失”科目。为了核算废品损失，应设置“废品损失”科目。

五、企业产品成本结转应遵循的原则与方法

企业产品成本结转主要包括：结转完工产品的生产成本、结转已销产品或自制半成品的销售成本。成本结转是期末账项调整的一个后续工作，目的在于将本期收入和本期费用进行配比，以便正确确定本期的损益。根据《企业产品成本核算制度（试行）》第六条规定：“企业应当根据产品生产过程的特点、生产经营组织的类型、产品种类的繁简和成本管理的要求，确定产品成本核算的对象、项目、范围，及时对有关费用进行归集、分配和结转。”企业应当按照权责发生制的原则，根据产品的生产特点和管理要求结转成本，以准确反映特定会计期间的成本水平的经营成果。企业内部管理有相关要求的，还可以按照现代企业多维度、多层次的成本管理要求，利用现代信息技术对有关成本项目进行组合，输出有关成本信息。按新成本会计核算制度规定，企业不得以计划成本、标准成本、定额成本等代替实际成本。在期末，企业应根据计算期内完工验收入库的产品数量、实际消耗和实际价格，计算产品的实际成本，不得以估计成本、目标成本代替实际成本。按计划成本、定额成本等类似成本进行核算的，应在月末将计划成本、标准成本、定额成本等调整为实际成本。

根据《企业会计准则第 1 号——存货》规定，企业应当采用先进先出法、加权平均法或者个别计价法确定发出存货的实际成本。对于性质和用途相似的存货，应当采用相同的成本计算方法确定发出存货的成本。对于不能替代使用的存货、为特定项目专门购入或制造的存货以及提供劳务的成本，通常采用个别计价法确定发出存货的成本。对于性质和用途相似的存货，应当采用相同的成本计算方法确定发出存货的实际成本。企业在确定发出存货的成本时，可以采用先进先出法、移动加权平均法、月末一次加权平均法和个别计价法四种方法。企业不得采用后进先出法确定发出存货的成本。

1. 先进先出法，是以先购入的存货应先发出（销售或耗用）这样一种存货实物流转假设为前提，对发出存货进行计价。采用这种方法，先购入的存货成本在后购入存货成本之前转出，据此确定发出存货和期末存货的成本。

2. 移动加权平均法，是指以每次进货的成本加上原有库存存货的成本，除以每次进货数量加上原有库存存货的数量，据以计算加权平均单位成本，作为在下次进货前计算各次发出存货成本的依据。计算公式如下：

$$\text{存货单位成本}=\frac{\text{原有库存存货的实际成本}+\text{本次进货的实际成本}}{\text{原有库存存货量}+\text{本次进货数量}}$$

$$\text{本次发出存货的成本}=\text{本次发出存货数量}\times\text{本次发货前的存货单位成本}$$

$$\text{本月月末库存存货成本}=\text{月末库存存货的数量}\times\text{本月月末存货单位成本}$$

3. 月末一次加权平均法，是指以当月全部进货数量加上月初存货数量作为权数，去除当月全部进货成本加上月初存货成本，计算出存货的加权平均单位成本，以此为基础计算当月发出存货的成本和期末存货的成本的一种方法。

存货单位成本 =

$$\frac{\left(\begin{array}{c}月初库存存货\\的实际成本\end{array}\right)+\sum\left(\begin{array}{c}本月某批进货\\的实际单位成本\end{array}\right)\times\left(\begin{array}{c}本月某批\\进货的数量\end{array}\right)}{月初库存存货数量+本月各批进货数量之和}$$

本月发出存货的成本＝本月发出存货的数量×存货单位成本

本月月末库存存货成本＝月末库存存货的数量×存货单位成本

4. 个别计价法，亦称个别认定法、具体辨认法、分批实际法，其特征是注重所发出存货具体项目的实物流转与成本流转之间的联系，逐一辨认各批发出存货和期末存货所属的购进批别或生产批别，分别按其购入或生产时所确定的单位成本计算各批发出存货和期末存货的成本。即把每一种存货的实际成本作为计算发出存货成本和期末存货成本的基础。对于不能替代使用的存货、为特定项目专门购入或制造的存货以及提供的劳务，通常采用个别计价法确定发出存货的成本。在实际工作中，越来越多的企业采用计算机信息系统进行会计处理，个别计价法可以广泛应用于发出存货的计价，并且该方法确定的存货成本最为准确。

5. 计划成本法，是指存货的收入、发出和结存均采用计划成本进行日常核算，同时将实际成本与计划成本的差额另行设置有关成本差异科目（如“材料成本差异”科目）反映，期末计算发出存货和结存存货应分摊的成本差异，将发出存货和结存存货由计划成本调整为实际成本的方法。

有关计算公式如下：

进货成本差异率＝

$$\frac{月初结存存货成本差异额+本月收入存货成本差异额}{月初结存存货计划成本+本月收入存货计划成本}\times 100\%$$

根据存货成本差异率，就可以将发出存货的计划成本调整为实际成本，其计算公式为：

$$\begin{array}{c}本月发出存货应\\负担的成本差异\end{array}=发出存货计划成本+存货成本差异率$$

$$\begin{array}{c}本月发出存货\\的实际成本\end{array}=发出存货的计划成本\pm\begin{array}{c}发出存货应负担\\的成本差异\end{array}$$

$$\text{月末结存存货的实际成本} = \text{结存存货的计划成本} \pm \text{结存存货应负担的成本差异}$$

【例1-1】某企业2×14年5月初结存原材料的计划成本为50 000元，本月收入原材料的计划成本为100 000元，本月发出材料的计划成本为80 000元，原材料成本差异的月初数为1 000元（超支），本月收入材料成本差异为2 000元（超支）。材料成本差异率及发出材料应负担的成本差异计算如下：

$$\text{材料成本差异率} = \frac{1\,000 + 2\,000}{50\,000 + 100\,000} \times 100\% = 2\%$$

本月发出材料应负担的成本差异 = 80 000 × 2% = 1 600（元）

本月发出材料的实际成本 = 80 000 + 1 600 = 81 600（元）

月末结存材料的实际成本 = 70 000 + 1 400 = 71 400（元）

（一）库存商品的成本结转

1. 库存商品入库

制造业企业的库存商品主要指产成品（产品），商品流通企业的库存商品指商品，包括库存产成品、外购商品、存放在门市部准备出售的商品、发出展览的商品以及寄存在外的商品等。产成品是指企业已经完成全部生产过程并已验收入库合乎标准规格和技术条件，可以按照合同规定的条件送交订货单位，或者可以作为商品对外销售的产品。接受来料加工制造的代制品和为外单位加工修理的代修品，在制造和修理完成验收入库后，也视同企业的库存商品。

仓库收入的产成品主要来自生产车间完工入库。车间产品完工经检验合格后，由车间按照入库数量，填制“产成品入库单”，交由成品库点收数量，并由车间和仓库双方签章。“产成品入库单”既是库存商品核算的原始凭证，又是统计产量、计算产品制造成本的原始依据。因此，“产成品入库单”应一式多联：一联交生产车间，作为产成品入库的凭证；一联留仓库，作为进行产成品明细核算的依据；一联交财会部门，作为进行产成品收入总分类核算的依据。没有完成全部生产过程的产品或不符合质量标准的废品，不能作为产成品入库；可以降价出售的不合格品（次品），可以视同产成品入库；但由于售价与合格品不同，应与合格品分别核算和管理。产成品退库，主要是销货退回，形成产品出库后再重新入库。这类业务，应由销售部门填制入库凭证或填制红字发货票，由仓库据以验收入库，同时，通知财会部门入账。

为了详细核算各种产成品收发、结存的数量和金额，应在“库存商品——产成品”科目下，按照产成品的种类、品种和规格设置明细账。存放在本企业所属门市部准备销售的产成品、送交展览会展出的产成品，以及已发出尚未办理托收手续的产成品，都应在该科目下单设明细账进行核算。企业产成品明细账的设置，同原材料核算一样，可采用分设两套账的办法，一套设在仓库，核算实物数量，一套设在财会部门，核算数量和金额，以详细记录其增减变动及结存情况。为了简化核算工作，也可采用设立一套账的方法，在成品仓库设立一套既记录数量又记录金额的明细账，由仓库保管员根据产成品的入库和出库凭证记录数量，财会部门定期到仓库进行稽核并登记金额。采用实际成本进行产成品收发核算，由于产成品的实际成本要在月末才能算出，因而平时只能根据入、出库凭证记录收、发数量，月末汇总计算出入库成本一次入账。又由于各月入库产成品的单位成本不尽相同，对于发出和销售的产成品，可以采用先进先出法、加权平均法或个别计价法确定其实际成本。核算方法一经确定，不得随意变更。产成品完工入库，其金额为以前期间和本期完工产品的成本，销售发出的产成品，可能是本期完工入库的，也可能是上期或前期完工入库的，而每批次产成品的单位生产成本不同，因此要采用一定的计价方法计算确定。每个会计期间，企业都必须将期初库存产成品成本和本期完工入库的产成品成本，在本期销售产成品和期末库存产成品之间做一次分配。月份内收入、发出、结存的产品成本，可以用以下公式表示：

$$\text{月初库存产成品成本}+\text{本月完工入库产成品成本}=\text{本月销售产成品成本}+\text{月末库存产成品成本}$$

如果产成品销售成本是在月末先计算确定了库存产成品结存成本后计算的，则可用以下公式：

$$\text{本月销售产成品成本}=\text{月初库存产成品成本}+\text{本月完工入库产成品成本}-\text{月末库存产成品成本}$$

为了核算企业各种产成品的收入、发出和结存情况，企业应设置"库存商品"科目核算企业库存的各种商品的实际成本（或进价）或计划成本（或售价）。企业财会部门于月末可根据本期库存商品入库单及库存商品成本计算单编制"库存商品入库汇总表"作为编制会计凭证的依据。"库存商品入库汇总表"的一般格式如表1－1所示。

表1－1　　库存商品入库汇总表

2×14年7月　　　　金额单位：元

产品名称	规格	计量单位	数量	单位成本	总成本
A产品		台	10	2 000	20 000
B产品		件	100	500	50 000
合计					70 000

根据上述"库存商品入库汇总表"，编制如下会计分录：

借：库存商品——A产品　　20 000

　　　　　　——B产品　　50 000

　贷：生产成本——基本生产成本　　70 000

2. 库存商品出库

企业销售存货，应当将已售存货的成本结转为当期损益，计入营业成本。这就是说，企业在确认存货销售收入的当期，应当将已经销售存货的成本结转为当期营业成本。这种结转是为了符合收入与费用相配比的要求。

存货为商品、产成品的，企业应采用先进先出法、移动加权平均法、月末一次加权平均法和个别计价法确定已销售商品的实际成本。存货为非商品存货的，如材料等，应将已出售的材料的实际成本予以结转，计入当期其他业务成本。这里所讲的材料销售不构成企业的主营业务；如果材料销售构成了企业的主营业务，则该材料为企业的商品存货，而不是非商品存货。

对已售存货计提了存货跌价准备，还应同时结转已计提的存货跌价准备，冲减当期主营业务成本或其他业务成本，实际上是按已售产成品或商品的账面价值结转主营业务成本或其他业务成本。企业按存货类别计提存货跌价准备的，也应按比例结转相应的存货跌价准备。

企业的周转材料（如包装物和低值易耗品）符合存货定义和确认条件的，按照使用次数分次计入成本费用。金额较小的，可在领用时一次计入成本费用，以简化核算，但为加强实物管理，应当在备查簿上进行登记。

仓库发出的产成品，主要是销售。企业销售部门销售产品时，应填制“产成品出库单”，通知成品仓库与运输部门办理产品出库手续。“产成品出库单”一式多联：一联由仓库留存，作为产成品明细核算的依据；一联退给提货人或企业运输部门留存；一联退给销售部门，作为产品发出的凭证；一联送交财会部门，作为进行产成品发出总分类核算的依据。销售部门应根据仓库退回的产成品出库单填制发货票或增值税专用发票，作为企业与购买单位之间办理货款结算的凭证。产成品出库后，因质量原因需要退回车间返修的产品，应按规定办理入库手续，单独填制凭证，注明返修原因，连同其他返修产品一同交车间进行返修。

为了汇总反映全月发出库存商品的实际成本，便于进行库存商品发出的总分类核算，还应根据各种库存商品出库单计列出库数量和各该库存商品明细账所列发出库存商品的实际单位成本，编制“库存商品发出汇总表”作为编制会计凭证的依据。“库存商品发出汇总表”的一般格式如表 1－2 所示。

表1－2　　　　库存商品发出汇总表

2×14年7月

产品名称	规格	计量单位	数量	单位成本	总成本
A产品		台	8	2 015	16 120
B产品		件	75	507	38 025
合计					54 145

根据表1－2，编制如下会计分录：

借：主营业务成本　　16 120

　　贷：库存商品——A产品　　16 120

借：分期收款发出商品　　38 025

　　贷：库存商品——B产品　　38 025

一般的，工业企业库存商品种类不多，收发也不频繁，因而可按上述实际成本进行核算。若企业库存商品种类较多，收发较频繁，也可以按计划成本进行日常核算，实际成本与计划成本的差额，可以单独设置“产品成本差异”科目进行核算。

【例1－2】企业本月完工入库库存商品一批，其实际制造成本为98 000元，按计划成本100 000元验收入库，应作如下会计分录：

借：库存商品　　100 000

　　贷：生产成本　　98 000

　　　　产品成本差异　　2 000

又假设，该月销售产品一批，其计划成本为85 000元，产品成本差异为－2%。应作如下分录：

借：主营业务成本　　83 300

　　贷：库存商品　　85 000

　　　　产品成本差异　　1 700

顺便指出，企业采用支付手续费方式委托其他单位代销的商品，也可以单独设置“委托代销商品”科目进行核算。企业由于某些原因，在发出商品后发现所售商品并不满足收入的确认条件，此时应当设置“发出商品”科目对其成本加以核算。即“发出商品”科目核算企业未满足收入确认条件但已发出商品的实际成本（或进价）或计划成本（或售价）。“发出商品”科目可按购货单位、商品类别和品种进行明细核算。对于未满足收入确认条件的发出商品，应按发出商品的实际成本（或进价）或计划成本（或售价），借记“发出商品”，贷记“库存商品——产成品”科目。发出商品发生退回的，应按退回商品的实际成本（或进价）或计划成本（或售价），借记“库存商品”科目，贷记“发出商品”。发出商品满足收入确认条件时，应结转销售成本，借记“主营业务成本”科目，贷记“发出商品”科目。采用计划成本或售价核算的，还应结转应分摊的产品成本差异或商品进销差价。“发出商品”期末借方余额，反映企业发出商品的实际成本（或进价）或计划成本（或售价）。

（二）自制半成品的成本结转

自制半成品是指经过一定的生产过程，并已检验合格交付半成品仓库，但尚未制造完工成为商品产品，仍需继续加工的中间产品。由于企业生产过程的特点不同，因而对自制半成品的管理也不相同，有的半成品从一个生产车间加工完成后，直接转移给另一个车间继续进行加工，不需送交半成品仓库。对于这一类半成品，在会计上视同在产品，直接在“生产成本”科目核算，不需单独组织核算；有的半成品在完成了某一生产过程后，经检验合格后交送半成品仓库，留待下一生产车间（或工序）需要时再领用或可对外销售。对于这一类半成品，则需单独设置“自制半成品”科目进行核算。企业外购的半成品（外购件），应作为原材料，不属于自制半成品范畴。

1. 生产完工并已验收入半成品库的自制半成品，应按实际成本结转，作如下会计分录：

借：自制半成品——库存半成品

贷：生产成本——基本生产成本——××车间

2. 领用自制半成品继续加工，应按实际成本结转，作如下会计分录：

借：生产成本——基本生产成本——××车间

贷：自制半成品——库存半成品

3. 委托外单位加工的自制半成品，按实际成本结转，作如下会计分录：

借：自制半成品——委托外部加工自制半成品

贷：自制半成品——库存半成品

4. 支付的委托外单位加工费和运杂费等，作如下会计分录：

借：自制半成品——委托外部加工自制半成品

应交税费——应交增值税（进项税额）

贷：银行存款

5. 加工完工验收入库的自制半成品，按加工后的实际成本结转，作如下会计分录：

借：自制半成品——库存半成品

贷：自制半成品——委托外部加工自制半成品

6. 对外销售的自制半成品，按实际成本进行结转，作如下会计分录：

借：主营业务成本

贷：自制半成品——库存半成品

第四节　产品成本计算方法

产品成本是在生产过程中形成的，因此生产的特点在很大程度上影响着成本计算方法的特点；另外，成本计算是为成本管理提供资料的，因此采用什么方法、提供哪些资料，都必须考虑成本管理的要求。以上两方面的关系表明，企业在确定产品成本计算方法时，必须考虑企业的生产特点，从实际情况出发。

一、企业的生产类型及其特点

企业的生产特点，通常是指企业生产类型的特点，具体包括生产工艺过程和生产组织形式两方面。

（一）生产工艺过程特点

按照生产工艺的特点，企业的生产可以分为单步骤生产和多步骤生产两种类型。换言之，生产类型如按工艺技术过程来划分，可以分为简单生产和复杂生产两大类。

单步骤生产，亦称简单生产，指生产工艺过程不能间断，不可能或不需要分成几个生产步骤的生产，如采掘、发电等工业生产。这些生产或由于工作地点的限制（如采掘），或由于生产技术的不可间断（如发电），通常生产周期较短，只能由一个企业进行，而不能由几个企业协作进行。

多步骤生产，亦称复杂生产，指生产工艺过程由若干个可以间断的、分散在不同地点、分别在不同时间进行的生产步骤所组成的生产，如机械、冶金、造纸、纺织、服装等工业生产。多步骤生产按照产品加工方式的不同，又分为连续式生产和装配式生产。连续式生产，指原材料投入生产后，要顺序经过若干个加工步骤的连续加工，才能制成产品的生产，如纺织、造纸、钢铁等工艺生产。装配式复杂生产，通常是将各种原材料平行地进行加工，制成多种零、部件，然后再装备（配）成产成品的生产，如机床制造、汽车制造、造船、精密仪器等。

（二）生产组织特点

按照生产组织特点，可以分为大量生产、成批生产和单件生产三种类型。

大量生产指大量的不断重复相同产品的生产。其生产特点是产品品种少，而且比较稳定，如造纸、纺织、面粉、化肥的生产。

成批生产指按照事先规定的产品批次和数量进行的生产。其生产特点是产品品种较多，每种产品数量不等，生产具有一定的重复性，如服装、卷烟的生产。成批生产按照产品批量的大小，还可以分为大批生产和小批生产。大批生产，产品批量大，往往在几个月内不断重复生产一种或几种产品，因而性质类似于大量生产。小批生产，产品批量小，一批产品通常情况可以同时完工，因而性质类似于单件生产。

单件生产指按照订货单位的要求，进行个别的、生产结构和性能特殊的生产。其生产特点是产品品种多、数量少，而且很少重复。

二、企业的生产特点和成本管理要求对产品成本的影响

生产特点的不同对成本进行管理的要求也不同，而生产特点和管理要求又会对成本计算产生影响，这主要表现在成本计算对象、成本计算期及完工产品与在产品之间的费用分配上。

（一）对成本计算的影响

成本计算对象指生产费用归集的对象，是区分不同成本计算方法的主要标志。

1. 从生产工艺过程来看，分为单步骤生产和多步骤生产。

在单步骤生产的过程中，因为生产工艺的不可间断，不便于也不需要划分为几个生产步骤，所以不可能也不需要按生产步骤来计算产品成本，只能按照产品的品种计算成本。

在多步骤生产的过程中，因为生产工艺是由若干个可以间断的、分布在不同地点进行的生产步骤组成，因而不仅可以按照产品的品种或者批别计算产品成本，而且可以按照产品的生产步骤来计算产品成本。但是，如果企业规模小，管理上又不要求按照生产步骤考核生产费用、计算产品成本时，也可以不按照生产步骤计算成本，而按照产品品种或批别计算成本。

2. 从生产组织特点来看，分为大批生产、大量生产、小批生产、单件生产。

在大量生产的过程中，产品批量比较大，往往在几个月内不间断地重复生产一种或若干种产品，因此为管理上的方便应只要求按照产品的品种计算成本。在大批生产的情况下，产品的批量比较

大，往往在几个月内不间断地重复生产一种或若干种产品，因而也往往同大量生产一样，只按照产品的品种计算产品成本。

在大批生产的过程中，由于生产的产品品种较为稳定，为了合理经济地组织生产，对耗用量少的零部件常常集中生产，以供几批产品耗用，对于耗用量多的零部件常常分批投产。这样，零部件的批别与产品的批别往往不一致，因而也就不能以产品的批别计算成本，只能以产品的品种为计算对象计算成本。

在小批生产的过程中，产品批量比较小，一批产品往往同时完工，因而有可能以产品的批别为对象计算成本。

在单件生产的过程中，生产按件组织，因而有可能按以产品的批别为对象计算成本。

综上所述，在计算产品成本的过程中，有着三种不同的成本计算对象：

（1）以产品生产步骤为成本计算对象；

（2）以产品品种为成本计算对象；

（3）以产品批别为成本计算对象。

成本计算对象是区别各种成本计算方法的主要标志，只有成本计算对象确定之后，才能设置产品成本明细账、归集生产费用、计算产品成本。

（二）对产品成本计算期的影响

成本计算期指每隔多久计算一次成本，即每次计算成本的期间，其主要决定于生产组织形式。产品的生产方式不同，成本计算期也就不同。在大量大批的生产过程中，每月都有一部分产品完工对外销售，为了计算销售成本和利润，就要求定期按月计算产品成本，在这种情况下，成本计算期与产品的生产周期就会产生不一致。但在小批单件的生产过程中，每月不一定有产品完工，完工产品成本有可能在某批或某件产品完工以后计算，因而完工产品成本的计算是不定期的，但与产品的生产周期一致。

（三）对完工产品与在产品之间费用的影响

生产的特点，还影响到月末进行成本计算时有没有在产品，是否需要在完工产品与在产品之间分配费用的问题。在单步骤生产中，生产过程不能间断，生产周期也短，一般没有在产品，或者在产品数量很少，因而计算产品成本时，生产费用不必在完工产品与在产品之间进行分配。在多步骤生产中，是否需要在完工产品与在产品之间分配费用，很大程度上取决于生产组织的特点。在大量大批的生产过程中，由于生产连续不断地进行，而且经常存在在产品，因而在计算成本时，就要通过适当的方法将生产费用在完工产品与在产品之间进行分配。在小批单件的生产过程中，成本计算是不定期进行的，要等到产品完工后才计算产品成本，而此时已无在产品存在，因此在这种情况下，不存在产品成本计算的问题。

三、产品成本计算的基本方法和辅助方法

（一）产品成本计算的基本方法

为了适应不同类型生产特点和成本管理的要求，在产品成本计算的工作中有三种不同的成本计算对象：产品品种、产品批别和产品的生产步骤。因而以成本计算对象为主要标志的产品成本计算的基本方法也有三种。

1. 品种法，指以产品品种为成本计算对象的产品成本计算方法。该方法适用于单步骤的大量生产，如发电、采掘等；也可用于不需要分步骤计算成本的多步骤的大量、大批生产，如小型造纸厂、水泥厂等。

品种法因其应用在不同生产特点的企业，可以区分为简单品种法和典型品种法。应用于大量大批单步骤生产类型企业的品种法，由于产品品种单一，通常没有或极少有在产品存在，其成本计算程序相对来说简单，因此此类企业采用的品种法可称为简单品种法。对于一些企业内部辅助生产车间的成本计算，如供水、供电、供气等单步骤大量生产的劳务成本的计算通常也可以采用简单品种法。用于不要求按照生产步骤计算成本的某些小型多步骤生产企业的品

种法，其成本计算要复杂一些，要按不同产品品种设置产品成本计算单，还需计算每种产品的完工产品成本和月末在产品成本。它有别于简单品种法的成本计算程序，但是又是多数企业普遍采用的成本计算方法，可称为典型品种法。

2. 分批法，也称订单法，指以产品批别为成本计算对象的产品成本计算方法。该方法适用于单件、小批的单步骤生产或管理上不要求分步骤计算成本的多步骤生产，如修理作业、专用工具模具制造、重型机器制造、船舶制造等。

在单件小批生产类型企业中，通常根据用户的订单组织产品生产，生产何种产品、每批产品的批量大小及完工时间，均要根据需求单位的订单加以确定。同时，也要考虑订单的具体情况，并结合企业的生产负荷程度合理组织产品生产的批次及批量。如果一张订单中要求生产多种产品，为了考核和分析各种产品成本计划的执行情况，便于加强生产管理，企业应将这一订单按照产品品种进行划分，设置多个批别的成本计算对象；如果一张订单上只要求生产一种产品，但数量较大，超过企业的生产负荷能力，不便于一次集中投料，或难以满足用户分批交货的要求，也可以划分为多个批别分别生产；如果同一时期内，接到的几张订单要求生产同一种产品，为了经济合理地组织生产，可以将几张订单合为一批进行生产；对于大型复杂产品的生产，例如万吨巨轮的制造，由于其价值大、生产周期长，也可以按其零、部件构成分批组织生产，计算成本。由此可见，分批法是依据内部订单来组织生产的，由于在不同批别之间可能存在着生产同一种产品的情况，其领用的材料和加工的工艺相同，因此，在领料、产品结转、工时登记的过程中，尤其防止“串批”现象，以确保各批产品成本计算的正确性。其基本程序如下：

（1）在计算出材料领用单价的基础上，先按订单对产品消耗的材料数据按照加工工序及对应的半成品、成品编码进行归集。

（2）对于各部门，特别是生产性部门所发生的费用按照部门及会计项目进行归集，通常情况下，如果不同的加工工序恰好能对应不同的费用部门更好，即不同加工工序的每月度费用可以独立计算出来，以供进一步分配使用，否则有必要按加工工序将费用进行归集。

（3）根据各工序生产统计报表，统计出各订单对应的生产单在各工序的加工工时报表。

（4）根据各订单及各工序月度工时统计报表，以工序工时为分配标准，将各部门间接费用分摊至对应的各订单该工序的成本表中。

（5）对上述计算出的各工序各订单的成本数据，进一步以订单为索引汇总该订单对应的各工序的成本，则可计算出各订单对应的生产成本（包括材料及分摊的间接费用在内）。

（6）根据各工序生产完成单，对各订单已完工数据进行统计，然后与各工序该订单投产数量比较，将各工序该订单消耗的原材料数据在已完工与未完工在产品间以约当产量方法进行分配；各工序在制品不负担间接费用或按照原材料分配依据（同一订单加工产品类同，分配基准可相同是合理的）分配，则可计算出各工序该订单的完工半成品的成本。

（7）如果公司半成品对外销售情况较多（如查公司销售配件单中是否涉及较多），则需要计算各工序的半成品成本，那么下一工序领用上一工序的半成品时，按照存货管理计价的方法进行发出计价，如加权平均法，经过多道工序加工完成的半成品包含有上游各工序的半成品成本，即需要按步骤结转计算各工序的半成品成本。

（8）在上述数据归集的过程中，均同时可以产品型号进行归集，从而计算出各产品的成本。

（9）为了加强成本管理，除了上述按照实际计算成本数据，处理有关的财务成本账外，还需要计算实际材料成本与标准材料成本的差异，标准材料成本系以最新的存货单价为基准计算的配料（BOM）成本；同时在上述计算的过程中，计算出标准工时与实际工时的差异，生产坏料金额等；标准工时及材料数据来自于开发部或生产工程部。

3. 分步法，指以产品生产步骤为成本计算对象的产品成本计算方法。该方法适用于大量、大批的多步骤生产，如钢铁、纺织、冶金、机械制造等大批量、多步骤生产类型的企业。例如钢铁企业可分为冶炼、炼钢、轧钢等生产步骤；纺织厂可分为纺纱、织布等生产步骤。在这些企业里，其生产过程是由若干个在技术上可以间断的生产步骤组成的，每个生产步骤除了生产出半成品（最后步骤成为产成品）外，还有一些处于加工阶段的在产品。已经生产出来的半成品既可以用于下一生产步骤的再加工，也可以对外销售。为了适应生产的这一特点，企业不仅要计算每一种产品的成本，还要按产品经过的生产步骤计算各步骤的成本。分步法因根据企业成本计算工作的不同分为逐步结转分步法和平行结转分步法。

逐步结转分步法是按照产品的生产步骤逐步计算并结转半成品成本，最后算出产成品成本的一种分步法。按照结转的半成品成本在下一步骤产品成本明细账中反映方式不同，又可以分为综合结转和分项结转两种方法。综合结转法是将各步骤所耗用的上一步骤半成品成本，综合记入各该步骤的产品成本明细账“直接材料”或专设的“半成品”成本项目中，综合结转可以按照半成品的实际成本结转，也可以按照半成品的计划成本结转。分项结转法是将各步骤所耗用的上一步骤半成品成本，按照成本项目分项转入各该步骤产品成本明细账的各个成本项目中，分项结转可以按照半成品的实际成本结转，也可以按照半成品的计划成本结转。

平行结转分步法，是指在计算产品成本时，各生产步骤只计算本步骤所发生的生产费用和这些费用中应计产成品成本的份额，并将相同产品各步骤的份额平行结转、汇总，计算出产成品成本的一种分步法。

（二）产品成本计算的辅助方法

除上述基本方法外，在产品品种、规格繁多的制造业企业中，如针织厂、灯泡厂等，为了简化成本计算工作，还应用一种简便的产品成本计算方法——分类法；在定额管理工作基础好的企业中，为了配合和加强定额管理，加强成本控制，更有效地发挥成本计算的分析和监督作用，还应用一种将符合定额的费用和脱离定额的差异分别核算的产品成本计算方法——定额法；此外，在一些发达国家，为了加强成本控制，正确评价企业生产经营业绩，实现成本的标准化管理，还采用一种成本计算方法——标准成本法；还有一种为适应适时制（JIT）而产生发展的，以作业为成本核算对象，通过成本动因来确认和计算作业量，并以作业量为基础来分配间接费用的一种成本计算方法——作业成本法。这些方法与生产类型的特点没有直接联系，不涉及成本计算对象，它们的应用或者是为了简化成本计算工作，或者是为了加强成本管理，只要具备条件，在哪种生产类型企业都能用。

1. 分类法，是按照产品的类别设立成本计算单，归集生产费用，计算产品成本的一种方法。在一些工业企业中，生产的产品品种、规格繁多，若按产品的品种、规格归集生产费用，计算产品成本，则成本计算工作极为繁重。在这种情况下，如果不同品种、规格的产品可以按照一定的标准进行分类，就可以采用分类法计算产品成本。

分类法与生产的类型无直接关系，它可以在各种类型的生产中应用。即凡是产品品种、规格繁多，又可以按照一定标准划分为若干类别的企业或车间，均可采用分类法计算成本。例如日用陶瓷厂生产的各种型号和规格的镁瓷、骨瓷，针织厂生产的各种不同种类和规格的针织品等。它们的生产类型有所不同，但都可以采用分类法计算成本。该方法的特点是：按照产品的类别归集生产费用、计算成本；类内不同品种产品的成本按照一定的分配方法分配确定。

2. 定额法，是以实现制定的产品定额成本为标准，在生产费用发生时，就及时提供实际发生的费用脱离定额消耗的差异额，根据定额和各种差异额计算产品实际成本的一种成本计算和成本控制方法。其特点是：将实现制定的产品消耗定额、费用定额和定额成本作为降低成本的目标；在生产费用发生时，将符合定额的费用和发生差异分别核算；月末，在定额成本的基础上，加减各种成本差异，计算产品的实际成本，为成本的定期考核提供依据。

定额法适用于定额管理制度比较健全，产品的生产定额、消耗定额比较准确、稳定的企业。

3. 标准成本法，也称标准成本制度，或标准成本会计，是以预先制定的标准成本为基础，将实际发生的成本与标准成本进行比较，核算和分析成本差异的一种成本计算方法。其特点是：预先制定产品成本项目的标准成本；按标准成本进行产品成本核算；计算各成本项目实际成本与标准成本的各种成本差异，设立各种成本差异科目进行归集，并借以对产品成本进行控制和考核。

4. 作业成本法。这是一种先进的成本控制方法。作业成本法（Activity-Based Costing，简称 ABC）是适应适时制（JIT）而产生发展起来的成本计算与控制方法，它是以作业为成本核算对象，通过成本动因来确认和计算作业量，并以作业量为基础来分配间接费用的一种成本计算方法。作业成本计算和作业成本管理（Activity-Based Management，简称 ABM）改变了传统以“职能”为中心的成本管理理论，提出了以“过程和作业”为中心的理论基础，通过成本动因确认资源、作业和成本标的之间存在的因果关系，将全部资源成本根据资源动因追溯或分配到作业上。作业成本建立在企业业务流程基础上，在制造业中已有一定应用，导致传统管理会计发生了较大变化，促使人们对成本的关注从制造过程拓展到包括产品设计开发的全部流程，采用价值工程等方法在保持和发展产品功能的基础上降低产品成本。作业成本计算法依据不同的成本动因分别设置成本库，再分别汇总各种产品的作业总成本，从而克服了传统成本计算仅依靠直接人工、机器小时等标准分配制造费用的局限性，使产品成本更符合客观成本，避免了产品或劳务成本扭曲。

作业成本法的基本原理是：作业耗用资源，产品耗用作业。即成本的发生是由消耗各种资源的作业引起的，而产品的成本则取决于各自对作业的消耗量。其特点包括：

（1）成本归集不再以产品、部门为对象，而以作业中心为对象。

（2）作业成本法不再直接区分直接费用和间接费用，而将它们都视为产品消耗作业所付出的代价。

（3）作业成本法不仅是成本分配、计算的过程，更重要的是依据因果关系分析资源流动的过程。其主要程序为：①确认主要作业和作业中心；②以作业中心为成本库归集费用；③根据成本动因，确定分配标准，将各个作业中心的成本分配到最终产品。库珀和卡普兰于1987年在《成本会计怎样系统地歪曲了产品成本》一文中首次提出了“成本动因”（cost driver，成本驱动因子）的理论，认为成本在本质上是一种函数，是各种独立或交互作用着的因素（自变量）合力驱动的结果。按照作业成本法对成本动因的分析，企业成本可划分为由业务量动因驱动的短期变动成本（如直接材料、直接人工等）和由作业量动因驱动的长期变动成本（主要是各种间接费用）。基于此种认识，在企业成本管理中可考虑通过实现适度经营规模来有效地控制成本，因为通常较大规模比较小规模更有利于降低单位产品成本，如采购费用支出不单纯受采购数量所制约，还与采购次数有关，大量采购能降低单位采购成本；营销费用支出不单纯受销售数量所制约，还与销售批次有关，大量销售能降低单位产品负担的营销费用。对这类问题，若能分析出各动因（自变量）与成本（因变量）之间的关系，建立起成本函数的具体模型，即可进一步运用数学方法确定最优经济规模。管理会计学中的最优订购批量决策模型就是这方面的一个具体例子。

作业成本法适用于：自动化程度高、企业规模大、产品品种繁多、间接费用所占比例大的企业；各个产品需要技术服务程度不同，按传统成本计算方法难以正确反映产品成本的实际状况、成本信息的准确性差、迫切需要正确成本信息的企业；有先进的计算机管理系统、企业管理水平较高、会计人员有足够的能力应用作业成本法的企业；对于高新技术企业，其产品设计成本、技术服务成本高，生产过程复杂，应用作业成本法更能反映其成本的实际效用。

延伸阅读：关注我国中小企业成本核算的现状

我国私营企业的蓬勃发展，为国民经济注入了新的活力。在激烈的市场竞争中，中小企业追求利润最大化成为必然，然而，有相当一部分中小企业的财务核算水平并没有跟上经济发展的步伐，尤其在成本核算方面，存在的问题更为突出。

（一）中小企业成本核算的现状

1. 中小企业成本核算账册设置不全。企业的成本核算，是根据企业的生产特点、管理要求、工艺流程而确定的，分别设置原材料、生产成本、制造费用、库存商品等会计科目，按照原材料的购进、生产的组织、产品的销售，以及相关费用的摊销或预提等分别进行核算，根据权责发生制和成本与收入相配比的原则正确归集产品成本、确定期间成本、结转当期销售成本等。目前，我国有的中小企业只设置总账，不设置明细账；有的中小企业在核算时只反映数量不反映金额，或只反映金额不反映数量，成本核算较为混乱，甚至无成本核算资料，情况不容乐观。为了达到少缴所得税之目的，对尚未完工的产品成本进行提前结转，或对产品已发出但未开票的产品成本也进行提前结转，中小企业采用该法作为计缴所得税的“调节器”。

2. 中小企业采用综合成本法结转产品成本。这类中小企业一般没有在产品，采用综合成本法结转产品成本，年末库存商品的余额较小，本期完工产品成本通过估算得出，依据不可靠，理由不充分，随意性也很大，即使本期完工产品的成本根据账面记录得到，而中小企业往往将在产品的成本挤占到本期完工产品成本中去，导致本期结转的完工产品成本增大。在成本结转的计算过程中，有时还会出现只反映金额不反映数量，或只反映数量不反映金额的现象，到了年末，中小企业根据当期开票数量及库存实际数量进行倒轧，来调整当年库存商品的余额和结转的商品销售成本，这种做法不仅掩盖了生产经营过程中的非常损耗，而且将成本进行提前结转，直接减少了当期的会计利润。

3. 在同一会计年度内随意选择、变更会计处理方法。这类中小企业一般设置了原材料与库存商品明细账。原材料的购进、领用均根据详细的原始资料进行核算，月末编制盘存表，但在结转生产成本、商品销售成本时，在同一个会计年度内，中小企业在会计处理方法的选择上，存在较大的随意性与不固定性，导致产品期末库存数与实际盘存数严重不符，这样做有中小企业的考虑，可以减少会计利润，从而达到少缴所得税之目的。

4. 中小企业成本核算混乱。中小企业财务核算是进行税收日常管理与税务稽查的基础。混乱的成本核算，使税务机关无法了解中小企业真实的生产经营活动情况，很难察觉到中小企业的账外销售行为。中小企业成本构成的相关数据难以在同行业之间进行对比分析，使一些税收违法行为更具隐蔽性，税务机关无法对所得税实施有效监管；税务稽查时，数据无从查证，难以对成本资料实施查验，甚至出现尽量回避检查成本核算资料的现象，影响了税务机关对税收违法行为的打击力度。

（二）中小企业成本核算不实的成因

中小企业成本核算失真现象普遍存在，既不符合经济发展的要求，也不符合税收管理的规定。究其原因，主要有如下几方面的表现：

1. 中小企业管理当局不重视成本核算。中小企业管理当局一般不精通或不懂财务核算，全部由会计人员负责。为了体现效益大于成本的原则，中小企业会计机构设置简单，配置的财务人员较少，一般只有 1 ~2 名会计，而对于成本核算相当重要的生产车间、仓库不配备会计人员，或由会计人员同时兼任。会计人员因忙于记账、算账、报账，根本无暇顾及成本控制，导致成本核算资料混乱，错误不断，严重缺失。此外，兼职会计现象也普遍存在，到了月底，为了应付纳税申报和账务处理，会计工作从简，不按规定进行成本核算，而是根据主观意愿进行成本结转。

2. 财会人员素质参差不齐。相对于大型企业而言，中小企业的业务较为简单，因此，在财务核算的要求上相对宽松，成本核算不规范现象普遍存在。不少中小企业是由原来的集体企业、国有企业转制而来，一些会计人员是原来企业的会计，虽然经验丰富、资历较深、熟悉业务，但是会计理念和会计知识的更新无法跟上时代的节拍，对新的会计制度和会计处理方法不甚了解，沿用过去的综合成本结转法进行核算，忽视对原始资料的收集、记录、整理，再加上成本核算的随意性，造成成本核算数据的不真实；而新会计人员较为年轻，往往只有理论知识，缺乏实际操作经验，不能将理论自如地运用到实践中去，在缺乏指导的情况下，无法按照新会计制度的要求进行成本核算，直接导致成本核算数据严重失真。

3. 利用混乱的成本核算达到偷税的目的。中小企业利用混乱的成本核算随意调节支出，达到少缴所得税的目的。近年来，一些中小企业不仅通过隐匿收入以达到偷税的目的，而且通过多列支出、虚增成本进行偷税的现象也越来越普遍，偷税数额呈逐年上升趋势。有的中小企业甚至将隐匿收入的相应产品成本也在当期结转，严重违反了收入与费用相配比的原则，混乱的成本核算为实现偷税之目的带来了很大的便利。

4. 税务机关缺乏对中小企业成本核算督促的有力措施。近年来，税务征管部门服务水平逐步提高，税法宣传力度也在不断加大。宣传的内容主要是税收法规、税收政策及税收实务，一般不涉及企业的账务处理，尤其是成本核算方面的内容更少，没有引起中小企业足够的重视。在税务部门日常审核和征税过程中，只是对中小企业是否存在多结转成本提出质疑，通过中小企业自查来补缴税款，并未对中小企业混乱的成本核算提出过多的整改要求。在税务稽查时，对于成本核算确实混乱的，只是通过改变征收方式来核定其应缴纳的所得税，并按照有关规定加以处罚，没有从根本上解决问题。

（三）规范中小企业成本核算的对策

针对中小企业成本核算普遍存在混乱的现行状况，税务机关必须给予足够的重视，应采取有力措施，帮助中小企业提高理财水平，督促中小企业加强成本核算，客观反映中小企业的财务状况和经营成果，为税收征管奠定良好的基础。

1. 加大税法宣传力度。通过税法宣传，进一步提高中小企业的纳税意识，牢固树立依法纳税、诚信纳税和偷税违法的观念，使中小企业经营者、财务人员明白“不作假账”、“诚信纳税”的严肃性，认识到成本核算的重要性，打消浑水摸鱼、偷工减料、蒙混过关的念头，积极主动建立、健全成本核算规范机制，严格按照中小企业会计制度的要求加强成本核算。

2. 加强成本核算考核。针对目前中小企业会计人员业务素质参差不齐的现状，税务机关要会同财政部门加强对中小企业会计人员进行业务培训，组织他们学习会计法、会计准则、会计制度，熟悉国家的有关方针、政策和法律、规章；利用税收通报会、咨询会、上门服务等多种形式，定期为纳税人进行成本核算方面的指导，结合中小企业生产经营活动情况的实际，要求中小企业逐步完善总账、明细账的设置，尽可能采用加权平均法核算当期的销售成本。

3. 实行代理记账核算。对于一部分中小企业无法按规定进行成本核算，而又符合查账征收条件的，或经屡次督促整改仍未整改的，责令其通过会计师事务所或代理记账公司实行代理记账。中小企业在日常核算时，按规定做好原始数据的记录、归纳和收集、整理，会计师事务所或代理记账公司根据中小企业提供的会计资料，依照会计制度规定的会计处理方法进行成本核算，帮助中小企业提高成本核算能力，逐步规范成本核算行为。

4. 强化成本核算监管。根据《中华人民共和国税收征收管理法》第二十条规定，从事生产经营的中小企业的会计制度、会计处理方法和会计核算软件，应当报税务机关备案。税收征管部门应结合日常纳税和评税工作，及时了解中小企业是否按照规定进行财务核算，在核算过程中是否符合备案的要求，如发现问题，应及时提出整改建议，督促中小企业限期改正，并按照征管法的有关规定予以处罚。在税务稽查时发现存在的问题，首先，提出稽查建议，编制调账分录；其次，延伸稽查服务，对中小企业进行必要的财务辅导，帮助中小企业加以改正，从而规范会计核算；最后，及时与征管部门加强联系与沟通，进行必要的衔接，双管齐下，督促中小企业整改到位。总之，加强中小企业的成本核算十分重要，必须从源头上实施税收征纳的管理和控制。通过中小企业自身的努力和税务机关有力的监管，中小企业成本核算混乱的状况将在短期内得到有效改善，我国的税收征纳工作一定会取得明显成效。（中国电子商务研究中心，2010－02－22）

本章小结

本章介绍了成本的含义，即特定的会计主体为了取得各项生产要素、产品或劳务以及为实现特定经济目的而发生的耗费，同时对成本的内容进行了简述；按照经济内容和经济用途对成本进行分类；简单介绍了各个科目下成本核算的方法；最后根据企业生产特点和成本管理要求对产品成本计算的影响，介绍了成本计算的基本方法和辅助方法，基本方法包括品种法、分批法和分步法，辅助方法包括分类法、定额法、标准成本法和作业成本法。

第二章　制造业企业产品成本核算

★★ 小案例 ★★

钢铁行业适于运用成本领先战略[①]

钢铁行业，具有一定的资源优势，组织结构分明，拥有严格的成本控制制度，适于运用成本领先战略。武钢集团公司即实施了四维度战略成本管理。邯钢实行的“模拟市场核算，实行成本否决”也不失为一个成功的例子。而在某方面具有特殊生产能力、科研能力，已经建立一套销售渠道的钢铁企业则适应实行标新立异战略。如天津无缝钢管公司生产的石油套管已接近国际水平，今后还要加大科研力度，提高管理水平，在现有设备基础上生产出更高质量的石油套管产品，发挥产品新异性的优势，这样才能在激烈的竞争中争得一席之地。而当企业总体能力较强，且在生产某些产品具有特殊优势时，可选择目标集聚战略。如我国改革开放初期首次大规模投资引进国外设备、生产线建成的宝钢集团，无论在资金、设备、材料、人才等方面都具有较强的竞争力。降低成本，一方面可以有助于实现集团公司的利润目标，因为如果公司增加了收入，但不能有效地控制成本和费用，也很难提高利润水平；另一方面，降低成本可以形成低成本优势，增加钢铁产品的竞争力，特别是一般技术含量钢铁产品的竞争力，从而达到扩大市场份额、提高收入和利润的目的。对一般技术含量的钢铁产品来说，成本控制的重点是控制

---

① 转引自葛杰：“对钢铁行业企业采购成本领先战略的思考”，《财务与会计》（理财版），2009 年第 2 期。

生产成本；控制产品制造成本既要注意控制直接构成产品成本的人工成本、原材料成本、制造费用，也要注意控制间接影响产品成本的产品成材率等因素。成本控制主要依靠加强成本管理制度建设，提高技术装备水平，优化工艺流程，加强质量管理来实现，并且根据不同的成本项目有针对性地采用不同的控制方法。对于高技术钢铁产品来说，由于产品研发费用、技术更新改造费用投入额度大，成本控制的重点是提高高技术产品开发的成功率，相对地降低产品研发费用和技术更新改造费用。

第一节　制造业企业产品成本核算对象

一、制造业企业生产经营与管理特点

（一）制造业含义

制造业是指利用制造资源（如物料、能源、设备、工具、资金、技术、信息和人力等），按照市场要求，通过制造过程转化为可供人们使用和利用的工业品与生活消费品的行业。制造环节主要包括：产品制造、产品设计、原料采购、仓储运输、产品销售等主要环节。作为国民经济的支柱产业，制造业构成了我国经济增长的重要组成部分和经济转型的基础；作为经济社会发展的重要依托，制造业也是我国城镇就业的主要渠道和国际竞争力的集中体现。

（二）制造业企业经营特点

与其他行业相比较，制造业企业的经营特点主要表现在以下几个方面：

1. 企业全面标准化。标准化是制造业企业的一个重要特征，从企业的标准化内容来看，首先是生产作业的标准化，有国家标准、行业标准和企业标准，并且每个方面都有严格的规定；其次是流程标准化，主要包括通用的流程、互换性生产以及柔性生产；最后是管理模式的标准化，在现代制造业企业中，管理模式和盈利模式被企业间相互复制，充分体现出企业管理模式的标准化。

2. 企业管理的系统化。在制造业领域中，企业将自身视为一个系统，通过系统进行资源、物资、财力、人力的内外流动，并且从中寻找合适的市场、最佳的配置资源以达到预期的战略。

3. 企业的流程化管理。生产流水线就是典型的流程管理，这种管理打破了职能的界限，把职能部门下放到生产线上的各个方面，以此来保证能够顺利地完成生产。在传统的制造企业中，组织结构的层级化是十分明显的，而在现代制造企业中，层级化的组织结构慢慢地过渡到扁平化的组织结构。整个生产过程都是在围绕流程、产品进行资源配置。因此制造业企业的流程化管理主要体现在：从职能管理到流程管理；组织结构从层级逐渐趋于扁平；从流程改造，精简到流程再造。

二、制造业的分类

从制造业的生产类型出发，总体上可以将制造业分为两大类：离散制造业（Discrete）和流程制造业（Process）。

离散制造业是指通过对原材料物理形状的改变，通过非连续的移动和不同的生产路径，生产出不同的物料和产品。它主要包括机械加工和组装性行业，典型的产品有汽车、飞机、计算机、日用品等。离散制造业可以再进一步细分为单件生产、大批量生产和多种小批量生产三种生产模式。在我国的制造业企业中约95%的企业属于多品种小批量生产类型。由于客户需求的多样化，多品种小批量生产模式越来越成为离散制造业的主流模式。

流程制造业是指物料经过混合、分离、成型或化学反应后，连续通过相同路径，生产出有价值的产品。主要包括化工、冶金、橡胶、制药、食品、造纸、陶瓷等行业。流程制造业中的企业又可以进一步细分为批制流程企业（如制药、食品企业）、大量制造流程企业（如冶金企业）和连续制造流程企业（如化工企业）。连续制造流程企业指生产在时间上和空间上连续进行，原材料连续投入、产品连续产出，一般只生产某一种或固定的几种产品的企业。

综上所述，制造业分类可归纳如图2－1所示，由于离散制造业和流程制造业在物料、产品、工艺过程、设备等方面的差异，最终导致了制造业企业在进行产品成本核算时对成本对象确定和核算方法选择的差异。

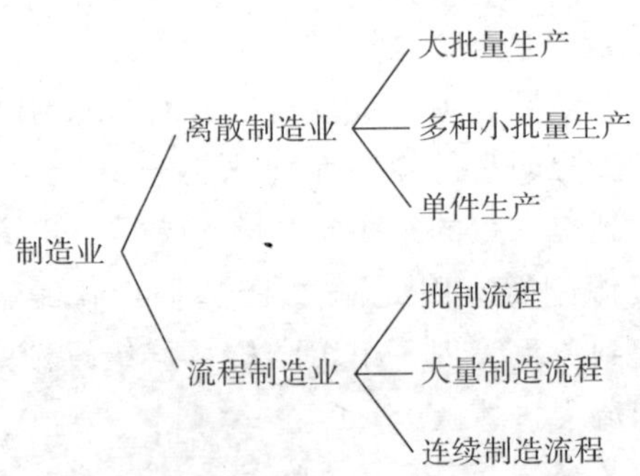

图 2-1 制造业分类示意图

三、现代制造业的发展趋势

现代制造业是相对于传统制造业的一个新概念，现代制造业对信息化水平、企业的组织形式、经营的开放性与全球性、企业的研究开发能力及产品的技术含量都有较高的要求。传统制造业向现代制造业的转变，集中体现在以下几个方面：(1) 以信息化带动制造业发展，产生新的制造模式；(2) 先进制造技术的兴起和先进制造模式的出现；(3) 以加工制造为主转向侧重营销和研发，并有向两端延伸的趋势；(4) 在全球范围内整合资源以实现资源的优化配置；(5) 从市场竞争上升为品牌竞争和服务竞争，制造与服务既分工又融合。

四、制造业企业产品成本核算对象的确定原则

制造业企业产品成本核算作为会计信息系统的一个子系统，具有确认、计量和提供相关产品成本的多项功能，并为编制对外财务报告和企业内部管理者作成本决策提供资料。制造业企业确定产品成本核算对象需遵循以下原则：

1. 根据制造业企业的生产类型、生产组织方式确定产品成本核算对象。前面已经阐述了制造业企业依照生产方式所进行的分类。这其中主要可以分为离散制造和流程制造，进一步可以分为大批量生产、多种小批量生产、单件生产、批制流程、大量制造流程、连续制造流程六大类生产类型。每种生产类型根据自身的经营特点，确定产品成本核算对象，选择适合自己的成本核算方法。

2. 产品成本核算对象的确定，还应当结合成本管理的要求。当企业的工艺特点是简单生产时，成本核算对象就是每种产品；当企业的工艺特点虽是复杂生产，但企业在管理上不需要计算及分析半成品成本或零部件成本时，成本核算对象也是每种产品，成本核算单按每种产品来设置；当企业的工艺特点为复杂生产，且企业在管理上需要计算及分析半成品成本或零部件成本时，成本核算对象就是各加工步骤的半成品、零部件及每种产品，成本核算单也要分别按半成品、零部件和各种产品来设置。

五、制造业企业产品成本核算方法

由于企业的生产特点（包括生产组织、工艺过程、产品种类等）有所不同，管理上的需要（指管理上要求的粗细程度）有所不同，不是在所有情况下都能直接以每种产品作为成本核算对象，在某些情况下，先要以另一些成本核算对象为过渡，最后再以每种产品为成本核算对象，分别计算其总成本和单位成本。

制造业企业一般按照产品品种、批次订单和生产步骤等确定产品成本核算对象。制造业企业常用的成本核算方法有品种法、分步法和分批法。它们都是在按照产品品种、批次订单或生产步骤确定成本核算对象的基础上，进行成本核算的最基本方法。

（一）品种法的特点、适用范围及核算程序

1. 品种法的特点

品种法是按照产品品种归集生产费用，按产品品种开设明细账，计算产品成本的一种成本核算方法。在制造业领域无论是生产什么类型的产品，还是管理如何要求，最终都必须按照产品品种计

算产品成本。按照产品品种计算成本是产品计算的最一般要求，品种法是最基本的成本计算方法，其特点如下：

（1）以产品品种作为成本核算对象。如果只生产一种产品，该产品就是成本核算对象，计算产品成本时只需为这种产品开设一本产品明细账，按成本项目设立专栏，汇集生产费用。如果生产两种及两种以上的多种产品，则需要按照每一种产品设置产品成本明细账，分别汇集生产费用，并按一定的分配标准将间接费用在各种产品中进行分配。

（2）按月定期计算成本。品种法适用于大量大批的单步骤产品生产，由于不断重复生产一种或几种产品，经常有很多完工产品不能在完工时就立即计算出它的成本，因此需要在每月末计算其完工产品的成本。

（3）费用在完工产品和在产品之间进行分配。在月末计算产品成本时，如果没有在产品或在产品数量较少时，无须计算在产品成本，当期所汇集的全部生产费用都由完工产品来承担。如果月末在产品数量较多，并且占用的费用也较大，此时就需要将生产成本在完工产品与未完工的在产品之间进行分配，进而计算出在产品成本和完工产品成本。

2. 品种法的适用范围

在制造业领域，品种法广泛适用于大量大批的单步骤生产企业（如发电、采掘等企业）。在这种生产类型的制造企业中，产品的生产工艺不需要划分为多个生产步骤。同时在大量大批多步骤的生产企业中，如果企业规模较小，管理上又不要求分步骤计算成本时，也可以采用品种法计算产品成本（如小型水泥、造纸、制砖等企业）。此外，企业的辅助生产部门，如供水、供电车间一般也采用品种法计算产品成本或劳务成本。

3. 品种法的成本核算程序

品种法是产品核算中的基本方法，其核算程序体现着成本核算的一般程序。如图 2 - 2 所示，品种法主要包括以下几个步骤：

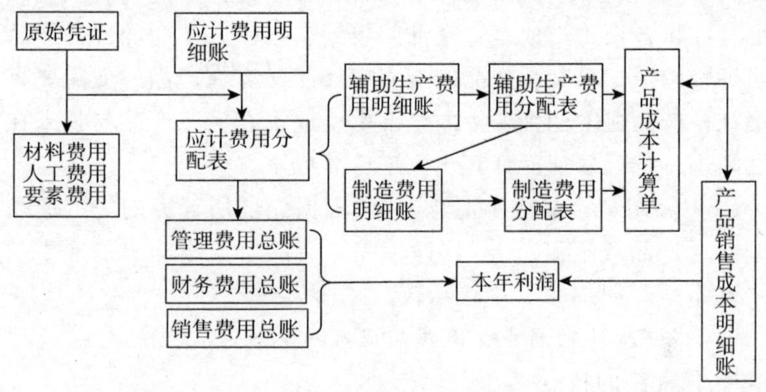

图 2－2　品种法成本核算程序

（1）按产品品种开设明细账并设置成本计算单，在成本计算单中按成本项目设置专栏。如果存在月初在产品，还需计算月初在产品成本。

（2）分配各项要素费用并编制费用分配表。对生产过程中发生的各项要素费用，可以根据各项费用的原始凭证和有关资料，编制各种要素费用分配表，将分配的结果登记到“基本生产成本”、“辅助生产成本”、“制造费用”等明细账。

（3）编制应计费用分配表。根据“应计费用明细账”，编制“应计费用分配表”，并将分配结果登记到“制造费用”和“辅助生产成本”等明细账。

（4）归集和分配辅助生产费用。将“辅助生产成本明细账”上所归集的费用，按一定的标准进行分配，并编制“辅助生产成本分配表”，将结果登记到“基本生产成本”、“制造费用”、“管理费用”等明细账。

（5）归集和分配制造费用。将“制造费用明细账”上所归集的费用，按一定的标准进行分配，并编制“制造费用分配表”，将结果登记到“基本生产成本”和各种“产品成本计算单”。

（6）分配完工产品和月末在产品成本。经过上述对各项费用的分配，已将各项生产成本，全部归集到基本生产车间的各种产品成本明细账中。如果某种产品既有完工产品又有在产品，就需要将所归集在该产品成本明细账中的全部生产成本在完工产品与月末在产品之间进行分配，从而计算出完工产品成本。

（7）编制“产品成本汇总表”。根据先前所计算的完工产品成本编制“产品成本汇总表”，计算完工产品总成本和单位成本，并在“基本生产明细账”中作结转。

（二）分批法的特点、适用范围及核算程序

1. 分批法的特点

产品成本核算的分批法（也称订单法），是以产品批别或订单为成本核算对象，按产品的批别或订单归集生产费用，计算产品成本的一种方法。分批法的特点主要表现在以下三个方面：

（1）清晰的成本计算对象。采用分批法计算产品成本，成本计算对象就是购买单位的订单或企业规定的产品批别，按产品批别设置产品成本明细账，归集生产成本。通常制造业企业产品批别指的是企业生产计划部门签发并下达到生产车间的产品编号。根据购买者订单进行生产的企业，往往以一张订单规定的产品作为一批。如果一张订单中规定的产品品种较多，此时可以将一张订单分为几批组织生产，以便分别核算不同产品的生产成本；如果一张订单要求陆续交货，并且交货持续的时间较长，可以分成几批组织生产，以便及时确定成本、计算损益；如果在同一时期内，有几张订单中所规定生产的产品相同或相似，且交货的时间相差不多，则可以将几张订单合并为一批组织生产。

（2）成本计算期不确定。为保证各批产品成本计算的准确性，各批产品成本明细账的设立和结算，应与生产通知的签发和结束密切配合，即各批次或各订单产品的成本在完工以后计算确定。在分批法下，一批内的所有产品一般都能同时完工，成本计算期是不确定的，即成本计算期与产品的生产周期一致，而与会计报告期不一定一致。

(3) 生产费用在完工产品与月末在产品之间进行分配。在制造业企业中采用分批法时，常有一些订单批量较大，往往出现跨月才能陆续完工的情况。此时若订货单位要求分批交货，则在会计期末需将成本明细账中所归集的成本在完工产品和在产品之间进行分配。如果跨月陆续完工的情况不多，为了减少成本核算的工作量，可以采用简便的方法，按计划单位成本、定额单位成本或最近一期相同产品的实际单位成本来计算完工产品成本，产品成本明细账中归集的累计生产费用减去完工产品成本后，即可得到在产品成本。待该批产品全部完工时再计算该批产品的实际总成本和单位成本，对已经转出的完工产品成本，不必作账面调整。

2. 分批法的适用范围

在制造业企业中，分批法主要适用于单件、小批生产的企业和车间。采用分批法核算所具有的共同特点是一批产品通常不重复生产，即使重复也是不定期的。以下这几种企业往往具有这样的特征。

(1) 根据购买者订单进行生产的企业。这些企业专门根据订货者的要求，生产特殊规格、特定数量的产品。订货者所订的货可能是大型产品，如船舶、精密仪器；也可能是多件同样规格的产品，如根据设计图样生产实验室用的特种仪器。

(2) 产品种类经常变动的小规模制造企业。如生产门窗把手、插座等五金制造厂。因为这些制造企业生产规模较小，需要根据市场需求不断变动产品的种类和数量，不可能按产品设置流水线大量生产，所以只能是分批生产、分批计算成本。

(3) 新产品试制车间。专门试制新产品的车间，一般是小批量进行生产，所以适用于用分批法计算产品成本。

3. 分批法的成本核算程序

分批法是产品成本核算的基本方法之一，因此该种方法成本核算的程序与成本核算的一般程序基本相同。如图 2－3 所示，分批法通常需经过以下步骤：

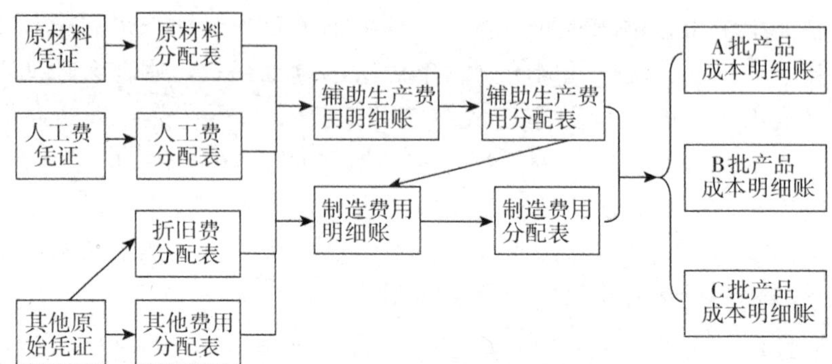

图 2－3　分批法成本核算程序

（1）按生产批号（批别）设置产品成本明细账。在每批产品或每件产品投产时，根据生产通知单的批号，按产品的批别设置产品成本明细账，用以汇集各批产品的各项生产费用。

（2）按产品批号（批别）分配和归集各项生产成本。在各批产品投产后，企业发生的各项生产成本，如果能分清是哪批产品发生的，则直接计入该批产品成本明细账。如果几批产品共同发生且不能直接分清各批产品分别发生多少费用的，则应先按一定的分配标准进行分配。在实际运用中，材料费用通常可按照定额耗用量比例法或定额费用比例法进行分配，直接人工费和制造费用通常可按照定额生产工时或实际生产工时比例法进行分配，并将分配结果分别计入各批产品成本明细账，费用分配方法与品种法相同。

（3）月末结算各批产品发生的生产费用。在月末，如果该批产品已全部完工，则该产品成本明细账中所归集的累计生产成本就是该批产品的总成本，除以产量就是该批产品的单位成本。如果该批产品没有完工或没有全部完工，成本明细账中累计的生产成本就是该批产品的在产品成本。如果该批产品跨月陆续完工并陆续交货，月末既有完工产品又有在产品的情况下，就需要按一定方法将该批产品的全部生产成本在完工产品与在产品之间进行分配。在投产批数繁多而且月末未完工批数较多的企业中，通常采用简化的分批法来计算完工产品的成本。采用这种方法，期末只向完工批次的产品分配间接计入费用，而对于未完工批次的在产品不分配间接计入费用，不计算在产品成本。

（4）完工产品成本结转。月末，在产品完工并已计算出完工产品总成本和单位成本的基础上，应根据产品的流转，将完工产品成本从产品成本明细账中结转出去，借记“库存商品”科目，至此整个产品生产过程宣告结束。

（三）分步法的适用范围、特点及种类

1. 分步法的适用范围

分步法是按产品的生产加工步骤归集并分配生产费用，计算产品成本的一种方法。它主要适用于大量的大批的多步骤生产的制造企业。例如纺织企业生产可以分为纺纱、织布等步骤；冶金企业可以将生产分为炼钢、轧钢等步骤；机器制造业可以将生产分为铸造、加工、装配等步骤。在这些连续式复杂生产的企业中，生产步骤均可以间断，生产工艺也均是由各个连续的若干生产步骤所组成，除最后一个生产步骤外，每一步骤都生产出不同的半成品，这些半成品既可以作为下一步骤加工的对象，也可以对外出售。如果对外出售，就必须计算出该半成品的成本；即使半成品不对外出售，出于成本管理的需要，很多企业也要求提供各步骤半成品的成本资料，在这种情况下，就需要采用分步法来计算产品成本。

2. 分步法的特点

（1）以每种产品的生产步骤作为成本核算对象。分步法的成本核算对象就是各种产品的生产步骤，在分步法下，不仅要求计算出每一种最终产成品的成本，而且还要计算出每一加工步骤半成品的成本。不仅对各种产成品要设置明细账，而且对每种产品的各个加工步骤也要分别设置明细账来归集生产成本。在加工企业，通常是将不同的加工步骤分在不同的生产车间来进行，生产步骤一般按车

间来划分。分步骤计算成本，一般是按车间设置明细账，分车间来进行计算。但产品成本核算所划分的生产步骤，也可能与生产工艺上的加工步骤不完全一致，根据实际需要和管理要求，可以将两个或两个以上车间合并在一起计算成本。如果车间很大，也可在一个车间内分为若干步骤来计算成本。

（2）成本核算期与会计报告期一致。分步法的成本计算期与会计报告期一致，即以日历月份为成本核算期。由于在大批、大量多步骤生产企业中，其生产组织是连续不断地进行生产，从一开始直到不再生产该产品，产品生产周期相当长；而成本计算的目的是控制成本的发生，如果到不再生产该产品时才能算出产品成本，那就达不到控制成本的目的；另外，每个会计报告期企业都要向外部报告自身的经营情况；因此，分步法的成本核算期需与会计报告期一致。

（3）费用在完工产品和在产品之间分配。在大量、大批的多步骤制造企业中，由于生产周期较长，而且往往都是跨月陆续完工，因此每月末都会有大量的完工产品。在这种情况下，每月末就需要将各产品成本明细账中归集的生产成本在完工产品与在产品之间进行分配。不仅在最终完工产品中存在分配完工产品与在产品费用的问题，而且每一步骤也需要在本步骤完工的半成品与本步骤的在产品之间进行费用的分配。

（4）在各个生产步骤间需进行成本结转。在采用分步法进行成本核算且要求计算半成品成本时，由于上一步骤生产的半成品是下一步骤的加工对象，因此上一步骤生产的半成品成本也要结转到下一生产步骤。各步骤之间进行成本结转，是分步法的一个重要特点。

3. 分步法的种类

分步法适用于多步骤大量大批生产的成本核算。多步骤生产又可分为连续式多步骤和装配式多步骤两种情况。连续式多步骤生产，是指从原材料投入到产品完工要顺序经过若干加工步骤的生产，即将前一步骤制成的半成品送下一步骤继续加工，顺序转移，直至最后一个步骤才生产出产成品。如纺织、冶金等工业的生产属于这种类型。装配式多步骤生产，是指投入的各种原材料可在不同地点同时分别加工成零部件，再将零部件组装成产品的生产。如机床、汽车、自行车、电器、仪表等的生产属于这种类型。

由于不同企业多步骤生产的加工方式不同，因此产品成本核算的分步法又分为两大类，即逐步结转分步法和平行结转分步法。逐步结转分步法主要适用于连续式多步骤生产，而平行结转分步法则主要适用于装配式多步骤生产。下面分别介绍逐步结转分步法和平行结转分步法。

（1）逐步结转分步法。逐步结转分步法，是按产品加工的先后顺序，逐步计算并结转半成品成本，直至最后一个步骤计算出产成品成本的一种方法。在逐步结转法下，应按各产品的每一生产步骤设置成本计算单，归集生产费用并计算半成品成本。即按照加工顺序，先计算第一步的半成品成本；然后随着半成品实物的转移，将第一步骤的半成品的成本转入到第二步骤相同产品的成本计算单中；第二步骤将第一步骤转来的半成品成本加上第二步骤发生的生产费用计算第二步骤的半成品成本，再结转给第三个步骤，依此计算各步骤的半成品成本，直至计算出最后一个步骤的产品成本。其核算步骤如图 2－4 所示。

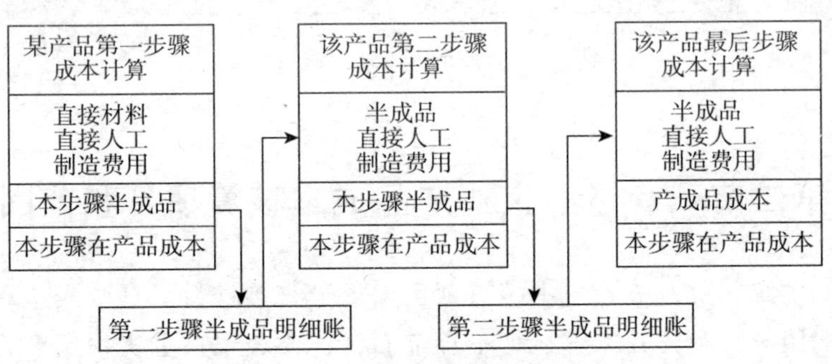

图 2－4　逐步结转分步法流程图

（2）平行结转分步法。平行结转分步法是各步骤不计算，也不向下一步骤结转半成品成本的方法。即各步骤只计算本步骤所发生的费用，并在期末将本步骤发生的费用中应由最终产成品承担的份额，平行结转至最终产成品（即结转到产品成本核算汇总表）。

平行结转分步法主要适用于装配式多步骤生产。在大量大批装配时，多步骤生产的企业通常是在不同地点对各种原材料平行地进行加工，加工成各种零部件，然后再将各种零部件装配成产成品。机械制造业一般属于这种类型，在这种类型的企业中，可采用平行结转分步法计算产品成本。对连续式多步骤生产，如果管理上不要求计算各步骤半成品成本，也可以采用平行结转分步法计算产品成本。其核算步骤如图 2－5 所示。

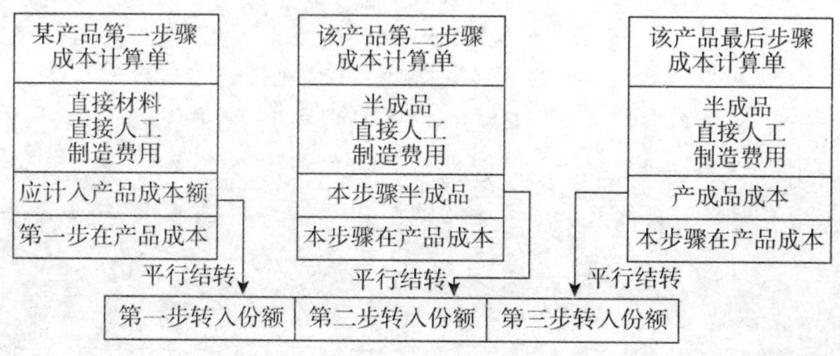

图 2－5　平行结转分步法流程图

第二节　制造业企业产品成本核算项目和范围

传统制造业企业成本核算项目偏重于直接材料、直接人工和制造费用三大类。其内容显得不够全面，主要表现在重实物资产，轻无形资产；过度关注内部消耗，轻环境成本；人工成本的归集不完整等方面。随着社会经济的发展，现代制造业企业的兴起，对成本管理要求的不断提高和完善，制造业企业成本项目的概念和内涵也在不断发展和变化，主要表现在成本项目范围的逐渐扩大。例如，对固定资产进行初始确认时考虑弃置费用因素，从而通过折旧将环境责任引入产品成本；考虑到技术创新在生产经营中日益重要的地位，允许符合条件的无形资产摊销全额计入相关产品成本；符合条件的各类职工薪酬也应当计入产品成本等。

根据制造业企业的特点和管理要求，企业一般可以设立以下成本项目：

（一）直接材料

直接材料包括企业生产过程中实际消耗的原材料、辅助材料、设备配件、外购半成品、包装物以及其他直接材料。

（二）燃料和动力

燃料和动力是指直接用于产品生产的燃料和动力。制造业企业由于生产过程中耗费的燃料和动力较少或其他原因，可以不单独设立此项目，而在直接材料项目中核算。

（三）直接人工

根据我国《企业会计准则第9号——职工薪酬》（财会［2014］8号）的规定，职工薪酬包括以下内容：短期薪酬、离职后福利、辞退福利和其他长期职工福利。（1）短期薪酬是指企业在职工提供相关服务的年度报告期间结束后12个月内需要全部予以支付的职工薪酬，因解除与职工的劳动关系给予的补偿除外，具体包括：职工工资、奖金、津贴和补贴，职工福利费，医疗保险费、工伤保险费和生育保险费等社会保险费，住房公积金，工会经费和职工教育经费，短期带薪缺勤，短期利润分享计划，非货币性福利以及其他短期薪酬；（2）带薪缺勤包括年休假、病假、短期伤残、婚假、产假、丧假、探亲假等；（3）离职后福利，是指企业为获得职工提供的服务而在职工退休或与企业解除劳动关系后，提供的各种形式的报酬和福利，短期薪酬和辞退福利除外；（4）辞退福利，是指企业在职工劳动合同到期之前解除与职工的劳动关系，或者为鼓励职工自愿接受裁减而给予职工的补偿；

(5) 其他长期职工福利包括长期带薪缺勤、长期残疾福利、长期利润分享计划等。

企业应当在职工为其提供服务的会计期间，除企业向职工提供的辞退福利应当在“①企业不能单方面撤回因解除劳动关系计划或裁减建议所提供的辞退福利时”与“②企业确认与涉及支付辞退福利的重组相关的成本或费用时”两者孰早日确认辞退福利产生的职工薪酬负债计入当期损益（管理费用）以外，其他职工薪酬均应根据职工提供服务的受益对象，将应确认的职工酬（包括货币性与非货币性薪酬）计入相关资产成本或当期费用，同时确认为应付职工薪酬负债。换言之，应由生产产品、提供劳务负担的职工薪酬，计入产品成本或劳务成本。

（四）制造费用

制造费用是指企业为生产产品和提供劳务而发生的各项间接费用，通常包括生产部门（车间、分厂等）为组织和管理生产发生的间接费用，以及一部分不便于直接计入产品成本而没有专设成本项目的直接费用，如生产部门所发生的水电费、管理人员的职工薪酬、固定资产折旧、无形资产摊销、机物料消耗、低值易耗品摊销、取暖费、办公费、劳保费、国家规定的有关环保费用、季节性和修理期间内的停工损失、废品损失、运输费、保险费等。

制造企业还可以根据生产特点和企业管理的要求适当增加一些项目，如“废品损失”、“停工损失”等项目。值得注意的是，确定制造费用项目的范围一直是制造业企业产品成本核算的重点和难点。

第三节　制造业企业产品成本归集、分配和结转

一、直接费用与间接费用的归集和分配

制造业企业发生的直接材料和直接人工，能够直接计入成本核算对象的，直接计入成本核算对象的生产成本，否则按照合理的分

配标准分配计入。

间接费用，是指制造业企业除了能够直接计入成本核算对象的直接材料、直接人工以外的其他相关费用。企业应当结合生产特点和管理需要采用合理的分配方法，将间接费用在成本核算对象之间进行分配。

对于几种产品共同耗费的间接材料费用，应按适当的分配标准分配计入各产品成本的“直接材料”成本项目中。分配标准类型主要有：

1. 产量分配法

$$材料费用分配率=\frac{待分配材料费用总额}{各产品产量之和}$$

某产品应分配的材料费用=该产品产量×材料费用分配率

2. 重量分配法

$$材料费用分配率=\frac{待分配材料费用总额}{各产品重量之和}$$

某产品应分配的材料费用=该产品的重量×材料费用分配率

3. 定额分配法

（1）定额耗用量分配法。

某产品原材料定额消耗量=该产品实际产量 ×单位产品原材料消耗定额

$$原材料消耗量分配率=\frac{原材料实际消耗总量}{各产品原材料定额消耗量之和}$$

某产品应分配的原材料实际消耗量=该产品原材料定额消耗量×原材料消耗量分配率

某产品应分配的原材料实际费用=该产品应分配的原材料实际消耗量×原材料单价

【例2-1】甲企业本月生产A产品25件，B产品40件，C产品50件。三种产品共同消耗材料M 3 672千克，材料M的单价为5元。A、B、C三种产品单位材料消耗量分别为60千克、40千克和10千克。材料M的费用分配如表2-1所示。

原材料消耗量分配率=3 672 ÷（25×60+40×40+50×10）=1.02

表 2-1　　材料费用分配表　　单位：元

分配对象	明细项目	材料 M	
		分配过程	小计
A 产品	直接材料	25×60×1.02×5	7 650
B 产品	直接材料	40×40×1.02×5	8 160
C 产品	直接材料	50×10×1.02×5	2 550

（2）定额费用比例分配法。

某种产品原材料定额费用 = 该产品实际产量 × 单位产品原材料费用定额

$$原材料费用分配率 = \frac{原材料实际费用总额}{各产品原材料定额费用总额}$$

某产品应分配的原材料实际费用 = 该产品原材料定额费用 × 原材料费用分配率

二、发出材料的成本计价

制造企业在生产过程中发出的材料成本，可根据实际情况，采用先进先出法、加权平均法、个别计价法等进行核算。

1. 先进先出法，指以先购入或制成的材料应该先发出的实物流转假设为前提，对发出的材料进行计价的一种方法。

市场经济环境下，各种商品的价格波动较为频繁，若物价上涨过快，先购进的存货成本相对较低，而后购进的存货成本偏高，按这种方法核算发出存货的价值就低于市场价值，产品销售成本偏低，而造成期末存货成本偏高。

2. 移动加权平均法，指本次收到材料的成本加原库存材料的成本，除以本次材料的数量加原有原材料的数量，据以计算加权单价，对发出材料进行计价的一种方法。

由于在每次原材料入库都核算其加权平均单价的工作量较大，实务中企业常采取月末一次加权平均法确定存货的发出和库存成本。

月末一次加权平均单价 = 总成本 ÷ 总数量 = （期初库存成本 +

本期购入成本）÷（期初库存量+本期购入量）

【例2-2】表2-2为甲企业原材料A在本月的购销明细账。

表2-2

日期	购入			发出		
	数量（千克）	单价（元）	金额（元）	数量（千克）	单价（元）	金额（元）
月初结存	0					
1	100	8	800			
3	50	7	350			
6				80	8	640
7				60	8	480
8	60	9	540			
31				50	8	400

月末一次加权平均单价＝（0+800+350+540）÷（0+100+50+60）＝8（元/件）

发出材料的金额＝（80+60+50）×8＝1 520（元）

3. 个别计价法，指成本流转与实物流转一致，即材料收、发、存均按原来的实际单位成本反映。该方法最准确，但也最不现实，适用于体积较大、金额较高、数量较少、容易辨认的材料。

$$\text{每次（批）发出存货成本} = \text{该次（批）存货发出数量} \times \text{该次（批）存货实际购入的单位成本}$$

三、辅助生产成本的归集与分配

辅助生产成本（或外购燃料与动力）的分配可参照生产成本的计量简化处理，主要采用的分配方法有：

1. 直接分配法。采用直接分配法分配辅助生产费用，不考虑各辅助生产车间之间相互提供劳务（或产品）的情况，而是将各种辅助生产费用直接分配给辅助生产车间以外的各受益单位。

$$\text{辅助生产车间费用分配率} = \frac{\text{该辅助生产车间发生的费用}}{\text{该辅助生产车间提供的劳务总量} - \text{该辅助生产车间为其他车间提供的劳务量}}$$

$$\text{某受益部门应承担的辅助生产费用}=\text{该受益部门劳务耗用量}\times\text{该辅助生产车间费用分配率}$$

【例 2－3】甲企业有动力和供电两个辅助生产车间，动力车间本月发生费用 208 000 元，供电车间本月发生费用 306 240 元。辅助生产车间提供劳务数量汇总表如表 2－3 所示。

表 2－3　　辅助车间劳务数量汇总表

受益单位		动力（工时）	供电（度）
基本生产车间	A 产品		52 000
	一般耗用	4 200	70 000
辅助生产车间	动力车间		14 000
	供电车间	200	
行政管理部门		800	38 000
合计		5 200	174 000

动力车间费用分配率＝208 000 ÷（5 200 － 200）＝41.6

供电车间费用分配率＝306 240 ÷（174 000 － 14 000）＝1.914

辅助生产费用分配情况如表 2－4 所示。

表 2－4　　辅助生产费用分配表（直接分配法）

数量单位：工时、度

金额单位：元

辅助生产车间名称	动力	供电	金额合计
待分配辅助生产费用	208 000	306 240	514 240
供应辅助生产车间以外的劳务数量	5 000	160 000	
分配率	41.6	1.914	

续表

<table>
<tr><th colspan="3">辅助生产车间名称</th><th>动力</th><th>供电</th><th>金额合计</th></tr>
<tr><td rowspan="4">基本生产车间</td><td rowspan="2">A 产品生产耗用</td><td>耗用数量</td><td></td><td>52 000</td><td></td></tr>
<tr><td>分配金额</td><td></td><td>99 528</td><td>99 528</td></tr>
<tr><td rowspan="2">一般耗用</td><td>耗用数量</td><td>4 200</td><td>70 000</td><td></td></tr>
<tr><td>分配金额</td><td>174 720</td><td>133 980</td><td>308 700</td></tr>
<tr><td rowspan="2">行政管理部门</td><td colspan="2">耗用数量</td><td>800</td><td>38 000</td><td></td></tr>
<tr><td colspan="2">分配金额</td><td>33 280</td><td>72 732</td><td>106 012</td></tr>
<tr><td colspan="3">分配金额合计</td><td>208 000</td><td>306 240</td><td>514 240</td></tr>
</table>

2. 顺序分配法。顺序分配法是按照各辅助生产车间相互受益多少的顺序排列，即收益少的排列在前，收益多的排列在后，进行辅助生产费用分配的一种方法。其特点是排列在前的辅助生产车间不负担排列在后的辅助生产车间的费用。

3. 一次交互分配法。采用此法应先根据各辅助生产车间、部门相互提供劳务的数量和交互分配前的费用分配率进行一次交互分配，然后将各辅助生产车间、部门交互分配后的实际费用再按提供劳务的数量，在辅助生产车间、部门以外的各受益单位之间进行分配。即分为两步进行：（1）交互分配：辅助生产车间之间的交互分配。（2）对外分配：对辅助生产车间以外的受益单位分配。

【例 2－4】承【例 2－3】，采用一次交互分配法对上述案例的辅助生产费用进行分配，见表 2－5。

表 2－5　　辅助生产费用分配表（一次交互分配法）

数量单位：工时、度

金额单位：元

分配方向			交互分配			对外分配		
辅助生产车间名称			动力	供电	合计	动力	供电	合计
待分配辅助车间生产费用			208 000	306 240	514 240	224 640	289 600	514 240
供应劳务数量			5 200	174 000		5 000	160 000	
分配率			40	1.76		44.928	1.81	
辅助生产车间	动力车间	耗用数量		14 000				
		分配金额		24 640	24 640			
	供电车间	耗用数量	200					
		分配金额	8 000		8 000			
基本生产车间	A 产品耗用	耗用数量					52 000	
		分配金额					94 120	94 120
	一般耗用	耗用数量				4 200	70 000	
		分配金额				188 697.6	126 700	315 397.6
行政管理部门		耗用数量				800	38 000	
		分配金额				35 942.4	68 780	104 722.4
分配金额合计			208 000	306 240	514 240	224 640	289 600	514 240

4. 代数分配法。代数分配法是运用初等数学中的联立方程组计算确定辅助生产产品、劳务的单位成本，然后再根据各受益单位（包括辅助生产车间）的耗用量计算各受益部门应分配的辅助生产费用的一种方法。

【例 2－5】 承【例 2－3】，采用代数分配法对上述案例的辅助生产费用进行分配。

设动力车间单位成本为 x（元/工时），供电车间单位成本为 y（元/度），建立如下方程组：

$$\begin{cases}208\ 000+14\ 000\ y=5\ 200\ x\\306\ 240+200\ y=174\ 000\ y\end{cases}$$

方程左边为各辅助生产车间实际费用，列于辅助生产费用明细账的借方；方程右边为贷方分配额。

求解方程组得：x = 44.877，y = 1.811。

对应辅助生产费用分配表略。

5. 计划分配率法。该法指先按劳务的计划单位成本分配辅助生产车间为各受益单位（包括其他辅助生产车间、部门在内）提供的产品、劳务费用，再计算辅助生产车间实际发生的费用（包括辅助生产车间内部交互分配转入的费用在内）与按计划单位成本分配转出的费用的差额，并对差额进行调整的方法。通常分为两步进行：（1）按接受产品或劳务的实际耗用量和计划单位成本，进行费用分配；（2）将实际费用与按计划成本分配转出的费用相比较，计算成本差异，将差异按比例追加分配给辅助生产车间以外的各受益单位，或全部计入管理费用。

【例 2-6】 承【例 2-3】，采用计划分配率法对辅助生产费用进行分配。

该企业动力车间每工时的计划单位成本为 42 元，供电车间每度电的计划单位成本为 1.84 元。辅助生产费用分配情况如表 2-6 所示。

表 2-6　　辅助生产费用分配表（计划分配率法）

数量单位：工时、度

金额单位：元

辅助生产车间名称	动力	供电	金额合计	成本差异分配	
				动力	供电
待分配辅助生产费用	208 000	306 240	514 240	15 360	-5 520
供应劳务数量	5 200	174 000		5 000	160 000
分配率	42	1.84		3.072	-0.0345

续表

辅助生产车间名称			动力	供电	金额合计	成本差异分配	
基本生产车间	A产品生产耗用	耗用数量		52 000			52 000
		分配金额		95 680	95 680		－1 794
	一般耗用	耗用数量	4 200	70 000		4 200	70 000
		分配金额	176 400	128 800	305 200	12 902.4	－2 415
辅助生产车间	动力车间	耗用数量		14 000			
		分配金额		25 760	25 760		
	供电车间	耗用数量	200				
		分配金额	8 400		8 400		
行政管理部门		耗用数量	800	38 000		800	38 000
		分配金额	33 600	69 920	103 520	2 457.6	－1 311
按计划成本分配合计			218 400	320 160	538 560		
辅助生产车间实际成本			233 760	314 640	548 400		
辅助生产车间成本差异			15 360	－5 520	9 840		

四、制造费用的归集与分配

制造业企业对制造费用的分配主要采取的方法有机器工时法、人工工时法、计划分配率法等，值得注意的是，新制度中明确指出，制造企业可以根据自身经营管理特点和条件，在具备信息化条件的基础上，利用现代信息技术，采用作业成本法或参照作业成本法的原理对不能直接归属于成本核算对象的成本进行归集和分配。适时引入作业成本法，有助于引导企业将产品成本核算与产品成本信息分析和应用结合起来，提高产品成本会计信息质量，促进企业降耗增效，以及产品成本的科学化和精细化管理。

1. 机器工时法，指以各种产品生产时耗用的机器运转的时间作为分配标准分配制造费用的方法。

$$制造费用分配率=\frac{制造费用总额}{各种产品耗用的机器工时总额}$$

$$\text{某产品应负担的制造费用}=\text{该产品耗用的机器工时}\times\text{制造费用分配率}$$

这种方法适用于产品生产机械化程度较高的车间、部门。在这种车间、部门里，必须具备各种产品所用机器工时的原始记录，以保证机器工时的准确性和可靠性。

【例2－7】甲企业本月基本生产车间制造费用总额为27 400元，A产品生产机器耗用3 200工时，B产品生产机器耗用1 800工时，采用机器工时法分配制造费用。制造费用分配表如表2－7所示。

表2－7　　制造费用分配表

车间：××基本生产车间　　单位：元

应借科目	生产机器工时（工时）	分配率	分配金额
生产成本——基本生产成本——A产品	3 200	5.48	17 536
生产成本——基本生产成本——B产品	1 800	5.48	9 864
合计	5 000	5.48	27 400

2. 人工工时法，指以各种产品所消耗的生产工人实际（或定额）工时数作为分配标准分配制造费用的一种方法。

$$\text{制造费用分配率}=\frac{\text{制造费用总额}}{\text{各种产品实际（或定额）生产工时之和}}$$

$$\text{某产品应分配的制造费用}=\text{该产品实际（或定额）生产工时}\times\text{制造费用分配率}$$

采用这种方法分配制造费用，工人工时数据相对容易取得，核算工作简便，但是在企业生产机械化程度较高的情况下，人工费在成本中所占的比重较小，会影响到制造费用分配的合理性。因此，本方法适用于机械化程度不高的企业。

3. 计划分配率法，即按照年度开始前确定的全年度使用的计划分配率分配制造费用的方法，以定额工时作为分配标准。

$$\text{年度制造费用计划分配率}=\frac{\text{年度制造费用计划总额}}{\text{年度各种产品计划产量的定额工时}}$$

$$\text{某月某产品应负担的制造费用}=\text{该月该产品实际产量定额工时}\times\text{年度制造费用计划分配率}$$

“制造费用”科目有借方或贷方余额，在各月末不必进行调整，等年末再按照已分配制造费用的比例进行调整，年终“制造费用”科目没有余额。

采用年度计划分配率法，省略了每月计算费用分配率的手续，在一定程度上简化了制造费用的分配工作，提高了企业成本核算工作的及时性，并能及时反映制造费用预算数与实际数的差异，有利于分析成本预算执行情况。本方法适用于机械化生产的企业以及季节性生产企业。但采用这种方法，要有较高的计划管理水平，否则计划分配额与实际发生额差异过大，会影响制造费用分配的准确性。

【例 2 -8】 甲企业基本生产车间年度制造费用计划数为390 000元，全年产品的计划产量为：A 产品 1 800 件，B 产品 1 200 件；单位产品的定额工时为：A 产品 6 小时，B 产品 4 小时；本月实际产量为：A 产品 160 件，B 产品 120 件；本月实际发生的制造费用为33 600 元，采用计划分配率法对制造费用进行分配。

A 产品计划产量定额工时 =1 800 ×6 = 10 800（小时）

B 产品计划产量定额工时 =1 200 ×4 = 4 800（小时）

制造费用计划分配率 = 390 000 ÷（10 800 +4 800） =25

A 产品应分配制造费用：160 ×6 ×25 =24 000（元）

B 产品应分配制造费用：120 ×4 ×25 =12 000（元）

4. 作业成本法。作业成本法基于资源耗用的因果关系进行成本分配：根据作业活动耗用资源的情况，将资源耗费分配给作业；再依照成本对象消耗作业的情况，把作业成本分配给成本对象。

作业成本法区别于传统成本法的要点在于，它不是直接考虑产品成本或工时成本，而是首先确定间接费用分配的合理基础——作业，然后找出成本动因，具有相同性质的成本动因组成若干个成本库，一个成本库所汇集的成本可以按其具有代表性的成本动因来进行间接费用的分配，使之归属于各个相关产品。

作业成本法的操作步骤：（1）定义和选择主要作业；（2）建立成本库；（3）选择成本动因；（4）计算成本库分配率，成本库分配率＝作业成本÷成本动因数量；（5）把成本库中的费用分配到产品，成本库成本＝成本库分配率×成本动因数量；（6）计算产品成本，直接成本可单独作为一个成本库处理，将产品分摊的制造费用，加上产品直接成本，即为产品成本。即：产品成本＝直接成本＋$\sum$成本动因成本。

作业成本法将直接费用和制造费用都视为产品消耗作业所付出的成本，同等对待二者。对直接费用的确认和分配，与传统成本计算方法相同，对制造费用的分配则依据成本动因，采用多样化的分配标准，将制造费用分配给能代表各部门的最重要作业的成本库，从而提高成本的可归属性。

【例2－9】甲企业生产3种不同的产品，A产品、B产品、C产品。基本生产成本相关数据见表2－8。

表2－8　　甲企业基本生产成本数据

产品	A产品	B产品	C产品
产量	10 000件	20 000件	4 000件
批量	1批	4批	10批
直接材料	50元	90元	20元
直接人工（不包括准备时间）	3小时/件	4小时/件	2小时/件
准备时间	10小时/批	10小时/批	10小时/批
机器时间	1小时/件	1.25小时/件	2小时/件
制造费用总额	3 894 000元		
直接人工和准备人工成本	20元/小时		

甲企业利用作业成本法计算产品成本步骤如下：

（1）定义和选择主要作业。

（2）建立成本库。

（3）选择成本动因。

（4）计算成本库分配率，见表 2－9。

表 2－9　　作业成本法下的成本分类

成本库	类别	成本动因	成本动因数量	作业成本（元）	成本库分配率
机器	单件产品层次	机器小时	43 000	1 212 600	28.2 元/小时
生产准备	生产批别层次	批次	15	3 000	200 元/批
包装设计	产品维持层次	种类		700 000	
设施	一般经营层次	直接人工	118 000	507 400	4.3 元/小时
收货和检测	生产批别层次	收货批数		200 000	
材料处理	生产批别层次			600 000	
质量保证	生产批别层次			421 000	
打包和发货	生产批别层次			250 000	
总计				3 894 000	

经估算，各产品消耗的作业比例如表 2－10 所示。

表 2－10

产品	A 产品	B 产品	C 产品
工程	25%	45%	30%
收货和检测	6%	24%	70%
材料处理	7%	30%	63%
质量保证	20%	40%	40%
打包和发货	4%	30%	66%

（5）将成本库中的费用分配到产品。

机器成本库：

A 产品：28.2 × 1 = 28.2（元）

B 产品：28.2×1.25=35.25（元）

C 产品：28.2×2=56.4（元）

生产准备成本库：

A 产品：200÷10 000=0.02（元）

B 产品：200÷5 000=0.04（元）

C 产品：200÷400=0.5（元）

包装设计成本库：

A 产品：（700 000×25%）÷10 000=17.5（元）

B 产品：（700 000×45%）÷20 000=15.75（元）

C 产品：（700 000×30%）÷4 000=52.5（元）

设施成本库：

A 产品：4.3×3=12.9（元）

B 产品：4.3×4=17.2（元）

C 产品：4.3×2=8.6（元）

收货和检测成本库：

A 产品：（200 000×6%）÷10 000=1.2（元）

B 产品：（200 000×24%）÷20 000=2.4（元）

C 产品：（200 000×70%）÷4 000=35（元）

材料处理成本库：

A 产品：（600 000×7%）÷10 000=4.2（元）

B 产品：（600 000×30%）÷20 000=9（元）

C 产品：（600 000×63%）÷4 000=94.5（元）

质量保证成本库：

A 产品：（421 000×20%）÷10 000=8.42（元）

B 产品：（421 000×40%）÷20 000=8.42（元）

C 产品：（421 000×40%）÷4 000=42.1（元）

打包和发货成本库：

A 产品：（250 000×4%）÷10 000=1（元）

B 产品：（250 000×30%）÷20 000=3.75（元）

C 产品：（250 000 ×66%） ÷ 4 000 =41.25（元）

（6）计算产品成本（直接材料 + 直接人工 + 各成本库成本）：

A 产品：50 +60 +28.2 +0.02 +17.5 +12.9 +1.2 +4.2 +8.42 +1 =183.44（元）

B 产品：90 +80 +35.25 +0.04 +15.75 +17.2 +2.4 +9 +8.42 +3.75 =261.81（元）

C 产品：20 +40 +56.4 +0.5 +52.5 +8.6 +35 +94.5 +42.1 + 41.25 =390.85（元）

五、完工产品与期末在产品间的成本分配

完工产品与在产品成本之间的关系如下：

期初在产品成本 + 本期生产费用 = 本期完工产品成本 + 期末在产品成本

制造企业产成品和在产品的成本核算，除季节性生产企业等以外，应当以月为成本计算期。

完工产品和在产品之间生产成本的合理分配，直接关系到完工产品和在产品计价的准确性。较为常用的 7 种分配方法有：

1. 不计成本法：成本全部由完工产品负担，在产品不负担。适用于期末无在产品或在产品数量很少的企业，也适用于在产品数量少而稳定的企业，计算或不计算在产品成本，对完工产品成本影响很小时，为了简化核算，可考虑采取这种方法。

2. 按固定成本计价法：年内各月的在产品成本都按年初在产品成本计算，固定不变。每月发生的生产费用仍然是该月完工产品的成本。年末，根据盘点数重新确定年末在产品成本，作为次年在产品计价的依据。适用于在产品各月份之间变化不大的企业。由于月初在产品和月末在产品的差额较小，该方法有助于简化产品成本计算工作。

3. 原材料成本扣除法：期末在产品只计算应承担的材料成本，其他成本全部由本期完工产品承担的一种方法。主要适用于材料成本在全部产品成本中占比重相当大且在开工时一次投入，各月末在产品数量较大，数量变化也大的企业。例如酿酒、造纸、纺织等企业。

4. 在产品成本按完工产品成本计价法：将在产品视同完工产品计算、分配生产费用，即按两者的数量比例分配直接材料费用和加工费用。适用于月末在产品已接近完工，或产品已经加工完毕但尚未验收或包装入库的产品。

5. 按定额成本计价法：月末在产品成本，按其数量和单位定额成本计算。产品的月初在产品成本加本月生产费用，减月末在产品的定额成本，其余额作为完工产品成本。每月生产费用脱离定额的差异，全部由完工产品负担。适用于定额管理基础较好，各项消耗定额或费用定额比较准确、稳定，而且各月在产品数量变动不大的产品。

期末在产品成本 = 期末在产品数量 × 在产品单位定额成本

完工产品成本 = 期初在产品成本 + 本期生产费用 − 期末在产品成本

【例 2－10】 甲企业生产 A 产品，月末完工 A 产品 3 000 件，结存在产品 1 000 件。单位产品材料的消耗定额为 4 千克，每千克材料的计划单价为 30 元；单位产品工时定额为 4 小时，每工时定额直接人工计划数为 15 元，每工时定额制造费用计划数为 22 元。月初在产品和本月生产耗用总计为：直接材料 504 000 元，直接人工 230 400 元，制造费用 302 400 元。材料为生产开始一次投入，月末在产品按定额成本计价。

成本分配过程如表 2－11 所示。

表 2－11　　　　产品成本计算单

单位：元

成本项目	生产费用合计	月末在产品成本（定额成本）	完工产品成本
直接材料	504 000	1 000 × 4 × 30 = 120 000	384 000
直接人工	230 400	1 000 × 4 × 15 = 60 000	170 400
制造费用	302 400	1 000 × 4 × 22 = 88 000	214 400
合计	1 036 800	268 000	768 800

6. 约当产量法：月末在产品数量按其完工程度折算为相当于完工产品的数量，从而分配计算完工产品成本与月末在产品成本的方法。在正确统计月末在产品结存数量和正确估计月末在产品完工程度的前提下，就可以比较客观简便地划分完工产品与月末在产品的成本。适用于月末在产品数量较大，各月末在产品数量变化也较大，产品成本中直接材料费和人工费等加工费用所占比重相差不多的产品。

在产品约当产量 = 在产品数量 × 完工程度（或投料程度）

$$费用分配率 = \frac{月初在产品成本 + 本月生产费用}{完工产品数量 + 在产品约当产量}$$

完工产品费用分配额 = 完工产品数量 × 费用分配率

月末在产品费用分配额 = 在产品约当产量 × 费用分配率

（1）按在产品加工程度计算约当产量。

①各工序加工量不均衡，在产品数量不均衡，分工序测定完工程度。

$$某道工序在产品的完工程度 = \frac{前面各工序的累计工时定额 + 本工序工时定额 \times 50\%}{完工产品工时定额}$$

②各工序在产品数量和单位产品在各工序的加工量都均衡的情况下，在产品的完工程度可按50%平均计算。

【例2-11】 甲企业A产品的工时定额为40小时，需要经过三道工序加工制成。其各工序工时定额分别为16小时、12小时和12小时。月末三道工序分别有在产品500件、400件、800件；完工产品2 000件，月初和本月发生的工资费用总计为48 000元，制造费用总计为66 000元。

A产品各工序的加工程度和约当产量如表2-12所示。

表 2－12

工序	各工序工时定额（小时）	月末在产品数量（件）	各工序在产品完工程度	在产品约当产量（件）
1	16	500	16 × 50% ÷ 40 × 100% = 20%	100
2	12	400	（16 + 12 × 50%） ÷ 40 × 100% = 55%	220
3	12	800	（16 + 12 + 12 × 50%） ÷ 40 × 100% = 85%	680
合计	40	1 700		1 000

直接人工分配率 = 48 000 ÷ （2 000 + 1 000） = 16

完工产品直接人工成本 = 2 000 × 16 = 32 000（元）

月末在产品直接人工成本 = 1 000 × 16 = 16 000（元）

制造费用分配率 = 66 000 ÷ （2 000 + 1 000） = 22

完工产品制造费用成本 = 2 000 × 22 = 44 000（元）

月末在产品制造费用成本 = 1 000 × 22 = 22 000（元）

（2）按在产品投料程度计算约当产量。

①直接材料在生产开始时一次投入，在产品所耗直接材料与完工产品相同，因此直接材料费用按两者的数量比例进行分配。

②直接材料分工序在每道工序开始时一次投入，单件在产品所耗直接材料与完工产品不相同，按投料程度计算在产品的约当产量进行分配。

③直接材料分工序在每道工序陆续投入，单件在产品所耗直接材料与完工产品不相同，按每一工序直接材料的消耗定额测算投料程度，然后按投料程度计算在产品的约当产量，分配直接材料费用。

【例 2－12】 承【例 2－11】，假定 A 产品直接材料分工序在三道工序中陆续投入。该产品在三道工序上的直接材料消耗定额分别为第一道工序 80 元，第二道工序 70 元，第三道工序 50 元。月初在产品的直接材料费用和本月发生的直接材料费用分别为 24 821 元和 98 500 元。则 A 产品各工序的加工程度和约当产量如表 2 - 13 所示。

表 2 - 13

工序	各工序直接材料定额（元）	月末在产品数量（件）	各工序在产品完工程度	在产品约当产量（件）
1	80	500	80 × 50% ÷ 200 × 100% = 20%	100
2	70	400	（80 + 70 × 50%） ÷ 200 × 100% = 57.5%	220
3	50	800	（80 + 70 + 50 × 50%） ÷ 200 × 100% = 87.5%	680
合计	200	1 700		1 030

直接材料分配率 =（24 821 + 98 500） ÷ （2 000 + 1 030）= 40.7

完工产品直接材料成本 = 2 000 × 40.7 = 81 400（元）

月末在产品直接材料成本 = 1 030 × 40.7 = 41 921（元）

7. 定额比例法：按照完工产品和月末在产品的定额消耗量或定额费用的比例，分配计算完工产品和月末在产品成本的一种方法。适用于各项消耗定额或费用定额比较准确、稳定，月末在产品数量变化较大的产品。

直接材料费用分配率 =（月初在产品直接材料成本 + 本月直接材料费用）÷［完工产品直接材料定额消耗量（费用）+ 月末在产品直接材料定额消耗量（费用）］

完工产品直接材料费用 = 完工产品直接材料定额消耗量（费用）× 直接材料费用分配率

月末在产品直接材料费用 = 月末在产品直接材料定额消耗量（费用）× 直接材料费用分配率

直接人工（制造费用）分配率 = ［月初在产品直接人工（制造费用）成本 + 本月直接人工（制造费用）费用］÷（完工产品定额工时 + 月末在产品定额工时）

完工产品直接人工（制造费用）费用 = 完工产品定额工时 × 直接人工（制造费用）分配率

月末在产品直接人工（制造费用）费用 = 月末在产品定额工时 × 直接人工（制造费用）分配率

值得注意的是，对于约当产量比例和定额比例，企业应当具有明确的技术认定方法和相应的盘存制度。

六、特殊项目的核算

（一）生产损失的分配

生产损失是指企业在产品生产过程中或由于生产原因而发生的各种损失，主要包括废品损失和停工损失。

企业应结合自身生产特点和管理需要，设定正常废品率。对于正常废品率范围内的废品损失，计入制造费用；对于超过正常废品率范围的废品损失，计入管理费用。

同样，企业需设定正常停工期。对正常停工期范围内的停工损失，计入制造费用；对超过正常停工期的停工损失，计入管理费用。

（二）联产品和副产品的分配

企业需准确设定联产品和副产品的划分标准。

联产品，是指使用同样原材料，经过同一生产过程，同时生产出几种具有同等地位、不同用途的主要产品。副产品，是指经过同一生产过程，使用同种原材料，在生产出主要产品的同时，附带生产出的一些非主要产品，或利用生产中的废料加工而成的产品。见图2－6。

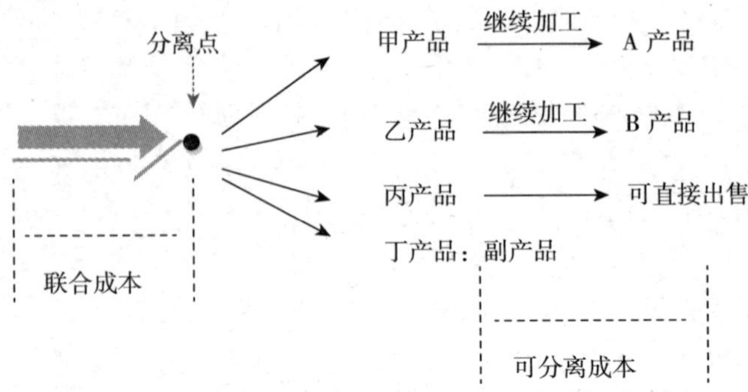

图 2－6 副产品产出示意图

联产品分离后发生的加工成本，有可分辨的承担主体，因此联产品的成本计算关键在于联合成本的分配，主要的分配方法有：相对销售价格法、分离点可变现净值法、产量法、毛利率法等。

1. 相对销售价格法：联合成本按分离点时每种产品的销售价格比例进行分配。采用这种方法，要求每种产品在分离点时的销售价格有可靠的计量基础。如果联产品在分离点上可以销售，则采用市场价格或销售价格进行分摊；若尚需进一步加工才可销售，则需对分离点上的产品进行销售价格的估计。若估计销售价格有一定困难，则可采用可变现净值进行分摊。

【例 2－13】 甲公司生产 M 产品和 N 产品，M 产品和 N 产品为联产品。本月发生加工成本 1 200 万元。M 产品和 N 产品在分离点上的销售价格总额为 1 500 万元，其中 M 产品的销售价格总额为 900 万元，N 产品的销售价格总额为 600 万元。

M 产品：1 200 ÷（900＋600）×900＝720（万元）

N 产品：1 200 ÷（900＋600）×600＝480（万元）

2. 分离点可变现净值法：联合成本按分离点时每种产品的可变现净值（最终销售价格减去可分离成本）比例进行分配。

3. 产量法：按照联产品在分离点时的产品实物数量为基础进行分配。适用于产品价格很不稳定或无法直接确定的产品。

4. 毛利率法：以固定毛利率为基准，分配联产品成本的方法。其基本步骤为：（1）计算所有联产品的平均毛利率；（2）某联产品应负担的销货成本 = 该联产品销售价格 ×（1 - 平均毛利率）；（3）某联产品应负担的联合成本 = 该联产品应负担的销货成本 - 可分离成本。

副产品不是企业的主要产品，价值一般较低，具有一定的经济价值。在成本分配时，可将副产品按一定标准作价，从分离前的联合成本中扣除。对于分离后不再加工的副产品，如果价值很小，可不负担联合成本，销售后作为其他业务收入处理；如果价值较大，按照售价减去销售费用、销售税金后，作为副产品应负担的成本从联合成本中扣除。

（三）其他特殊项目的核算

对于集中在会计年度的个别中期内，不均匀发生的费用，企业应当在发生时予以确认和计量，不应当在中期财务报表中予以预提或者待摊。

对于或有事项的核算，企业应根据《企业会计准则》，结合生产特点，对有关支出进行会计处理。

本章小结

确认、计量制造业企业产品成本应当符合制造业行业特点和生产企业自身特点。制造业企业成本核算范围涉及面广，成本核算既要满足企业综合管理的需要，提供汇总成本核算资料，又要适应多种行业生产经营的特点。成本核算既要反映出多种形式、多种层次、多种生产方式下的成本信息，又要为宏观管理提供服务。

新制度规定的制造业企业产品成本的归集、分配和结转，继承了《国有工业企业产品成本核算办法》中现行有效的做法。其中，辅助生产费用的分配主要采用直接分配法、顺序分配法、一次交互分配法、代数分配法、计划分配率法等；制造费用的分配主要采用机器工时法、人工工时法、计划分配率法等；期末完工产品与在产品之间的成本分配主要采用约当产量法、定额比例法、原材料成本扣除法等；联产品成本分配主要采用相对销售价格法、分离点可变现净值法、产量法、毛利率法等。制造业企业可以根据自身经营管理特点和条件，利用现代信息技术，采用作业成本法对不能直接归属于成本核算对象的成本进行归集和分配。

第三章　农业企业产品成本核算

★★ 小案例 ★★

农业上市公司缘何成为造假频发的重灾区①

农业是我国的基础产业，为了促进农业产业的发展、增强农业企业的竞争力，我国先后出台了一系列优惠政策旨在扶持农业企业上市发展，发挥其“龙头”作用。然而，不少农业公司上市后出现了“弃农”现象，甚至成为财务造假的重灾区。有人说，我国的农业股不适合在资本市场发展，因为农业企业的弱质性、抗风险能力差、投资回报期长与资本短期逐利的矛盾较为突出，登陆资本市场很可能毁了一家好公司。近年来，农业类上市企业舞弊案频发、丑闻不断：从最早的琼民源，到银广夏、蓝田股份、ST金鳗，再到后来的九发股份、绿大地、新大地、万福生科，再到最近的秦宝牧业等。1994年6月上市的“中国蓝筹第一股”银广夏，在1998年至2001年的4年间虚增利润7.72亿元，股价（复权后）从1998年的2.5元上涨到2001年末近25元，案发后股价又一泻千里跌到不足0.5元。1996年6月上市的“中国农业第一股”蓝田股份，曾以其“优良的业绩”创造股市“神话”：该公司在1999年和2000年两年间，虚构营业收入达36.90亿元（实际只有6 400万元），虚构净利润达到9.4亿元（实际是亏损）。1997年4月上市

---

① 曾令尉：“为什么造假的总是农业股?”搜狐财经（http://business.sohu.com/20130415/n372712914.shtml），2013年4月15日11:25；胡海川、张心灵、范文娟：“农业上市公司财务造假问题研究”，《财会月刊》（上），2013年第23期。

的丰乐种业，至案发的2003年，上市8年有6年造假，虚构主营业务收入1.8亿元，虚构利润4 006万元。1997年6月上市的草原兴发，虚构银行存款7.7亿元，且用虚构的银行存款购买房产、设备和草地使用权等，至2006年案发，累计虚构资产总计14.15亿元，虚构营业收入、成本及税金，累计虚构利润达13.2亿元，超过其“前辈”银广夏和蓝田股份。而“中小板造假第一股”绿大地2007年12月上市，从事园林苗木，在上市前的2004年至2007年6月使用虚假合同和虚构交易，虚增资产7 011万元，虚增营业收入2.96亿元；上市后到2009年，再次虚增资产2.88亿元和虚增营业收入2.50亿元；从事大米深加工的万福生科则荣登“我国创业板造假第一股”，2008年至2011年累计虚增收入7.4亿元，虚增净利润约1.6亿元。

为何造假上市公司大多在农林牧渔板块？农业上市公司问题频发的成因何在？笔者认为，成本不实是一个突出问题。农产品盘点困难。面对一座山，你很难有确切的方法去验证究竟有多少棵树。面对一个花圃，究竟按照多大的间距去种花才能取得效益最大化？面对一个池塘，你也很难数清究竟有多少尾鱼。而其固定资产则是无法盘点的水下建设，存货则是水面的鸭子、水里的鱼、湖底的甲鱼和莲藕。据悉，业内通常只能采用平均数法等方法取得一个约数；即便采用静态平均数法进行统计，结果仍具有不确定性。农业上市公司存在大量零散、频繁、巨额的现金交易行为，业务流与现金流不像工商企业有规范清晰的交易凭证，农副产品采购和销售都常常使用现金，更容易通过关联公司制造虚假销售收入，将关联交易非关联化，或将成本和费用移到账外造假且更隐蔽，监管存在技术障碍、查核难度大。农产品的增值税和企业所得税等税收优惠，使虚增收入的代价偏低；生物资产核查不易：如农业的林木、养殖的动物（如ST金鳗的鳗鱼、獐子岛的辽参）等估值存在困难。自然灾害已成为农业公司造假的天然屏障。对于“靠天吃饭”的农业公司而言，其产出变数很大。养殖、种植的投入产出在不同企业间差异很大。1998年洪湖地区的洪水为蓝田股份提供了编造“王八上树”的题材；2004年的禽流感给了草原兴发虚构子虚乌有的向养殖户赔款3.39亿元的天赐良机；2009年云南的持续干旱则为绿大地造假提供了依据，公司解释2009年由预计盈利6 212万元转为年报亏损15 123万元的原因，是“2009年秋季以来，云南省遭遇百年不遇的持续干旱天气，给公司苗木生产及苗木的存活率带来了极大的危害”。一般而言，观察毛利率的跨期波动是一个发现异常的好途径：异常的毛利率通常意味着异常的数据调整；高于同行的利润需要品牌、技术和生产效率的支撑，过高的毛利率意味着虚增收入和隐藏成本，其中虚增收入常见于虚增销售单价，隐藏成本的方式大体是成本不入账，但实际成本可通过对于成本构成的拆解和分析进行估计。

第一节　农业企业产品成本核算对象

农业[①]产品成本是农业企业生产过程中所发生的各种耗费，主要包括农、林、牧、副、渔各业产品所耗费的种子、饲料、燃料、生产工人工资、农机具折旧以及因管理生产和为生产服务而发生的各种费用。农业企业产品成本核算与其他行业存在一定的相同点和一致性，但农业企业的生产经营、财务管理与成本核算也具有更加独特的规律性，深入分析农业企业成本核算与财务管理特点，有利于不断提高农业企业的成本管理水平和经营业绩。

一、农业企业经营与管理特点

农业企业是指种植业、养殖业或以其为依托的农工商综合经营、实行独立核算，并具有法人地位的农业社会经济组织单位。按经济性质划分包括：国有、私营、外商投资等。按组织形式划分包括：有限责任公司、股份有限公司等。

---

① 依照财政部会计司主编《企业产品核算制度讲解（试行）》，本书所指农业包括国民经济分类中的“农、林、牧、渔业”。

（一）产品生产周期较长

植物和动物都需要依赖土壤、阳光、气温、水分等自然条件经历生长、成熟和繁殖的生长周期，因而投入农业生产的资金周转期较长，不少生产资料一次投放，要经过较长的时间才能集中收回。

（二）生产干扰因素复杂

农业生产具有明显季节性，动植物成熟成长受到各种自然灾害、疾病和瘟疫等外部因素的干扰，生产经营者为降低各种不利因素影响，需要在生产初期和以后各期投入大量资金成本和人力劳动。

（三）生产企业经营多元

绝大多数农业企业实行“一业为主，多种经营”，农业生产中部分劳动资料和劳动对象可以相互转化，部分产品可作为生产资料重新投入生产。对于农林牧副渔各业的主要产品应单独作为成本计算对象核算成本，次要产品可以分业合并计算成本，确保产品成本计算、归集和分配的合理性和一致性。

二、农业企业产品成本核算对象确认原则

企业产品成本核算的主要目的就是通过建立有效的产品成本核算体系，使用有效的产品成本核算方法，向外部信息使用者提供真实可靠的产品（库存）的成本信息，保证成本会计信息质量，同时满足企业内部管理层进行成本预测、成本决策与成本考核评价的信息需要，加强产品成本管理和提高企业经营业绩。

（一）农产品及其成本构成

农产品是农业生产企业利用生物资产所收获的产成品和在产品，是直接从事种植和养殖生产活动的劳动成果。农产品可以直接对外出售，也可以经加工后再出售。农产品种类繁多，不同农产品的生长周期、生产特点、管理要求也不尽相同。

农产品按照其生产期限的长短，可以分为一年即可收获的农产品和多年才可收获的农产品两类。

一般的，农产品成本项目应当包括直接材料费（如生产过程中

发生的种子、种苗、肥料、饲料、农药、地膜等费用）、直接人工费（如直接从事种植和养殖等村民组成员的工资、福利费以及雇用临时人员的劳务报酬等）、其他直接费用（如机械作业费、灌溉费、饲养费、生产经营专用设备的折旧费、修理费等）和间接生产费（包括为组织和管理生产活动所发生的水电费、运输费、差旅费，以及土地承包费、农用基础设施折旧费等）。

（二）农产品成本核算对象

农业企业与商贸类和制造业企业在成本会计核算上既存在共性，也表现出显著的特性。

共性主要表现在：

（1）成本核算内容都包括劳动对象的耗费、劳动手段的耗费及劳动力的耗费；（2）成本计算需要正确划分成本与期间费用，并分别单独核算；（3）生产成本均要按照一定标准在完工产品和在产品之间进行分配。

特性主要表现在：

（1）成本核算内容：包括农用材料、人工费用、制造费用以及机械作业费等特定内容；（2）种植业、畜牧养殖业等各分产业的成本核算方法也各不相同。

农产品成本核算对象，是指为正确计算农产品成本而明确的农产品生产费用和各项耗费归集和分配的范围。正确确定农产品成本核算对象是农产品成本核算的前提和关键所在。按照农业所涉及的分产业，可将农产品核算对象细分为：

1. 种植业核算对象。种植业的成本核算对象是种植作物产品。企业可以按照种植作物的品种、作物成长期或者种植棵树确定成本核算对象。例如按照品种，将小麦、水稻分别确定为成本对象；按照作物成长期，将冬小麦和春小麦分别确认为成本对象。企业主要农产品一般确定为小麦、水稻、大豆、玉米、棉花、糖料、烟叶等。需要补充主要农产品目录的，由企业确定。

2. 畜牧养殖业核算对象。畜牧养殖业的成本核算对象是畜群及其产品。畜群饲养可以实行分群饲养，也可以实行混群饲养。实行分群饲养的主要畜群按类别可以划分为：基本畜群、幼畜和育肥幼畜。其中，针对幼畜，企业可以根据幼畜的成长期的长短进行细分。例如按照畜群的不同种类，将猪群和牛群分别确认为成本对象；按照幼畜的成长期分类，养猪业可将畜群分为基本猪群、2~4个月幼猪、4个月以上的幼畜和育肥猪等，养牛业分为基本牛群、6个月以内的犊牛、6个月以上的幼牛；养禽业分为基本禽群、幼禽、育肥禽和人工孵化群。

3. 林业核算对象。林业的成本核算对象是经济林木等林产品。在计算林产品的成本时，企业可以按照种子、苗圃苗木、木材用途、品种、成长期、批别（群别、批次）、播种年份等确定成本核算对象。

4. 渔业核算对象。渔业的成本核算对象是水产品。企业通常以水产品的品种为成本核算对象。另外，企业可以根据自身实际情况，按照水产品的养殖面、水产品的捕捞期确定成本核算对象。例如，渔业企业原则上按产品品种、养殖过程实行分水面、分品种核算，以鱼种、成鱼分别作为成本核算对象，混养塘以单池作为成本核算对象。例如，按照鱼种，将草鱼和鲫鱼分别作为成本核算对象；按照1月份捕捞的草鱼和5月份捕捞的草鱼分别作为成本核算对象。

（三）农产品成本核算对象确认原则

1. 应从加强成本管理、简化成本计算的角度出发，根据农产品的种类和特点确定成本核算对象。对于大田作物、主要作物及蔬菜应按照品种法单独核算其生产总成本、单位面积成本和单位产量成本；次要作物及蔬菜可以按照分类法或分批法合并核算其生产总成本和单位面积成本。对于牲畜（禽）资产所生产的农产品，如牛奶、禽蛋、肉食等，一般要按照品种法单独核算其总成本以及单位产量成本。对于林木资产所生产的农产品，如果品、茶叶、油料、药材等，应按照品种法单独核算其总成本、单位面积成本以及单位产量成本①。

2. 应同农产品的生长周期保持一致。生物资产能够生产出农产品，有的需要几个月，有的则需要十几个月甚至几十个月才能收获农产品。因此，在确定农产品的成本计算期时，应当与其生长周期保持一致，在农产品产出的月份计算成本，且生产成本计算的截止时间应当计算至农产品入库或达到预定可销售状态为止。

3. 应考虑农业企业自身特点与成本管理需要。在计算产品的成本时，农业企业一般按照生物资产的品种、成长期、批别（群别、批次）、与农业生产相关的劳务作业等确定成本核算对象。在保证成本管控需要的情况下，企业应尽量简化成本核算程序，在进行农业产品成本核算时，农业企业应当区分主要产品［作物，畜（禽）］与次要产品［作物，畜（禽）］。对于主要产品，应当合理划分种群，分类确定成本核算对象，单独归集核算其产品成本；对于次要产品，可以将其视作整体合并归集核算相关成本，即通过计算总成本，再按照一定的标准（数目、销售收入占比等）分配各次要品种的产品成本。对于不同收获期的同种作物（禽、畜）必须进行分别核算。依照国民经济分类标准，从事农产品加工以及农产品制造的企业属于制造业范畴，应当参照制造业成本核算标准进行核算。

4. 应明确区分农业生产成本与费用的确认。明确区分农业产品种植、养殖过程中的直接成本与间接费用，应当单独核算，合理配比，保证不同群组产品、相同群组但处在不同成长周期的作物、畜（禽）成本可比性，为成本控制与评价、成本预测提供前提条件。

---

① 李视友："浅议农民专业合作社农产品成本核算"，《财会月刊》，2013 年第 5 期。

第二节 农业企业成本核算项目和范围

在市场竞争条件下，农业企业的成本状况是作为一种评价企业管理水平和经营业绩的尺度。农业是市场经济发展的基础，发展市场经济必须注意加强对会计主体的成本管理和核算工作，据此制定降低成本的措施。从现阶段我国农村多种生产经营发展、投资主体多元化特点出发，新成本会计制度明确了多种农业生产经营的成本核算范围，据以对农业、林业、牧业等生产经营过程的成本进行核算。

一、农业企业成本核算特点与要求

农业企业的生产是经济再生产和自然再生产相互交织，而经济再生产又以自然再生产为基础，具有季节性、生产周期长、资金周转慢等特点。成本作为资本性费用，在农业企业的生产经营过程中，在组织形式、经营方式和管理体制等方面体现的成本核算特点可以概括为：

1. 成本核算内容的多样性。农业企业成本核算范围涉及面广。作为一个独立的农业企业，大都发展农、林、牧等多种经营，这就要求成本核算既要满足企业综合管理的需要，提供汇总成本核算资料，又要适应多种行业生产经营的特点，计算各行业的费用成本，还要考核各种非生产性支出。

2. 成本核算体制的复杂性。目前农业企业许多的合作经济组织在管理上实行联产承包、统分结合、双层经营的体制，并相应建立了统一经营专业化的生产服务组织，而且有许多合作经济组织已改组为“股份合作制”。国有农场设有场部、分场、生产队多个层次，还普遍建立了专业性服务组织和职工家庭农场，乡镇企业以及村、组、户的不同形式联合，相继办起了多种类型的企业。这就要求成本核算既要反映出多种形式、多种层次、多种承包下的成本信息，又要为宏观管理提供服务。

3. 成本核算方法的灵活性。农业企业普遍实行联产承包，有些成本资料企业很难直接掌握，需要农户提供，核算时必须要将账内核算与账外核算结合起来。农村合作经济组织自产留用的生产资料（种子、饲料等）视同销售处理，须将其成本结转为“营业成本”，并在成本核算时将生产资料区分为两大部分，即自产留用和已销售的生产资料。

二、农业企业成本核算项目构成

根据新成本核算制度，农业企业一般按照行业分别设置“农业生产成本”、“畜牧养殖业生产成本”和“林业生产成本”、“渔业生产成本”一级科目，核算农产品发生的实际成本，在一级科目下再设置“直接材料”、“职工薪酬”、“机械作业费”、“其他直接费用”、“间接费用”等项目进行成本核算。其中，值得注意的是：

农业企业的“机械作业费”项目，是指种植业生产过程中农业机械进行耕耙、播种、施肥、除草、喷药、收割、脱粒等机械作业所发生的费用，实务中通常还包括机械作业过程中直接耗用的燃料、润滑油等、机务人员的职工薪酬以及农机具折旧费等。

“其他直接费用”项目，实务中通常包括种植业生产过程中的灌溉费，畜牧养殖业生产过程中饲养家禽直接耗用的燃料、动力费、禽畜防治病害的医药费、畜禽专用固定资产折旧费以及渔业生产过程中的清场费等。

“间接费用”类似于制造费用，通常包括有关生产部门发生的管理人员的职工薪酬、固定资产的折旧费、机物料消耗、低值易耗品摊销、劳动保护费、水电费、办公费、保险费、正常停工损失等费用。

本节将按照种植业、畜牧养殖业、林业、渔业这四大类别分别介绍农业企业的成本核算项目和范围。

（一）种植业成本核算项目和范围

种植业生产费用是指企业在种植农作物生产过程中发生的全部费用。其包括当年生作物和多年生作物的生产费用。在种植业中，由于农作物的生产周期较长，产品单一，收获期比较集中，在年度中间各项费用和用工发生又不均匀，为适应这些特点，农产品的成本计算期一般规定为一年计算一次成本。

企业的生产费用按其经济用途可以划分为下列各成本项目：

1. 直接材料，指在农业生产中直接耗用的自产或外购的种子、种苗、肥料、农药等价值。

2. 直接工资，指直接从事农业生产人员的工资及按规定计提并缴纳的社会保险费用及住房公积金等职工薪酬。

3. 地租费，指种植作物的年土地使用费，如以征地方法使用土地，则地租费应包含在征地费中。

4. 其他直接费用，指除直接材料、直接工资以外的其他直接支出，包括机械作业费、灌溉费、田间运输费等。

5. 制造费用，指按一定标准分配计入农产品成本的制造费用。包括生产单位（如生产队）为组织和管理生产所发生的管理人员工资及社保费用、住房公积金、折旧费、修理费、差旅费、业务招待费、水电费、办公费等。

6. 往年费用，指多年生作物投产前发生的按规定的摊销方法计算并摊入本期产品成本的费用。由上年结转至本年的农业在产品成本，如秋耕地、越冬作物等的成本，应按成本项目还原后，再计入本年各有关农产品的成本，不在本项目核算。

（二）畜牧养殖业成本核算项目和范围

畜牧养殖业生产费用是指企业饲养和放牧各种畜禽发生的全部费用，包括产畜禽、幼畜禽和育肥畜禽的生产费用。

畜牧业的生产费用可以划分为下列成本项目：

1. 直接材料，指饲养中耗用的精饲料、粗饲料、动物饲料和矿物饲料等饲料费用，以及粉碎和蒸煮饲料、孵化增温等耗用的燃料和动力费用。

2. 直接人工，指直接从事畜牧业生产人员的工资及按工资总额计提并交纳的社会保险费用及住房公积金等职工薪酬。

3. 其他直接费，指专用设备折旧费、产畜折旧费、畜禽医疗费等。

4. 制造费用，指分配计入产品成本的制造费用，包括生产单位管理人员工资及社保费、折旧费、修理费、水电费、办公费等。

（三）林业产品成本核算项目和范围

林业产品生产一般是指经济林木的生产，不包括用材林生产。经济林木是指橡胶、水果、蚕桑、茶叶等。经济林木和农作物一样，都属于种植业，但林木是多年生植物，生长期较长，按其生长过程一般要经过苗圃育苗、幼树培育和成林管理三个阶段。苗圃育苗是培育树苗的阶段；幼树培育是从树苗起土、移植到成林投产为止的抚育管理阶段；成林管理是正式投产后的抚育管理阶段。

林业生产费用是指企业在林业产品生产过程中发生的全部费用，可划分为下列成本项目：

1. 苗圃育苗的费用，指培育树苗阶段企业发生的全部生产费用，在幼树成林后企业发生的成本不再计入该项目。

2. 抚育费用，指经济林成林后，为保证经济林成活，促进林木生长，改善林木组成和品质及提高森林生产率所采取的各项措施所发生的费用。抚育措施主要包括除草、松土、间作、施肥、灌溉、排水、去藤、修枝、抚育采伐、栽植下木等工作。

3. 停采、停割期间的费用，指在经济林停采、停割期间发生的与经济林维护等相关的费用。

（四）渔业产品成本核算项目和范围

渔业生产是指从事水产品养殖和捕捞作业的生产。渔业产品成本计算与其他农业产品成本计算方法基本相同。渔业生产费用是指企业在渔业产品生产过程中发生的全部费用，可划分为下列成本项目：

1. 直接材料，指饲养中耗用的鱼种、鱼苗、饲料等费用。

2. 直接人工，指直接从事渔业生产人员的工资及计提并缴纳的社会保险费用及住房公积金等职工薪酬。

3. 其他直接费，指专用设备折旧费、鱼病防治费等。

4. 制造费用，指生产部门在组织和管理渔业生产中发生的其他费用。

第三节　农业企业产品成本归集、分配和结转

一、农业企业成本归集、分配和结转的一般处理

新产品成本制度规定，农业企业应参照制造业企业对直接费用进行归集，即直接材料、直接人工，一般情况下应当直接计入成本核算对象。需要强调的是，对于间接费用的分配，农业企业有其自身的特殊性。农业企业的间接费用类似于制造费用，同时，由于现在的农产品中，人工成本比重较高，因此，农业企业参照制造业有关标准进行处理，通常包括但不限于以下三种：

（一）直接人工工时

根据各受益对象所耗的生产工人工时总数（实际工时或者定额工时）确认分配率，依照各种产品耗用的工时比例进行分配。其计算公式如下：

分配率＝间接费用总额÷各产品直接耗用工时之和

某产品应分配的间接费用＝该产品直接耗用工时数×分配率

（二）直接人工成本

依照各受益对象所发生的直接人工成本数，按各产品的生产工人工资比例进行分配。适用于各种产品生产过程的机械化程度基本相同的单位和部门。其计算公式如下：

分配率＝间接费用总额÷各产品生产工人职工薪酬之和

某产品应分配的间接费用＝该产品生产工人职工薪酬×分配率

（三）直接成本

依照各种产品的直接消耗的料工费合计额的比例来进行分配。适用于机械化程度不均衡的单位和部门。其计算公式如下：

分配率＝间接费用总额÷各产品实际直接成本之和

某产品应分配的间接费用＝该产品的实际直接成本×分配率

另外，企业也可以根据自身特点按照农产品的产量等作为分配标准进行分配。例如，渔业企业通过混养塘养殖方式进行生产的，将各月发生的成本按生产成本项目进行归集，在年终计算总成本后，再按单个品种当年以销售价格计算出的成本集中进行分配和计算单位生产成本，公式如下：

单个品种销售额占总产量销售额的比重 = 单个品种销售额 ÷ 总产量销售额 ×100%

单个品种的生产成本总额 = 该品种占总产量销售额的比重 × 总成本

单个品种的单位成本 = 该品种生产成本总额 ÷ 该品种总产量

此外，农产品成本的分配还要特别注意主产品和副产品之间的成本分配。农作物在完成生产过程时，一般可以产出主产品和副产品两种产品。主产品是生产主要目的的产品，如小麦、水稻。副产品不是生产的主要目的，而是在生产过程中随着主产品附带获得的产品，如麦秸、稻草。由于主产品和副产品是同一个生产过程的结果，所以它们的各种费用是联系在一起的，因此，必须将费用在主产品和副产品之间进行分配，以分别确定其成本。分配方法一般有以下两种：

（1）估价法，即对副产品按市场价格进行估价，以此作为副产品成本。从生产费用总额中减去副产品的价值，就是产品的总成本。

（2）比率法，即按照一定比率把生产费用总额在主产品和副产品之间进行分配的方法。这种方法要先求出生产费用总额对主副产品计划总成本的百分比，即实际总成本对计划总成本的百分比，再以主产品和副产品的计划成本乘以该百分比，即可计算出主产品和副产品的成本。其计算公式和计算方法可参见【例 3 - 1】。

若副产品既不能利用，又不能出售，则可不予计价，其生产费用全部由主产品负担。

二、农业企业产品成本归集、分配和结转具体处理

（一）种植业产品成本归集、分配和结转

企业为了归集农业生产费用和计算产品成本，应设置“生产成本”账户，该账户是成本类账户，借方归集农业生产所发生的各项费用，贷方登记转出完工农产品的实际成本，期末余额一般在借方，表示期末在产品成本。对于能直接计入农产品生产成本的费用，如直接材料、直接人工、其他直接费等，借记“生产成本”账户；对于发生的间接费用，先在“制造费用”账户的借方进行归集，期末按一定的标准分配后转入“生产成本”账户。“生产成本”账户应按成本核算对象（按作物或作物组）设置明细分类账，并按成本项目分设专栏。

企业发生的生产费用在“生产成本”的各个明细账户中核算，各个生产成本明细账户归集的各该作物的全部生产费用，在期末结合各种作物的种植面积和产量等有关资料，即可计算农产品的成本。

1. 当年生大田作物的成本计算

当年生大田作物是指作物生长期不超过一年的农作物，一般为当年播种、当年收获的作物，也有少部分跨年度收获的作物。

农作物成本的计算包括单位面积成本和单位产量成本。单位面积成本是指种植某种农作物平均每单位播种面积所支出的费用总额。其计算公式为：

$$\text{某作物单位面积（亩）成本}=\frac{\text{某作物生产费用总额}}{\text{某作物播种面积}}$$

单位产量成本是指种植某种农作物平均每单位产品所支出的费用总额。其计算公式为：

$$\text{某作物单位产量（千克）成本}=\frac{\text{某作物生产费用总额}-\text{副产品价值}}{\text{某作物产品产量}}$$

【例 3－1】 大漠农场第一生产队 2×14 年收获小麦 200 000 千克，每千克计划成本为 0.4 元，麦秸 250 000 千克，每千克计划成

本为0.02元，当年发生的实际生产费用总额为76 500元，用比率法计算小麦和麦秸的实际成本如表3－1所示。

表3－1　　农产品成本计算表

单位：元

产品名称	实际产量（千克）	计划成本		实际成本	
		单位成本	总成本	单位成本	总成本
小麦	200 000	0.40	80 000	0.36	72 000
麦秸	250 000	0.02	5 000	0.018	4 500
合计			85 000		76 500

$$实际成本分配率=\frac{76\ 500}{85\ 000}\times100\%=90\%$$

小麦实际总成本＝80 000×90%＝72 000（元）

$$小麦实际单位成本=\frac{72\ 000}{200\ 000}=0.36\text{（元/千克）}$$

麦秸实际总成本＝5 000×90%＝4 500（元）

$$麦秸实际单位成本=\frac{4\ 500}{250\ 000}=0.018\text{（元/千克）}$$

2. 多年生作物的产品成本计算

多年生作物是指人参、剑麻、胡椒等经济作物，其特点是生长期限长，其抚育年限和提供产品的年限也比较长。多年生长作物有两种情况：一是连续培育几年，一次收获产品，如人参；一是连年培育，年年获得产品，如剑麻、胡椒等。由于收获次数不同，其成本计算方法也不同。

（1）一次性收获的多年生作物，应按各年累计的生产费用计算成本。其主产品单位成本的计算公式为：

$$一次性收获的多年生作物主产品单位成本=\frac{往年费用+收获年份截至收获月份累计费用-副产品成本}{收获的主产品总产量}$$

【例3-2】大漠农场培育人参，培育年限为5年，每年花费培育费用为20 000元，第五年年末进行收割，花费收割费用5 000元，收获2 000克人参，计算该批人参的单位成本。

该批人参的单位成本 =（20 000 + 5 000）÷2 000 = 12.5（元/克）

（2）多次收获的多年生作物，在未提供产品以前的费用，视同长期待摊费用处理；投产后按计划总产量的比例或提供产品年限的比例将往年费用分配计入投产后各年产出产品的成本。当年产出产品的成本包括往年费用本年摊销额和投产后本年发生的全部费用。多次收获的多年生作物的主产品单位成本的计算公式为：

$$\text{多次收获的多年生作物主产品单位成本} = \frac{\text{往年费用本年摊销额} + \text{本年全部费用} - \text{副产品成本}}{\text{本年收获的主产品总产量}}$$

【例3-3】某苹果种植村民组2×10年种植苹果50亩，截至2×14年投产之前共发生实际支出300 000元，其中物料费180 000元，以现金支付人工费120 000元；2×14年投产后共发生实际支出60 000元，其中肥料21 000元，农药9 000元，领用采摘苹果用的箩筐2 000元，以现金支付人工费28 000元。预计这些苹果树可正常产果10年，预计净残值率为5%。2×14年10月开始收获，本年共收获苹果50 000千克。

每年应分摊的苹果树成本 = 300 000 ×（1 - 5%）÷10 = 28 500（元）

本年苹果总成本 = 本年林木资产的管护费用 + 本年度分摊的苹果树成本 = 60 000 + 28 500 = 88 500（元）

本年度苹果单位成本 = 88 500 ÷ 50 000 = 1.77（元/千克）

（二）畜牧养殖业产品成本归集、分配和结转

企业为了归集畜牧业生产费用，计算畜牧业产品成本，应设置“生产成本”账户，并按照成本计算对象（分群核算按各种畜禽中的不同年龄组，混群核算按每种畜禽）设置生产成本明细账，在明

细账中按规定设置成本项目。“生产成本”账户的借方归集畜牧业生产中所发生的一切费用，贷方转出畜牧产品的实际成本，期末贷方余额，表示结转下期的在产品成本。

畜牧业产品的成本计算期，一般规定为一年计算一次，对经常有产品产出的单位也可以按月计算成本。现以养猪业分群核算为例，说明畜牧业产品成本计算。

1. 基本猪群的产品成本计算

基本猪群的主产品为母猪繁殖的仔猪，其副产品为厩肥、猪鬃等。对副产品一般按市价作为其成本，全部饲养费用减去副产品成本，即为主产品的总成本。

确定基本猪群主产品的总成本后，再按照一定的计算方法分别计算出仔猪出生时的活重和出生后 2 个月内的增重，确定仔猪的活重单位（千克）成本和增重单位（千克）成本。

出生的仔猪成本均按活重计算。仔猪出生至满 2 个月断奶时的成本，以及期末结存未断奶仔猪的成本，也以当时的活重和活重单价计算。仔猪出生活重和出生后 2 个月内增重的单位（千克）成本计算公式为：

$$\text{仔猪出生活重和2个月内增重的单位（千克）成本}=\frac{\text{基本猪群全部饲养费用}-\text{副产品价值}}{\text{出生活重}+\text{出生后2个月内的增重}}$$

仔猪的活重单位（千克）成本计算公式为：

$$\text{仔猪活重单位（千克）成本}=\frac{\text{期初结存2个月内仔猪成本}+\text{基本猪群全部饲养费用}-\text{副产品价值}}{\text{期末存栏活重}+\text{期内离群活重（不含死畜）}}$$

计算出仔猪活重的单位成本以后，即可分别计算出断奶仔猪和期末结存未断奶仔猪的总成本，以及每头仔猪的总成本及每头仔猪的平均成本。计算公式为：

$$\text{断奶仔猪（或未断奶仔猪）的总成本}=\text{断奶仔猪（或未断奶仔猪）的总活重}\times\text{仔猪活重单位（千克）成本}$$

$$\text{每头断奶仔猪（或未断奶仔猪）成本}=\frac{\text{断奶仔猪（或未断奶仔猪）的总成本}}{\text{断奶仔猪（或未断奶仔猪）头数}}$$

【例3-4】 兴旺畜牧有限责任公司2×14年5月的“基本猪群饲养”和“2个月内仔猪”明细账资料如下：上期结转的母猪照管下的仔猪250头，活重250千克，成本为1 175元；本月基本猪群共繁殖仔猪3 250头，出生时活重为2 500千克；本月内将满2个月的仔猪2 750头，转入2~4个月内的幼猪群，转群时的活重为9 000千克；期内死亡2个月内的仔猪250头，共计625千克；期末仔猪出生后2个月内的增重量为7 500千克；期末结存2个月内仔猪为500头，活重为625千克；本期发生的饲养费用为20 200元，取得副产品价值为200元。

根据上述资料计算成本如下：

$$\text{仔猪出生活重和2个月内增重的单位（千克）成本}=\frac{20\ 200-200}{2\ 500+7\ 500}=2\text{（元/千克）}$$

$$\text{仔猪活重单位（千克）成本}=\frac{1\ 175+20\ 200-200}{625+9\ 000}=2.2\text{（元/千克）}$$

断奶仔猪的总成本 = 2.2×9 000 = 19 800（元）

未断奶仔猪的总成本 = 2.2×625 = 1 375（元）

$$\text{每头断奶仔猪的成本}=\frac{19\ 800}{2\ 750}=7.2\text{（元/千克）}$$

$$\text{每头未断奶仔猪的成本}=\frac{1\ 375}{500}=2.75\text{（元/千克）}$$

2. 幼猪、育肥猪的产品成本计算

畜龄在2个月以上、4个月以下的猪为幼猪；畜龄在4个月以上的猪为育肥猪。幼猪和育肥猪的主要产品是增加的重量。其副产品是指厩肥、猪鬃以及猪的残值。幼猪和育肥猪的增重成本和活重成本计算公式如下：

$$\text{幼猪（育肥猪）增重的单位（千克）成本}=\frac{\text{该猪群全部饲养费用}-\text{副产品价值}}{\text{该猪群的增加重量}}$$

$$\text{幼猪（育肥猪）群增加的重量（千克）} = \text{该群期末存栏活重} + \text{本期离群活重（含死猪重量）} - \text{期初结转、期内购进和转入活重}$$

$$\text{幼猪（育肥猪）活重的单位（千克）成本} = \frac{\text{期初结存成本} + \text{转入、购入价值} + \text{本期该群全部饲养费用} - \text{副产品价值}}{\text{该群期末存栏活重} + \text{本期离群活重（不含死猪重量）}}$$

计算出某猪群的活重单位成本后，即可分别计算出本期转出、售出和期末存栏猪的全部活重成本。计算方法比照仔猪相关的计算公式。

【例3－5】兴旺畜牧有限责任公司2×14年5月发生2～4个月幼猪饲养费用为10 000元，厩肥价值为460元。期初结转幼猪10头，活重200千克，成本580元；期内由2个月内仔猪群转入40头，活重560千克，成本2 000元；购入幼猪20头，活重300千克，成本1 800元；转出60头，活重5 400千克；死亡2头，活重30千克；期末结存8头，活重400千克。2～4个月幼猪群的增重成本计算如下：

2～4个月幼猪增加重量＝400＋5 400＋30－（200＋560＋300）＝4 770（千克）

$$\text{2～4个月幼猪增重单位（千克）成本} = \frac{10\ 000 - 460}{4\ 770} = 2\text{（元/千克）}$$

2～4个月幼猪活重＝400＋5 400＝5 800（千克）

$$\text{2～4个月幼猪活重的单位（千克）成本} = \frac{580 + 2\ 000 + 1\ 800 + 10\ 000 - 460}{5\ 800} = 2.4\text{（元/千克）}$$

2～4个月幼猪转出活重总成本＝5 400×2.4＝12 960（元）

2～4个月幼猪期末存栏活重总成本＝400×2.4＝960（元）

3. 各猪群饲养日成本的计算

为了考核养猪业饲养费用水平，可计算饲养日成本。计算公式如下：

$$某猪群饲养日成本 = \frac{该群饲养费用}{该群饲养头日数}$$

饲养头日数是指累计的日饲养头数，一头猪饲养一天为一个头日数。饲养头日数可以从养猪动态登记簿等有关资料中取得。

（三）林业产品成本归集、分配和结转

林业生产费用是指企业在林业产品生产过程中发生的全部费用，包括人工栽培各种林业产品的生产费用，如苗圃育苗的费用、经济林木成林后生产林业产品的费用。为了归集林业生产费用和计算林业产品成本，应设置“生产成本”账户，并按成本计算对象和成本项目进行明细核算。其成本项目和农业产品生产成本明细账类同，但应包括林木折旧费在内。

经济林木在幼树成林后，按规定转为固定资产管理。此后采摘果品、收割胶水等发生的生产费用，均为培育林业产品的成本。成本计算期一般是一年计算一次。经济林木的产品成本，包括当年的抚育费用和停采、停割期间的费用。停采、停割期间的费用，本年度内产品产出以前发生的部分，计入产品成本，产品产出以后发生的部分一般作为在产品结转至下年。

计入林业产品的生产费用，橡胶应计算至加工成干胶片，茶叶应计算至加工成商品茶。没有加工设备的，橡胶可计算至鲜胶乳，茶叶可计算至鲜叶。经济林木产品单位成本的计算公式为：

$$某种经济林木产品单位成本 = \frac{该种经济林木本年全部抚育费 + 停割、停采期间费用 - 副产品价值}{该种经济林木产品年总产量}$$

各种果树的生产费用，如果采取合并核算时，可按各种果品计划成本或产值的比例分配费用，分别计算各种果品的成本。同一果品由于大小和质量有差异，在出售前还要按一定标准进行分级。因此，果品的总成本还要按计划成本或产值的比例在各级果品间分配。

【例 3－6】万山红林场栽培的苹果林，于 2×14 年发生实际费用150 000元，当年的副产品价值6 000元。生产一级品5 000千克，二级品15 000千克，三级品25 000千克，等外品20 000千克。每千克计划成本分别为6元、4元、2元和1元。编制苹果成本计算单如表3-2所示。

表3-2　各级苹果成本计算表

单位：元

品级	产量（千克）	计划成本		分配率（%）	实际成本	
		单价	金额		单价	金额
一级品	5 000	6	30 000		5.4	27 000
二级品	15 000	4	60 000		3.6	54 000
三级品	25 000	2	50 000		1.8	45 000
等外品	20 000	1	20 000		0.9	18 000
合计			160 000	90		144 000

各等级苹果的实际总成本 = 150 000 - 6 000 = 144 000（元）

各等级苹果的计划总成本 = （5 000×6）+（15 000×4）+（25 000×2）+（20 000×1）= 160 000（元）

$$苹果实际成本分配率 = \frac{144\ 000}{160\ 000} \times 100\% = 90\%$$

（四）渔业产品成本归集、分配和结转

1. 渔业生产费用的核算

渔业生产费用是指企业在渔业产品生产过程中发生的全部费用，包括水生动物和植物的育苗、养殖和天然捕捞的生产费用。为了归集渔业生产费用和计算渔业产品成本，要设置“生产成本”账户，并按成本对象（如鱼苗、成鱼品种或类别）设置明细分类账户，确定成本项目进行明细核算。

2. 渔业产品的成本计算

（1）鱼苗成本的计算。鱼苗又称鱼花，是孵化不久的幼鱼，可以人工繁殖，也可以从江河中张捕。由于鱼苗的数量大、体形细小，一般采用估计或通过抽样清查的方法推算总数，其结果只能做到大致准确。鱼苗成本计算的对象就是鱼苗，通常以万尾为成本计算单位。其成本计算公式为：

$$每万尾鱼苗成本=\frac{育苗期全部生产费用}{育成鱼苗万尾数}$$

（2）成鱼成本的计算。成鱼可以在天然湖泊生产，即放养鱼苗到天然湖泊，利用天然饲料养鱼；也可以在池塘生产，即放养鱼苗到池塘饲养，全部依靠人工采集和加工的饲料进行养鱼。成鱼生产有两种方式：一种是多年放养，一次捕捞；另一种是逐年放养，逐年捕捞。

多年放养、一次捕捞的成鱼成本，包括捕捞前各年作为在产品结转的费用和当年发生的费用。其成本计算公式为：

$$成鱼单位（千克）成本=\frac{捕捞前各年的生产费用+当年捕捞的生产费用}{成鱼总产量}$$

逐年放养、逐年捕捞的成鱼成本，由当年捕捞的成鱼负担，可不计算在产品成本。但有条件的专业渔场，也可计算在产品成本。

（3）捕捞成本的计算。捕捞是指在天然湖泊、江河、海洋捕捞自然生长的渔业产品，当年发生的全部捕捞费用，应当完全由当年捕捞的渔业产品分摊，对不同的渔业产品，可按计划成本或销售价格的比例，将总成本在不同渔业产品之间进行分配。

【例3-7】 巨人捕捞队2×14年发生的全部捕捞费用为68 475元，按售价比例计算各类鱼品的总成本和单位成本。计算结果如表3-3所示。

表 3-3 各类鱼品成本计算表

单位：元

品种	销售价格（元/百千克）	测定产量（百千克）	售价总额（元）	分配系数（%）	实际总成本（元）	实际单位成本（元）
	⑥=⑤÷②	①	②	③=①×②	④	⑤=③×④
花鲢	480	52	24 960		13 728	264
白鲢	440	87.75	38 610		21 235.50	242
青鱼	640	45	28 800		15 840	352
草鱼	600	43.75	26 250		14 437.50	330
鲤鱼	560	10.50	5 880		3 234	308
合计		239	124 500	55	68 475	

其中，分配系数 $=\frac{68\ 475}{124\ 500}\times 100\% = 55\%$

三、农业企业产品成本会计与财务会计的内容衔接

根据财政部2006年发布的《企业会计准则第5号——生物资产》（CAS 5）以及《国际会计准则第41号——农业》（IAS 41）的规定，在财务会计中，将生物资产分为消耗性生物资产（待售或农产品）、生产性生物资产和公益性生物资产。

我国会计准则要求对生物资产采用成本法进行后续计量，而国际准则要求采用公允价值计量。按照CAS 5，对于消耗性生物资产，每年末，在遭受自然灾害、病虫害、动物疫病侵袭或市场需求变化时，按成本与可变现净值孰低法计提存货跌价准备且可以按规定转回；消耗性生物资产在收获或出售时，按照其账面价值采用加权平均法、个别计价法、蓄积量比例法、轮伐期年限法结转。

对于生产性生物资产，达到预定生产经营目的的生产性生物资产，按期计提折旧，可选用的方法包括年限平均法、工作量法、产量法等；每年末进行使用寿命、预计净残值和折旧方法的复核；每年末，在遭受自然灾害、病虫害、动物疫病侵袭时按账面价值与可收回金额孰低法计提减值准备，并不得转回；生产性生物资产（如

果树）收获的农产品（水果）结转采收或产出成本的方法同消耗性生物资产。

企业对于公益性生物资产不提折旧或减值准备。

【例3－8】 2×14年2月，甲农业企业从市场上一次性购买了6头种牛、15头种羊和600头羊苗，单价分别为4 000元、1 400元和250元，支付的价款共计195 000元，此外，发生的运输费为4 500元，保险费为3 000元，装卸费为2 250元，款项全部以银行存款支付。有关成本计算如下：

（1）确定应分摊的运输费、保险费和装卸费：

分摊比例＝（4 500＋3 000＋2 250）÷195 000×100%＝5%

因此，6头种牛应分摊：6×4 000×5%＝1 200（元）

15头种羊应分摊：15×1 400×5%＝1 050（元）

600头羊苗应分摊：600×250×5%＝7 500（元）

（2）确定种牛、种羊和羊苗的入账价值：

6头种牛的入账价值：6×4 000＋1 200＝25 200（元）

15头种羊的入账价值：15×1 400＋1 050＝22 050（元）

600头羊苗的入账价值：600×250＋7 500＝157 500（元）

【例3－9】 甲企业2×14年3月使用一台拖拉机翻耕土地100公顷用于小麦和玉米的种植，其中60公顷种植玉米、40公顷种植小麦。该拖拉机原值为60 300元，预计净残值为300元，按照工作量法计提折旧，预计可以翻耕土地6 000公顷。有关成本计算如下：

应当计提的拖拉机折旧＝（60 300－300）÷6 000×100＝1 000（元）

玉米应当分配的机械作业费＝1 000÷（60＋40）×60＝600（元）

小麦应当分配的机械作业费＝1 000÷（60＋40）×40＝400（元）

【例3－10】 2×14年5月，甲林业有限责任公司对乙林班用材林择伐迹地进行更新造林，应支付临时人员工资15 000元，领用材料 20 000 元。甲企业的账务处理如下：

借：消耗性生物资产——用材林　　35 000

　　贷：应付职工薪酬　　15 000

　　　　原材料　　20 000

【例 3－11】甲企业自 2×10 年开始自行营造 100 公顷蓝莓树，当年发生种苗费 189 000 元，平整土地和定植所需的机械作业费 55 500元，定植当年抚育发生肥料及农药费 250 500 元、人员工资等 450 000 元。该蓝莓树达到正常生产期为 6 年，从定植后至2×16 年共发生管护费用 2 415 000 元，以银行存款支付。甲企业的账务处理如下：

借：生产性生物资产——生长期生物资产　　3 360 000

　　贷：原材料——种苗　　189 000

　　　　　　　——农药　　250 500

　　　　累计折旧　　55 500

　　　　应付职工薪酬　　450 000

　　　　银行存款　　2 415 000

【例 3－12】甲林业有限责任公司下属的乙林班统一组织培植管护一片森林，2×14 年 3 月，发生森林管护费用共计 40 000 元，其中人员工资 20 000 元，尚未支付；使用库存肥料 16 000 元；管护设备折旧 4 000 元。管护总面积为 5 000 公顷，其中作为用材林的杨树林共计 4 000 公顷，已郁闭的占 75%，其余的尚未郁闭；作为水土保持林的马尾松共计 1 000 公顷，全部已郁闭。假定管护费用按照森林面积比例进行分配。有关成本计算如下：

未郁闭杨树林应分配共同费用的比例＝4 000×（1－75%）÷5 000＝0.2

已郁闭杨树林应分配共同费用的比例＝4 000×75%÷5 000＝0.6

已郁闭马尾松应分配共同费用的比例＝1 000÷5 000＝0.2

未郁闭杨树林应分配的共同费用＝40 000×0.2＝8 000（元）

已郁闭杨树林应分配的共同费用 = 40 000 × 0.6 = 24 000（元）

已郁闭马尾松应分配的共同费用 = 40 000 × 0.2 = 8 000（元）

【例 3 - 13】 甲奶牛养殖企业 2 × 14 年 1 月发生奶牛（已进入产奶期）的饲养费用如下：领用饲料 5 000 千克，计 1 200 元，应付饲养人员工资 3 000 元，以现金支付防疫费 500 元。甲企业的账务处理如下：

借：生产成本——农业生产成本（牛奶）　4 700

　贷：原材料　1 200

　　应付职工薪酬　3 000

　　库存现金　500

【例 3 - 14】 甲农场利用温床培育丝瓜、西红柿两种秧苗，温床费用为 3 200 元，其中丝瓜占用温床 40 格，生长期为 30 天；西红柿占用温床 10 格，生长期为 40 天。秧苗育成移至温室栽培后，发生温室费用 15 200 元，其中丝瓜占用温室 1 000 平方米，生长期为 70 天；西红柿占用温室 1 500 平方米，生长期为 80 天。两种蔬菜发生的直接生产费用为 3 000 元，其中丝瓜 1 360 元，西红柿 1 640元。应负担的间接费用共计 4 500 元，采用直接费用比例法分配。丝瓜和西红柿两种蔬菜的产量分别为 38 000 千克和 29 000 千克。有关成本计算如下：

丝瓜应分配的温床费用 = 3 200 ÷（40 × 30 + 10 × 40）× 40 × 30 = 2 400（元）

丝瓜应分配的温室费用 = 15 200 ÷（1 000 × 70 + 1 500 × 80）× 1 000 × 70 = 5 600（元）

丝瓜应分配的间接费用 = 4 500 ÷（1 360 + 1 640）× 1 360 = 2 040（元）

西红柿应分配的温床费用 = 3 200 ÷（40 × 30 + 10 × 40）× 10 × 40 = 800（元）

西红柿应分配的温室费用 = 15 200 ÷（1 000 × 70 + 1 500 × 80）× 1 500 × 80 = 9 600（元）

西红柿应分配的间接费用 =4 500 ÷（1 360 +1 640）×1 640 =2 460（元）

【例3－15】 甲畜牧养殖企业2×14年5月末养殖的肉用羊账面余额为24 000元，共计40头；6月6日花费7 000元新购入一批羊养殖，共计10头；6月30日屠宰并出售羊20头，支付临时工屠宰费用100元，出售取得价款16 000元；6月份共发生饲养费用500元（其中，应付专职饲养员工资300元，饲料200元）。甲企业采用移动加权平均法结转成本。甲企业的账务处理如下：

平均单位成本 =（24 000 +7 000 +500）÷（40 +10）=630（元/头）

出售羊的成本 =630 ×20 =12 600（元）

【例3－16】 甲企业于2×14年8月4日丢失三头种牛，账面原值为16 000元，已计提折旧6 000元；8月29日经查实，饲养员赵五应赔偿3 000元。甲企业的账务处理如下：

	借方	贷方
借：待处理财产损溢	10 000	
生产性生物资产累计折旧	6 000	
贷：生产性生物资产——种牛		16 000
借：其他应收款——赵五	3 000	
管理费用	7 000	
贷：待处理财产损溢		10 000

本章小结

确认、计量农业企业产品成本应当适应农业行业特点和生产企业自身特点。农业企业成本核算内容具有多样性，农业企业成本核算范围涉及面广，农业企业成本核算既要满足企业综合管理的需要，提供汇总成本核算资料，又要适应多种行业生产经营的特点，计算各业的费用成本和各项非生产性支出。成本核算既要反映出多种形式、多种层次、多种承包下的成本信息，又要为宏观管理提供服务。

农业企业所发生的费用，能够确定由某一成本对象负担的，都应当按照所对应的产品成本项目类别，直接计入产品成本核算对象的生产成本；由几个成本核算对象共同负担的，应当选择合理的分配标准分配计入。产品成本结转，是指在归集生产费用的基础上，计算确定本期完工产品成本和销售产品成本的会计处理。新成本核算制度规定，农业企业应参照制造业企业对直接费用进行归集，即直接材料、直接人工一般情况下应当直接计入成本核算对象。对于间接费用的分配，农业企业有其自身的特殊性。

第四章　批发零售企业商品成本核算

★★ 小案例 ★★

降低流通成本　需对症下药①

国务院发布《关于深化流通体制改革加快流通产业发展的意见》（以下简称《意见》），要求通过降低流通环节费用等措施，助推流通体制改革加快流通产业发展。改革开放初期，我国的交通运输行业成为国民经济发展的瓶颈，交通运输被确定为国民经济优先和重点发展的产业。经过几十年的建设，高速公路、铁路、航空和物流配送都得到了突飞猛进的发展，大大促进了商品流通，活跃了市场，国民经济的瓶颈问题得到了解决。现在，流通物流费用畸高问题，又成为经济发展和改善民生一个新的瓶颈。流通运输成本畸高侵蚀了上下游产业的利润空间，使得上下游企业生产积极性受挫，进而对整个经济带来不利影响。流通运输成本畸高又是物价上涨的首凶，所有流通运输成本归根结底都进入了终端商品销售价格之中，最终都是由消费者和普通百姓买单的。也就是说，物流运输成本过高既打压实体经济，又是高物价、高通胀的祸根之一。因此，国务院出台《意见》是非常必要和及时的。作者认为，要落实好这个《意见》，关键在于认认真真地做几件实事：（1）把过高的流通费用和运输成本切实降下来。中国商业联合会的资料显示，2005 年以来，我国物流总成本占 GDP 的比重一直保持在 18% 左右，而西方发达国家为 8% 到 10%。而高速收费又占物流总成本的 1/3，

① 资料来源：YNET. com 北青网，余丰慧，河南，2012 年 8 月 9 日。

可见降低物流运输成本的重点在于降低高速公路收费。一个现实问题是，我国的高速公路建设大部分是举债修路，承担着巨大的还债任务，如何处理好降费和还债的关系，需要认真考虑和周密安排。作者认为，对已经还完债务的路桥一定要坚决停止收费，对尚在还贷之中的收费公路不妨通过延长收费期限来降低收费。据介绍，国外很多国家收费公路期限为 90 年甚至 100 年，中国目前收费公路最长的年限是 30 年。如果延长时间，将大大降低高速费用和物流成本，这对经济协调发展和抑制通胀保民生都非常有利。(2) 把流通运输环节过高的税负切实降下来。流通环节税负过高是一个突出问题，而且存在着重复征收，比如：营业税和增值税共同征收就有重复。一定要按照《意见》要求，积极推进营业税改增值税试点，完善流通业税制。在一定期限内免征农产品批发市场、农贸市场城镇土地使用税和房产税，将免征蔬菜流通环节增值税政策扩大到有条件的鲜活农产品，完善并落实家政服务企业免征营业税政策，等等。(3) 稳定流通环节乃至整个国民经济的血液——成品油价格。我国成品油价格构成流通运输成本的一大部分，这说明仅降低过路费和流通环节税负还不够，必须保持油价稳中有降，才能使得运输成本切实降下来。稳定油价这个国民经济的基础性产品至关重要。(4) 推进产销衔接，减少流通环节。鼓励有序设立周末直销菜市场、早晚市等临时摊点，这种灵活销售形式深受农民和城市居民的欢迎。鼓励大型连锁超市与农业生产基地直接对接也是减少流通环节和成本的关键。目前美国 90% 的农产品都是直接供应超市，日本是 80%，欧洲是 85%，而中国仅为 20% 以下，所以还有很大的提升空间。(5) 加快发展电子商务。创新网络销售模式，发展电话购物、网上购物、电视购物等网络商品与服务交易。电子商务既方便又降低了商品终端销售价格，深受消费者欢迎。这里面有一个关键，就是要切实加强对物流配送的管理：一是给物流配送企业在税费上以优惠，减轻企业负担，降低物流快递配送成本，惠及消费者；二是加强物流企业管理，严厉打击侵害消费者利益的行为。总之，要扎扎实实地将国务院《意见》精神尽快落实下去，这样才能真正惠及民生。

第一节 批发零售企业商品核算对象

一、批发零售企业的经营与管理特点

根据国家统计局《国民经济行业分类》（GB/T4754－2002）标准，批发零售业包括批发业和零售业两个大类。

批发企业是指向批发、零售单位及其他企业、事业、机关批量销售生活用品和生产资料的活动，以及从事进出口贸易和贸易经纪与代理活动的商品流通企业。批发商可以对所批发的货物拥有所有权，并以本单位、公司的名义进行交易活动；也可以不拥有货物的所有权，而以中介身份做代理销售活动；还可以在各类商品批发市场中从事固定摊位的批发交易活动。

零售业指从工农业生产者、批发贸易业或居民购进商品，转卖给城乡居民作为生活消费和售给社会集团作为公共消费的商品流通企业。它是百货商店、超级市场、专门零售商店、品牌专卖店、售货摊等主要面向最终消费者（如居民等）的销售活动，包括以互联网、邮政、电话、售货机等方式的销售活动，还包括在同一地点，后面加工生产，前面销售的店铺（如面包房）。

批发与零售企业经营活动的主要内容是商品购销活动，通过低价购进商品、高价出售商品以获取商品进销差价，并用进销差价来弥补企业在经营过程中的各项费用和税金，从而获得利润。

二、批发零售企业成本核算对象的确定

批发零售企业一般按照商品的品种、批次、订单、类别等确定成本核算对象。

为了更准确地确定批发零售企业的成本核算对象，还要分别根据其经营方式特点进行较为细致的分析。

由于批发业其服务对象主要是组织购买者而非个人消费者，因

此相对而言，批发业的服务项目要较零售业少，而着重于通信、储运、信息、融资等方面，其交易额往往比较大。因此，除了可以按照品种、类别确定批发业成本核算对象之外，将批次和订单作为成本核算对象也可能适用于某些批发企业。

零售业跟成本核算相关的特点是：交易对象是为直接消费而购买商品的最终消费者，包括个人消费者和集团消费者；零售贸易的交易量零星分散，交易次数频繁，每次成交额较小，未成交次数占有较大比重。实物处理中可主要采用产品的品种、类别作为成本核算对象。

实务中，零售商业企业主要的经营方式包括经销和联销。经销是传统的低价购进商品，高价卖出商品的销售模式。联销模式下，零售商和供应商采取合作经营的方式，供应商提供商品在商店指定区域设立品牌专柜由零售商的营业员及供应商的销售人员共同负责销售。在商品尚未售出的情况下，该商品仍属供应商所有。零售商不承担该商品的跌价损失及其他风险，零售商的营业收入按照实际销售商品的金额以及实现约定好的分成比例来确定。虽然零售商会向商品的购买方按实际销售商品的金额开具销售发票，而供应商同样要向零售商按售价扣除约定的分成比例后的金额开具发票，但很显然这些都只反映了上述交易的表象，零售商向商品的购买方收取的销售商品的款项，不代表零售商的收入，零售商按约定的分成比例支付给供应商的款项，也并不代表零售商的营业成本。

因此，通常情况下，批发与零售企业（经销）以采购的商品作为成本核算对象，需要核算商品采购成本。但值得注意的是，目前零售商业企业的这种经销业务所占比重不大，联销业务在零售业所占的份额最大，由于联销的商品不属于零售企业，因此，零售企业不需对其采购，因而就不涉及其采购成本核算的问题。

【例 4－1】某零售企业系大型综合类零售巨头，2×14 年 6 月该零售企业的部分化妆品零售业务如下：出资 300 万元从某奢侈品厂家购入 A 化妆品 1 000 瓶，采购价为每瓶 3 000 元，并于当月全部卖出；该零售企业当月同时与B化妆品品牌商签订销售合同，合同规定：B化妆品品牌商将派出几名销售人员协助销售，只占用零售企业的场地，不需要其采购，每月末按照实际销售额的20%提成作为零售企业的收入。

根据题意，零售企业对A化妆品的经营方式属于经销，在这种情况下，A化妆品是零售企业的成本核算对象，采购成本是300万元；相对地，零售企业对B化妆品的经营方式属于联销，零售企业并未实际出资，也不承担商品销售额的风险，仅仅按照事先约定的分成比例获得收入，因此，不必考虑B化妆品的采购成本问题。

第二节　批发零售企业商品成本核算项目和范围

批发与零售企业以采购的商品作为成本核算对象，需要核算商品的采购成本。商品采购成本是指企业因购进商品而发生的各项支出，包括进货成本、按规定应计入成本的税金和采购费，成本核算项目相对单一。《企业产品成本核算制度（试行）》第二十四条规定："批发零售企业一般设置进货成本、相关税费、采购费等成本项目。"

（一）进货成本

进货成本，是指商品的采购价款，是企业购入商品的发票账单上列明的价款，不包括按规定可以抵扣的增值税。

在实际业务处理与核算中，企业应按照进货渠道，分别国内购进商品进价成本和国外购进商品进价成本进行计算。

国内购进商品，是指凡是在中华人民共和国境内购进用于国内销售或出口的商品。国内购进商品进价成本包括：

1. 国内购进商品的原始进价，是指按照国家规定价格或市场价格等实际支付给供货单位的进货价款。

2. 购入环节交纳的税金，是指在收购不含税农副产品时所支付的税金。

3. 企业在国内购进并已用于出口的商品所收的退税款，即出口退税款，应冲减当期出口商品进价成本。

国外购进商品，是指凡是在中华人民共和国境外采取自营进口用其他方法购进的商品。其进价成本是指进口商品在到达目的港口以前发生的各种支出，国外购进商品的进价成本包括：

1. 进价，是指进口商品按对外承付货款之日银行公布牌价结算的到岸价（CIF）。如进口合同价格不是到岸价，需加上在商品到达目的港口以前由企业以外汇支付的运费、保险费、佣金等。

2. 进口税金，即商品进口报关时应缴纳的税金，包括进口关税、进口商品税或增值税。进口商品销售环节缴纳的营业税，不包括在进口税金之内。

（二）相关税费

相关税费是指购买商品发生的进口关税、资源税和不能抵扣的增值税进项税额以及相应的教育费附加（计税依据是纳税人实际缴纳增值税的税额，附加率为3%）等应计入商品采购成本的税费。

（三）采购费

采购费，是指采购成本中除上述各项外的可归集于商品采购的费用，如运杂费、装卸费、保险费、仓储费、整理费、合理损耗、入库前的挑选整理费用以及其他可归属于商品采购成本的费用等。在这里要特别注意的是，以上各项费用均指在采购过程中发生的才可以计入采购费用。比如，A公司采购一批钢材，入502仓库，在销售过程中，发生仓储费200 000元，此费用不可以计入采购费用。

批发零售企业在采购商品过程中发生的运输费、装卸费、保险费以及其他可归集于采购成本的采购费，应计入商品采购成本，也可以先进行归集，期末根据所购商品的存销情况进行分摊。对于已售商品的采购费，应计入当期损益；对于尚未销售商品的采购费，应计入期末存货成本。在实务中，企业采购商品的采购费用金额较小的，可以在发生时直接计入当期销售费用。

第三节 批发零售企业商品成本归集、分配和结转

由于批发零售业的行业特殊性使处于该行业中的企业在商品成本归集、分配和结转中相较于一般生产制造业有很大不同。新成本核算制度中规定了批发零售企业对其发生的进货成本、相关税费、采购费等成本项目的处理方法以及商品成本的结转方法。以下分别进行具体说明。

一、批发零售企业商品成本的归集

一般而言，成本归集是指企业对生产过程中所发生的各项费用，按一定的对象，如各种产品、作业、各个车间部门所进行的分类、汇总。通过成本归集，可以分别求得各个对象的成本总额，为进一步计算各完工产品成本提供依据。但是，批发零售业的商品成本核算存在一定特殊性，由于零售企业自身没有生产过程，不需要归集各项成本，因此在存货核算中不同于生产性企业，不设置生产成本、制造费用等科目进行核算。

对于成本的归集主要涉及采购费这一项目：批发零售企业在采购商品过程中发生的运输费、装卸费、保险费以及其他可归属于存货采购成本的采购费，可以计入存货采购成本，也可以先进行归集，期末根据所购商品的存销情况进行分摊。

二、批发零售企业商品成本的分配

批发零售企业成本核算对象为商品采购成本，包括进货成本、按规定应计入成本的税金和采购费。对于成本的分配主要在于对采购费的分配。根据新会计准则规定，批发零售企业采购费的处理方法可分为逐笔确认法、归集分配法和直入损益法三种，具体说明如下：

（一）逐笔确认法

逐笔确认法是将每次支付的采购费直接计入相关的购进商品成本。当然，如果一次只购进一种商品，直接计入商品成本很简单，

但企业采购商品，多数情况下每次会购买若干个品种，则采用逐笔确认法时也必须将每次采购费在若干种商品间进行分配。分配的方法可以是进价比例法，也可以是重量比例法或体积比例法等，总之应采用相比之下最接近于合理的方法进行分配。

在实务中，具体会计分录为：按采购的价款加上应分摊采购费，借记“库存商品”科目（各具体品种），按可抵扣的增值税进项税额（以下简称进项税额），借记“应交税费——应交增值税（进项税额）”科目，按实际支付或应支付的款项，贷记“银行存款”、“应付账款”等科目。

【例 4－2】某商业企业（上市公司）一次性购入商品价税合计 29.25 万元，增值税专用发票上注明价款 25 万元，税额 4.25 万元（可抵扣），购进商品共 4 种，各种商品价款分别为 A 商品 2.10 万元、B 商品 3.90 万元、C 商品 7.80 万元、D 商品 11.20 万元；另支付采购费 1.60 万元，其中包括可抵扣进项税额 0.10 万元，货款和采购费均已用汇票付讫，货物也已验收入库。企业对该批商品采用进价核算，对其采购费采用逐笔确认法，经测试，采用进价比例法比较合理。采购费的分配和相关会计分录如下：

采购费分配率 =（1.60－0.10）÷25×100%＝6%

各种商品应分配采购费：A 商品＝2.10×6%＝0.126（万元）；B 商品＝3.90×6%＝0.234（万元）；C 商品＝7.80×6%＝0.468（万元）；D 商品＝11.20×6%＝0.672（万元）。

编制购进商品的会计分录：

借：库存商品——A 商品　　22 260（21 000＋1 260）
　　　　　　——B 商品　　 4 134（39 000＋2 340）
　　　　　　——C 商品　　82 680（78 000＋4 680）
　　　　　　——D 商品　118 720（112 000＋6 720）
　　应交税费——应交增值税（进项税额）
　　　　　　　　　　　　43 500（42 500＋1 000）
　　贷：银行存款　　　　　　　　　　　　308 500

（二）归集分配法

归集分配法是在“库存商品”科目下设置“采购费”明细科目进行核算。具体核算方法如下：

1. 购进商品时，除按支付的价款编制采购商品的会计分录外，支付采购费时，借记“库存商品——采购费”科目，贷记“银行存款”等科目；如果还存在可抵扣的进项税额，则还应作相应的会计处理。

2. 期末，按采购费余额涉及的库存商品存销情况，分配采购费：按已售商品应分摊的采购费，借记“主营业务成本”科目，贷记“库存商品——采购费”科目。

各企业期末对于采购费的分配，重点在于如何确定采购费的分配标准，而后按采购费率和已售存货账面成本结转采购费。存销商品应分摊的采购费一般可按以下方法计算：

分配率＝（期初采购费金额＋本期采购费发生额）÷（期初结存商品成本金额＋本期进货成本金额）×100%

本期结存商品应分摊的采购费金额＝期末结存商品成本金额×分配率

【例4－3】某上市公司（商业企业）库存商品采用进价核算，采购费采用归集分配法进行分摊。期末，“库存商品”科目余额为3 106万元，本期售出商品结转成本28 894万元，期末采购费结转前余额1 536万元。期末采购费分摊及相关会计分录如下：

本期商品采购费分配率＝1 536÷（3 106＋28 894）×100%＝4.8%

已售商品应分摊的采购费＝28 894×4.8%＝1 386.912（万元）

编制分摊采购费的会计分录：

借：主营业务成本　　　　13 869 120

　　贷：库存商品——采购费　　　　13 869 120

结转后未售商品的采购费为149.088万元（3 106×4.8%），仍保留在期末“库存商品——采购费”科目中。

（三）直入损益法

直入损益法是将金额较小的采购费直接计入发生时的当期损益，具体操作时还存在诸多问题，比如：（1）金额“较小”，绝对数和相对数如何确定？（2）只设置“销售费用”科目，未设置“采购费”、“营业费用”或“经营费用”之类可容纳采购费的会计科目和报表项目，直接计入当期损益的采购费，如果在商品购进时就直接计入“主营业务成本”科目，是否合适？（3）年终纳税调整时，属于期末库存商品应负担但已计入损益的采购费是否应调增应纳税所得额？如果不调整，主管税务机关能否认可？如果税务机关不认可而需要调增所得额，会计上还应按照《企业会计准则》（财政部令第 33 号）规定的资产负债法确认和转销递延所得税资产。鉴于上述一连串的问题，对于采购费的直入损益法，会计人员必须慎用。

三、批发零售企业商品成本的结转

批发零售业普遍具有存货数量多、金额大的特点，且商品成本的结转直接影响企业的资产负债表和利润表，因此成本结转对企业关系重大。

批发零售企业商品成本结转，可以根据实物流转方式、管理要求、实物性质等实际情况，采用先进先出法、加权平均法、个别计价法、毛利率法等方法结转其已售商品的实际成本。在实际工作中，批发零售企业可选用的成本计算方法主要包括：

（一）毛利率法

毛利率法是根据本期实际销售额乘以上期实际（或本期计划）毛利率匡算本期销售毛利，据以计算发出存货和期末结余存货成本的一种方法。换言之，毛利率法是根据本期销售净额乘以上期实际（或本期计划）毛利率匡算本期销售毛利，并计算发出存货成本和期末结存成本。计算公式为：

销售净额 = 销售收入 − 销售退回与折扣

$$毛利率=\frac{销售毛利}{销售净额}\times 100\% = \frac{(销售收入-销售成本)}{销售收入}\times 100\%$$

销售毛利 = 销售净额 × 毛利率

销售成本 = 销售净额 − 销售毛利 = 销售收入 ×（1 − 毛利率）

期末存货成本 = 期初存货成本 + 本期购入成本 − 本期销售成本

注意：该方法在每季度的最后一个月，应按照其他计价方法，先计算月末存货成本，然后倒挤该季度的销售成本，再计算第三个月结转的销售成本。

这一方法是商品流通企业，尤其是商业批发企业常用的计算本期商品销售成本和期末库存商品成本的方法。商品流通企业由于经营商品的品种繁多，如果分品种计算商品成本，工作量较为繁重，而且，一般来讲，商品流通企业同类商品的毛利率大致相同，采用这种存货计价方法既能减轻工作量，也能满足对存货管理的需要。

【例 4－4】 某商场 2×14 年 4 月 1 日甲类商品库存 75 000 元，本月购进 40 000 元，本月销售收入 65 000 元，发生的销售折让为 3 250元，上月该类商品的毛利率为 20%。本月已销商品和库存商品成本计算如下：

本月销售净额 = 65 000 − 3 250 = 61 750（元）

销售毛利 = 61 750 × 20% = 12 350（元）

本月销售成本 = 61 750 − 12 350 = 49 400（元）

库存商品成本 = 75 000 + 40 000 − 49 400 = 65 600（元）

【例 4－5】 某企业存货的日常核算采用毛利率计算发出存货成本。该企业 2×14 年 1 月份实际毛利率为 30%，本年度 2 月 1 日的存货成本为 1 200 万元，2 月份购入存货成本为 2 800 万元，销售收入为 3 000 万元，销售退回为 300 万元。该企业 2 月末存货成本计算如下：

该企业 2 月末存货成本 =（1 200 + 2 800）−（3 000 − 300）×（1 − 30%）= 2 110（万元）

需要说明的是，由于采用毛利率法是按存货大类来计算的，其结果往往不够准确，为此，一般应在每季季末用上述其他方法进行调整，即每季最后一个月一般不能用此方法。

（二）按照进价金额核算

这种方法又称为“进价记账、盘存记销”。特点是：（1）建立实物负责制，库存商品明细账都按实物负责人分户；（2）库存商品的总账和明细账都按商品进价记账，只记进价金额，不记数量；（3）商品销售后按实收销货款登记销售收入，平时不计算结转商品销售成本，也不注销库存商品；（4）对于商品的升溢、损耗和所发生的价格变动，平时不作账务处理；（5）定期进行实地盘点商品，期末按盘存商品的数量乘最后一次进货单价或原进价求出期末结存商品金额，再用“以存记销”的方法倒挤出商品销售成本并据以转账。

这种方法主要适用于经营鲜活商品的零售企业。鲜活商品是批发零售业存货管理中特别需要关注的商品。根据鲜活商品数量随时变化的特点，企业一般对其采用实地盘存制进行管理。

该方法的优点是平日对商品购销业务的会计处理非常简单，但对于商品所发生的损溢都计入商品销售成本而平时不予反映，也易出现漏洞。此外，实地盘存制属于“以存记销”，期末盘点数决定了计入利润表中的本期成本数和资产负债表中的存货数，因此，在使用这种方法时，企业一定要加强管理，防止一些由于保管不善造成的非正常耗费及偷盗、遗漏等人为的管理不善造成的损失也计入正常成本。对于适合使用永续盘存制的存货应尽量避免使用实地盘存制。

（三）按照数量进价金额核算

这种方法的主要特点是：（1）库存商品的总账和明细账都按商品的原购进价格记账；（2）库存商品明细账按商品的品名分户，分别核算各种商品收进、付出及结存的数量和金额。

这种方法主要适用于大中型批发企业、农副产品收购企业及经营品种单一的专业商店和经营贵重商品的商店。其优点是能够同时提供各种商品的数量指标和金额指标，便于加强商品管理；缺点是要按品种逐笔登记商品明细账，核算工作量较大。

（四）按照售价金额核算

这种方法又称“售价记账、实物负责制”，是一种在建立实物负责制的基础上按售价对库存商品进行核算的方法。其主要特点如下：

1. 建立实物负责制。企业将所经营的全部商品按品种、类别及管理的需要划分为若干实物负责小组，确定实物负责人，实行实物负责制度。实物负责人对其所经营的商品负全部经济责任。

2. 售价记账、金额控制。库存商品总账和明细账都按商品的销售价格记账，库存商品明细账按实物负责人或小组分户，只记售价金额不记实物数量。

3. 设置“商品进销差价”科目。由于库存商品是按售价记账，对于库存商品售价与进价之间的差额应设置“商品进销差价”科目来核算，并在期末计算和分摊已售商品的进销差价。

4. 定期实地盘点商品。实行售价金额核算必须加强商品的实地盘点制度，通过实地盘点，对库存商品的数量及价值进行核算，并对实物和负责人履行经济责任的情况进行检查。

采用售价金额核算方法，购入的商品，在商品到达验收入库后，按商品售价，借记“库存商品”科目，按商品售价，贷记“材料采购”或“在途物资”等科目；企业委托外单位加工收回的商品，按商品售价，借记“库存商品”科目，按委托加工商品的进价，贷记“委托加工物资”科目，按商品售价与进价的差额，贷记“商品进销差价”科目。企业销售发出的商品，平时结转销售商品成本时可按商品售价结转，借记“主营业务成本”科目，贷记“库存商品”科目。月度终了，应按商品进销差价率计算分摊本月已销商品应分摊的进销差价，借记“商品进销差价”科目，贷记“主营业务成本”科目。采用这一方法时，平时商品的购进、储存、销售均按售价记账，售价与进价的差额通过“商品进销差价”科目反映，期末计算进销差价率和本期已销商品应分摊的进销差价，并据以调整本期销售成本。有关计算公式如下：

$$进销差价率=\frac{期初库存商品进销差价+本期购进商品进销差价}{期初库存商品售价+本期购进商品售价}\times 100\%$$

$$本期已销商品应分摊的进销差价=本期商品销售收入\times 进销差价率$$

$$本期销售商品的实际成本=本期商品销售收入-本期已售商品应分摊的进销差价$$

已销商品应分摊的进销差价还可按以下公式计算：

商品进销差价率＝期末分摊前本科目余额÷（“库存商品”科目期末余额＋“委托代销商品”科目期末余额＋“发出商品”科目期末余额＋本期“主营业务收入”科目贷方发生额）×100%

$$本期销售商品应分摊的商品进销差价=本期“主营业务收入”科目贷方发生额\times 商品进销差价率$$

企业的商品进销差价率各月之间比较均衡的，也可以采用上月商品进销差价率计算分摊本月的商品进销差价。年度终了，应对商品进销差价进行核实调整。

顺便指出，企业由于某些原因，在发出商品后发现，所售商品并不满足收入的确认条件，此时应当设置“发出商品”科目对其成本加以核算。即“发出商品”科目核算企业未满足收入确认条件但已发出商品的实际成本（或进价）或计划成本（或售价）。采用支付手续费方式委托其他单位代销的商品，也可以单独设置“委托代销商品”科目。“发出商品”科目可按购货单位、商品类别和品种进行明细核算。对于未满足收入确认条件的发出商品，应按发出商品的实际成本（或进价）或计划成本（或售价），借记“发出商品”科目，贷记“库存商品”科目。发出商品发生退回的，应按退回商品的实际成本（或进价）或计划成本（或售价），借记“库存商品”科目，贷记“发出商品”科目。发出商品满足收入确认条件时，应结转销售成本，借记“主营业务成本”科目，贷记

“发出商品”科目。采用计划成本或售价核算的，还应结转应分摊的产品成本差异或商品进销差价。“发出商品”科目期末借方余额，反映企业发出商品的实际成本（或进价）或计划成本（或售价）。

【例4－6】 某企业2×14年3月份期初某商品进价成本为400 000元，售价总额为520 000元，本期购进该商品的进价成本为200 000元，售价总额为280 000元，本期销售收入为370 000元。有关计算如下：

进销差价率＝（120 000＋80 000）÷（520 000＋280 000）×100%＝25%

已销商品应分摊的进销差价＝370 000×25%＝92 500（元）

本期销售商品的实际成本＝370 000－92 500＝277 500（元）

【例4－7】 某零售商店2×14年7月末“商品进销差价”科目的贷方余额为589 680元，“库存商品”科目的余额为234 000元，本月“主营业务收入”科目的贷方发生额为1 872 000元。结转已销商品应分摊的进销差价时应编制会计分录如下：

借：商品进销差价　　　　524 160

　　贷：主营业务成本　　　　524 160

进销差价率＝589 680÷（234 000＋1 872 000）×100%＝28%

本月已销商品应分摊的进销差价＝1 872 000×28%＝524 160（元）

对于从事商业零售业务的企业（如百货商场、超市等），由于经营的商品种类、品种、规格等繁多，而且要求按商品零售价格标价，采用其他成本计算结转方法均较困难，因此广泛采用这一方法。此种方法主要适用于零售企业，优点是把大量按各种不同品种开设的库存商品明细账归并为按实物负责人来分户的少量的明细账，从而简化了核算工作。

（五）按照数量售价金额核算

在专业性较高的批发零售企业，特别是经营贵重、大件商品的零售企业，只经营一类或几类商品，商品的品种较综合性零售企业要少得多。因此这种零售企业，在商品销售过程中，需要填制销售凭证，在核算与管理上，不仅需要反映和控制商品的售价金额，还需要反映和控制商品的实物数量，根据这些特点，采用数量售价金额核算较为适宜。

数量售价金额核算、实物负责制的方法既吸取了售价金额核算的优点，又吸取了数量进价金额核算的优点，具有比售价金额核算更广泛的内容。它除了需要具备：（1）建立实物负责制；（2）库存商品按售价记账；（3）设置“商品进销差价”科目；（4）加强盘点等四项内容外，还需要按商品品名、规格、等级设置库存商品三级明细分类账，对库存商品实行数量和售价双重控制。这是一种比较完善的核算方法。

这种方法的主要特点有：库存商品的总账和明细账都按商品的销售价格记账，并同时核算商品实物数量和售价金额；对于库存商品购进价与销售价之间的差额需设置“商品进销差价”科目进行调整，以便于计算商品销售成本。具体说明如下：

1. 库存商品科目的设置。采用数量售价金额核算、实物负责制的企业，需设置“库存商品”总账科目，以售价金额反映库存商品的数额。按商品类别设置库存商品类目账，采用数量金额三栏式账页，分别反映各类库存商品的数量和售价金额，再按商品的品名、规格、等级设置库存商品明细分类账，也可采用数量金额三栏式账页，分别反映各种不同规格商品的数量，并用售价反映商品的单价和金额。这样用库存商品逐级设账的方法，能更好地控制和管理商品进、销、存的数量和售价金额。为了便于查对账目，可以在库存商品明细分类账页上方注明商品的购进单价。

业务部门采取商品分管的办法，一般按商品类别划分营业柜组。营业柜组内的实物负责人，按商品的品名、规格、等级设置商品保管账，采用数量三栏式账页，登记商品的收入、发出和结存数量，并在账页上方注明销售单价和购进单价。这样便于实物负责人直接掌握和控制本类别内商品的数量，并根据商品保管账随时与实物进行核对，做到账实相符。

为了简化核算手续，财会部门的库存商品明细分类账也可以下放到业务部门，与商品保管账合在一起核算。

2. 商品购进和销售的核算。采用数量售价金额核算的零售企业，商品购进的一般业务程序与核算方法，基本上与售价金额核算相同，这里不再重述。所不同的是，采用数量售价金额核算，还需根据进货凭证登记库存商品类目账、库存商品明细分类账及商品保管账。

商品销售的业务程序一般是：(1) 填制销货凭证。由经手人填制销货凭证，销货凭证一式数联，其中发票联给消费者作为付款凭证，记账联作为企业的收款凭证，存根联由营业柜组留存备查。(2) 收款。收款方式可以由营业员直接收款，也可以设收款台，由收款员集中收款。(3) 解缴销货款。每天营业结束后，解缴销货款的手续基本上与售价金额核算相同。(4) 编制商品销售日报表。各营业柜组还要根据记账联编制商品销售日报表，一式数联，实物负责人自留一联，以登记商品保管账，减少商品的结存数量；一联送交财会部门，经复核无误，据以入账。如果商品销售日报表金额与柜组交款数额不符，则表示销货款发生了短缺或溢余。对于缺溢款应记入“待处理财产损溢”科目，然后根据会计分录和商品销售日报表分别登记库存商品总账科目及类目账和明细分类账，以减少库存商品的结存额。

采用数量售价金额核算、实物负责制的企业，在月末一般采用实际进销差价计算法来调整商品销售成本。有的企业为了简化核算手续，也可以平时采用分商品类别差价率推算法，季末采用实际进销差价计算法来进行调整，其计算方法与售价金额核算相同。

3. 商品储存的核算。采用数量售价金额核算、实物负责制的企业，为了加强对商品的管理，对每一种商品，除了要求各实物负责人必须登记商品保管账外，其财会部门也设有相应的三级商品明细分类账，采取随销随转随结余额的方法，进行数量和金额的双重控制，做到各种商品均能随时盘点核实，随时提供各种商品进、销、存的资料。

月末各营业柜组要按照商品类别编制商品进销存月报表一式数联，营业柜组自留一联，另两联送交财会部门，财会部门复核无误后，据以编制商品进销存月报汇总表。

商品进销存月报汇总表一式数份，将商品进销存月报表作为其附件，装订成册。一份作为按实际进销差价计算调整商品销售成本的依据，由财会部门保存；另一份送交企业负责人。企业负责人能利用这些资料，全面掌握各商品类别及各种具体商品进、销、存的动态，及时了解市场信息，分析各种商品的销售趋势，积极地组织适销对路的商品投放市场，以满足消费者的需要。

按照数量售价金额核算的优点主要有：

（1）与售价金额核算对比。从商品的计价方法来看，数量售价金额核算与售价金额核算是一致的，都采用售价。但售价金额核算，只能反映和控制商品的售价，不能反映和控制商品的数量，平时销货发生差错不易发现，一般要在定期盘点商品时才能发现差错。由于不按商品品名、规格设置商品明细分类账，商品的短缺或溢余，特别是短缺，究竟发生在进货环节、销货环节，还是储存环节，往往难以分清。短缺商品的具体名称、规格、数量则更难以分清，有的甚至连商品短缺还是现金短缺也分不清。短缺的结果往往由营业柜组集体承担责任，容易造成吃大锅饭、责任心不强的现象。由于零售企业的销售收入主要是现金，因此，这些问题容易给舞弊人员以可乘之机，易造成企业财产的损失。

数量售价金额核算、实物负责制，既反映和控制了商品的售价，又反映和控制了商品的数量，能充分发挥会计的监督作用。采用这种方法，可以及时发现商品的缺溢，基本上能分清缺溢的环节，还能了解到缺溢商品的具体名称、数量和价格，能分清是现金缺溢还是商品缺溢，也就容易分析出缺溢的原因，明确事故的责任，增强企业职工的责任心。因而，采用数量售价金额核算的零售企业，其差错率一般要比采用售价金额核算的企业低。

（2）与数量进价金额核算对比。数量进价金额核算，反映和控制了商品的数量和进价；数量售价金额核算，反映和控制了商品的数量和售价。两种核算方法的共同优点是都反映和控制了商品的数量，不用盘点，随时可知道销售数量，从而计算出销售成本，对商品的管理都很严密，较容易发现商品在数量上的缺溢。

然而，当销货发生差错时，如商品的货款多收或少收，或销货发票上大小数开错，销货日报表也跟发票一起发生差错。当复核环节疏忽时，采用数量进价金额核算的企业，在登记商品明细分类账时，因用进价反映，所以就不易觉察上述所发生的差错。在定期盘点商品时，也不能发现账实不符的现象，差错也就不易暴露。而采用数量售价金额核算的企业，在登记商品明细分类账时，因用售价反映，所以在单价不同时，就比较容易发现差错。即使疏忽了，到月末商品盘点时，库存商品类目账上的金额必然与该类别的实存金额不符，从而促使财会人员去复核与该类别商品有关的原始凭证，查明差错的原因。因此，数量售价金额核算比数量进价金额核算在销货款的管理上更为严密。

综上所述，数量售价金额核算、实物负责制，一方面具有售价金额核算的优点，可以控制商品的售价；另一方面又具有数量进价金额核算的优点，可以控制商品的数量，在账账之间、账实之间层层衔接、相互控制，起到了严密的监督作用，尤其对销货款的管理极为严密。数量售价金额核算的缺点是工作量比较大，但随着计算工具的发展和核算要求的提高，在专业性的零售企业中，这种方法仍是一种较好的核算方法。

本章小结

批发零售企业一般按照商品的品种、批次、订单、类别等确定成本核算对象。为了更准确地确定批发零售企业的成本核算对象，还要分别根据其经营方式特点进行较为细致的分析。批发与零售企业以采购的商品作为成本核算对象，需要核算商品的采购成本。商品采购成本是指企业因购进商品而发生的各项支出，包括进货成本、按规定应计入成本的税金和采购费，成本核算项目相对单一。批发零售企业在采购商品过程中发生的运输费、装卸费、保险费以及其他可归属于存货采购成本的采购费，可以计入存货采购成本，也可以先进行归集，期末根据所购商品的存销情况进行分摊。对于成本的分配主要在于对采购费的分配。根据《企业会计准则》的规定，批发零售企业采购费的处理方法可分为逐笔确认法、归集分配法和直入损益法三种。批发零售企业商品成本结转，可以根据实物流转方式、管理要求、实物性质等实际情况，采用先进先出法、加权平均法、个别计价法、毛利率法、零售价格法等方法结转商品成本，以上方法与本章制造企业发出材料的成本计价方法原则一致。此外，实务中，批发零售企业，尤其是零售企业，出于销售管理的目的，通常还可以采用的方法有：按照进价金额核算、按照数量进价金额核算、按照售价金额核算和按照数量售价金额核算。

第五章　建筑企业产品成本核算

★★ 小案例 ★★

关注“营改增”对建筑业的影响①

自2012年1月我国在上海市开展交通运输业和部分现代服务业营业税改增值税试点后，2013年8月起试点在全国范围内推开，并要在“十二五”期间全面完成“营改增”税制改革。建筑业“营改增”势在必行。国家此次税改的目的：一是总体税负不增加或略有下降，基本消除重复征税；二是要有利于企业及相关行业的发展。建筑业面临着挑战，因现行大多数建筑企业管理粗放，管理方法传统，有很多导致税负增加的因素，然而增值税征管体制对企业财务管理、内部流程控制方面的严格要求将会对目前建筑业管理方式形成倒逼机制，促使行业精细化发展，“营改增”就成为建筑业完善运营机制的良好机遇。

1. “营改增”对建筑业税负的影响

在营业税税目下，建筑业适用税率为3%。2011年11月，国务院批复的《营业税改征增值税试点方案》（财税［2011］110号）提出建筑业适用的增值税税率为11%。采用的计税方式，方案中也明确了建筑业原则上适用增值税一般计税方法。一般计税方法的应纳税额，是指当前销项税额抵扣当前进项税额后的余额。应纳税额计算公式：应纳税额=当期销项税额－当期进项税额；当期销项税额小于当期进项税额不足抵扣时，其不足部分可以结转下期

① 资料来源：中华财会网，2013年11月19日。

继续抵扣。如果按现有的建筑业预结算方法，其营业收入是含税销售额，按照下列公式计算销售额：销售额 = 含税销售额 ÷ （1 + 税率）；设应税收入为 a，进项税为 b，“营改增”前缴纳营业税为 3% a（不考虑在此基础上计提的附加税费），“营改增”后缴纳的增值税是 a ÷ （1 + 11%） × 11% − b；若使“营改增”前后税负相同，让两式相等，则有 b = 7% a，也就是说只有建筑业的进项税扣除额不低于营业收入的 7% 时，营改增后税负下降，反之则税负就会增加。因此，进项税额的大小是影响建筑业税负增加或减少的主要因素。而建筑业不能取得足够的增值税专用发票作为进项税项目抵扣就增加了税负，主要原因是：部分材料无法取得增值税专用发票，如装饰材料及辅助材料等的经营者大多为个体户，不是一般纳税人，建筑施工需要购买的砖、瓦、灰、沙、石等建筑材料很多都由小规模纳税人或农民经营，都不能提供增值税专用发票。还有“甲方供料”情况、银行贷款利息的筹资成本、原有的固定资产折旧等，另外建筑业劳务用工往往占成本总额较大，据统计 2011 年上市公司的建筑业工程结算成本中 35% 为人工成本，这其中既包括本企业自身发生的人工费，也包括至少 20% 的劳务分包成本，都难以取得进项税额抵扣。种种原因，施工企业自行采购的设备、材料、劳务等与工程总造价之比十分有限，加上税收征管的政策不统一、不规范，严重地阻塞了建筑施工企业取得增值税进项税抵扣的途径。因而，理论上可以转嫁给下游企业和最终消费者的增值税与我国现行建筑产品定价、计价方式以及严酷的低价中标竞争形势之间，存在着制度政策和实际操作上的矛盾。

2. “营改增”对建筑业收入的影响

“营改增”后，其增值税应税收入原则上应按《增值税暂行条例》的有关规定确定，即纳税人的销售额为纳税人提供应税劳务所收取的全部价款和价外费用。建筑企业向发包单位收取的手续费、基金、集资费和其他各种性质的价外收费，以及各种工程奖励和赔款，无论会计制度规定如何核算，均应并入工程结算收入计算应纳税额。如按现有建筑业买方市场的主导，有可能相同标的物的合同价格变化不会大，而原营业税是价内税，这样就对建筑业营业收入的确认金额产生影响。根据建设部制定的工程造价文件规定，建筑工程施工合同价格是含税价格，因此有必要调整建筑业工程造价文件中的参考价，将其调整为不含税价格。

3. “营改增”对建筑业纳税筹划的影响

(1) 进项税方面（尽量足额取得增值税进项税额发票抵扣）。首先，能否开具增值税专用发票将作为建筑业“营改增”后对供应商选择的一项重要依据，在签订合同环节明确专用发票的提供时间，不能为节省成本开支，降低价格而不要增值税专用发票。其次，尽量足额取得增值税专用发票，使进项税扣除额超过经营收入的7%以上，以减少税负。由于机械设备进项税“营改增”后可抵扣，那么可购置大型施工机械等资产，增加可抵扣金额，一方面优化资产结构，提高机械化程度，增强企业竞争能力；另一方面通过引进先进的机械设备和流水线，减少作业人员，降低人工费支出，又反过来减少企业的税负。(2) 甲方供材料方面（改变甲方供料结算流程）。为确保工程质量，建设单位一般是对施工用的大宗材料比如钢筋、钢板、管材以及水泥等由其直接购买，材料价款的结算按照实际的价格结算，在工程款结算时将这部分材料款从结算总额中剔除。这就形成甲方供料。发生甲方供应材料时由供货商直接开具发票给甲方，而施工企业只取得相应数额的结算单，无法取得可抵扣的进项税发票，但营业税规定无论怎样结算计税营业额均包括工程所用的原材料，因此其实际缴纳的营业税计税额包含工程所用的原材料；“营改增”后甲方供应材料时开具发票和结算流程建议改为签订甲方、总包单位和供应商三方协议，供应商给总包方提供可抵扣的进项税发票，总包方开具同样金额发票给甲方，作为工程款的一部分。改后的“甲方供料”结算方式避免了重复征税，其税负大大降低了。(3) 异地施工问题。建筑业因其行业特点，异地施工情况较多，依据《营业税改征增值税试点方案》的规定，原归属试点地区的营业税收入，改征增值税后收入仍归属试点地区，税款分别入库。按原营业税规定，除承包跨省、自治区、直辖市的工程要向其机构所在地税务机关纳税外，纳税人提供建筑劳务，应当向劳务发生地税务机关纳税。营改增后推测采取在工程项目所在地预征、在机构所在地允许抵扣的方法，这样就要求企业一方面将所有能够按规定抵扣的增值税发票原件在规定的抵扣期限前要全部汇总到企业机构所在地，由机构所在地在缴纳增值税时进行进项税额抵扣，这对异地的会计税收管理提出更高要求。另一方面，对建设单位确认的当期验工计价收入凭据与所在地税务机关预征的增值税或专用发票等资料要及时汇总到企业机构所在地进行纳税申报和抵扣。待工程竣工，向机构所在地税务机关作税款汇算清缴，多退少补。

4. “营改增”后对建筑业会计核算的影响

营业税制中建筑业会计涉及的核算科目主要有“营业税金及附加”、“应交税费——应交营业税”，还有应交税费下的其他附加税，先根据工程价款结算收入额的3%计提，借记“营业税金及附加”等科目，贷记“应交税费——应交营业税”科目。上缴时，借记“应交税费——应交营业税”科目，贷记“银行存款”等科目。而营改增后，建筑业的会计核算发生很大变化，在施工中取得的与生产经营有关的购进货物、接受劳务增值税进项税额不能直接列入相关成本费用，而要分开核算，如：借记“原材料”等科目，借记“应交税费——应交增值税（进项税额）”科目，贷记“银行存款”、“应付账款”等科目，如不分开核算，这部分增值税进项税额在缴纳增值税时，是不能抵扣的；同时，对符合收入确认条件的工程营业收入，必须扣除11%的增值税销项税额后再将差额列入“主营业务收入”科目。如：借记“银行存款”、“应收账款”等科目，贷记“应交税费——应交增值税（销项税额）”科目，贷记“主营业务收入”等科目；而增值税会计核算科目“应交税费——应交增值税”的明细科目中设了9个专栏：进项税额（借方）、已交税金（借方）、减免税款（借方）、出口抵减内销产品应纳税额（借方）、转出未交增值税（借方）、销项税额（贷方）、出口退税（贷方）、进项税额转出（贷方）、转出多交增值税（贷方）。日常业务发生的增值税在这些明细科目中归集，月末，如“应交税费——应交增值税”明细科目出现贷方余额，根据余额借记“应交税费——应交增值税（转出未交增值税）”科目，贷记“应交税费——未交增值税”科目。如“应交税费——应交增值税”明细科目出现借方余额，不作账务处理，作为留抵税额，下期继续抵扣。“营改增”后对于按规定可以实行差额征税的情况，“应交税费——应交增值税”科目又新增加了“营改增抵减的销项税额”科目专栏，用以核算试点期间按照营业税改征增值税有关规定允许从销售额中扣除其支付给非试点纳税人价款而减少的销项税额；以及企业接受应税服务时按规定允许扣减销售额而减少的销项税额。企业接受应税服务时，按规定允许扣减销售额而减少的销项税额，借记“应交税费——应交增值税（营改增抵减的销项税额）”科目，按实际支付或应付的金额与上述增值税额的差额，借记“主营业务成本”等科目，按实际支付或应付的金额，贷记“银行存款”、“应付账款”等科目。因此，“营改增”后由于核算科目发生较大变化，对涉税管理、账务处理的影响就较大，对会计核算要求更高了。

5. 建筑业“营改增”的应对策略

基于“营改增”政策将在“十二五”期间的全面实施，建筑业作为国民经济的重要产业，健康稳定发展尤为重要。如何使建筑业能够在“营改增”中获益，通过以上影响问题的分析，提出几点建议：(1) 尽快在全国全行业统一进行税改。根据建筑施工企业的生产和产品特点只有在全国全行业统一进行了“营改增”，才能够使增值税的抵扣链条完整，消除重复征税，降低税负。对建筑业上游产业如工程勘察、工程设计、科研院所、交通运输、工程专用设备及零部件制造、设备租赁、砂石料供货商和工程劳务提供方以及下游产业如房地产行业等也要进行同步营业税改征增值税改革，这样才能保证政策实施。(2) 建筑业积极做好政策学习及会计培训工作。会计核算是纳税的基础，因核算模式的较大改变，企业要对会计及相关业务人员进行培训，做好政策学习宣贯，使建筑业在营改增前做好充足的人才储备。只有这样才能达到积极的平稳过渡，才能做好营改增的税收筹划。(3) 充分利用财政扶持政策。根据各地区对试点行业都出台了过渡性扶持政策，预测对建筑业营改增也会出台相应的政策，即在新老税制转换期间因实际税负增加可向财税部门申请取得财政扶持资金。(4) 合理确认纳税义务时间及税款缴纳时点。针对建筑工程生产周期及收款周期与增值税的纳税周期不匹配问题，销项与进项的不同步问题，按增值税规定其中就有可能出现对跨年工程年底按会计方法确认的收入计提缴纳了建筑业以后年度工程完工结算后全额付款的税款，以及质量保证金税款，这样建筑业先行垫付了大量税款，建议其纳税义务发生时间可否采取按比例预缴与工程结算实际收款时汇算清缴相结合的税款缴纳方式，减轻建筑业资金压力。(5) 搞好工程计价办法及方式的调整。“营改增”既是对建筑业的税制改革，对于企业的财务管理、经营模式、市场行为等都有着很大的影响，还将带动其他一系列相关结算办法，管理方式的巨大变革，工程概预算、决算、工程计价的构成基础发生变化；建筑业只有积极应对，方可将此次“营改增”变为建筑业更加持续健康发展的契机。

第一节　建筑企业产品成本核算对象

一、建筑企业的经营与管理特点

建筑行业的生产经营活动以及产品通常具有以下特点：

第一，生产周期相当长，跨年度项目相对而言比较多。

第二，生产现场具有特定性，受地质、水文等自然条件的影响较大，作业区抵御自然变化的条件较差，容易产生暂时性停工现象甚至是季节性停工。

第三，建筑工程项目具有单件性、多样性、流动性等特点。其单件性同一般制造企业相比，具有的特殊性主要表现在以下几个方面：一是一般的制造企业，能够按照同一生产图纸、同一施工工艺、同一生产设备进行重复批量生产，而建筑企业则明显不能；二是施工生产组织及机构变动频繁，生产经营的"一次性"特点十分突出；三是生产过程中试验性研究课题较多。而其流动性主要表现在两个方面：一是施工单位会随着建筑物或建筑物所在地位置的变化而转移整个生产地点；二是在一个施工过程中，施工人员、各种机械、电气设备也会随着施工部位的不同而流动，并不断转移操作场所。

第四，材料用量非常大，品种规格也很多，从而导致采购和库存管理难度大。

第五，涉及面广，干扰因素多，生产过程中往往离不开当地政府、当地居民等多方面的配合。

第六，露天作业多，机械设备的折损相当大，因此，折旧成本相对于一般制造企业来说也很高。

第七，资金用量大，结算滞后，一般需要建筑方先垫一部分资金，由此，其资金成本也较一般制造企业高。

第八，由于建筑产品具有固定性，且投资大，故施工企业成本管理与控制难度大，且稍有不慎便极易产生巨额的项目亏损。

总之，上述特点决定了建筑行业的成本核算方法类似于制造企业产品生产成本核算的分批法。

二、建筑企业成本核算对象的确定

建筑公司主要从事以建筑、安装、装饰和土木等为主要对象的施工业务。

根据新成本核算制度的相关规定，建筑企业应当按照订立的单项合同确定成本核算对象。若单项合同包括建筑多项资产的，应当按照企业会计准则规定的合同分立原则，确定成本核算对象。此外，为建造一项或数项资产而签订一组合同的，则应该按照合同合并的原则来确定成本核算对象。通过比较，不难发现，建筑行业的成本核算方法在某种程度上有点类似于制造企业的分批法。

一般而言，建筑企业或建筑承包商每承接一个建筑工程，都会签订建筑合同（承包合同）。承包合同是发包开发企业和承包施工企业为了完成承发包工程，根据批准的设计文件和中标函内容所签订，明确双方相互权利、义务关系的一份协议。它一般包括以下内容：（1）工程名称和地点；（2）工程范围和内容；（3）开、竣工日期；（4）工程质量、保修期及保修条件；（5）工程造价；（6）工程价款的支付、结算及交工验收方法；（7）设计文件及技术资料提供日期；（8）材料设备的供应和进场期限；（9）双方相互协作事项和违约责任等。

建设单位一般会事先按照合同编制工程总预算，而施工单位则是按照合同规定的工程价款、结算方式，根据工程进度与建设单位结算工程价款。因此，建筑合同与成本核算对象之间存在着密切的联系。综上所述，建筑企业一般应以所签订的单项建造合同为成本核算对象，或者是以每一独立的施工图预算所列单项工程为成本核算对象。

第二节 建筑企业产品成本核算项目和范围

建筑企业的成本项目主要包括直接材料、直接人工、机械使用费、其他直接费用，间接费用等。施工企业的生产按其在企业内部的职能，可分为建筑安装工程生产和辅助、附属生产。根据《施工企业会计核算办法》，在《企业会计准则》的基础上增设了“工程结算”、“工程施工”、“机械作业”、“应收账款”、“应付账款”、“主营业务收入”等科目。

一、工程施工产品成本核算项目和范围

建筑企业的“工程施工”科目相当于生产企业的“生产成本”

科目，主要是核算各项成本及毛利，下设“合同成本”以及“合同毛利”2个二级明细科目。在二级科目下还可设置多个三级明细科目或成本项目进行核算。

（一）工程施工——合同成本

“工程施工——合同成本”科目专门用来核算合同成本，并下设“直接人工”、“直接材料”、“机械使用费”、“其他直接费用”、“间接费用”、“分包成本”6个明细科目。

1. 直接人工包括企业按照国家规定支付给施工过程中直接从事建筑安装工程施工的工人以及在施工现场直接为工程制作构件和运料、配料等工人的职工薪酬。根据我国《企业会计准则第9号——职工薪酬》（2014）的规定，职工薪酬包括以下内容：短期薪酬、离职后福利、辞退福利和其他长期职工福利。（1）短期薪酬具体包括：职工工资、奖金、津贴和补贴，职工福利费，医疗保险费、工伤保险费和生育保险费等社会保险费，住房公积金，工会经费和职工教育经费，短期带薪缺勤，短期利润分享计划，非货币性福利以及其他短期薪酬；（2）带薪缺勤包括年休假、病假、短期伤残、婚假、产假、丧假、探亲假等；（3）离职后福利，是指企业为获得职工提供的服务而在职工退休或与企业解除劳动关系后，提供的各种形式的报酬和福利，短期薪酬和辞退福利除外；（4）辞退福利，是指企业在职工劳动合同到期之前解除与职工的劳动关系，或者为鼓励职工自愿接受裁减而给予职工的补偿；（5）其他长期职工福利包括长期带薪缺勤、长期残疾福利、长期利润分享计划等。

企业应当在职工为其提供服务的会计期间，除企业向职工提供的辞退福利应当在“①企业不能单方面撤回因解除劳动关系计划或裁减建议所提供的辞退福利时”与“②企业确认与涉及支付辞退福利的重组相关的成本或费用时”两者孰早日确认辞退福利产生的职工薪酬负债计入当期损益（管理费用）以外，其他职工薪酬均应根据职工提供服务的受益对象，将应确认的职工酬（包括货币性与非货币性薪酬）计入相关资产成本或当期费用，同时确认为应付职工薪酬负债。换言之，应由生产产品、提供劳务负担的职工薪酬，计入产品成本或劳务成本。

2. 直接材料，包括在施工过程中所耗用的、构成工程实体的材料、结构件和有助于工程形成的其他材料以及周转材料的摊销费和租赁费。具体说来，主要包括以下几方面：材料原价、采购及保管费、周转材料的摊销费和租赁费、材料检验试验费、材料运杂费、运输损耗费等。

其中：材料检验试验费是指对建筑材料、构件和建筑安装物进行一般鉴定、检查所发生的费用，包括在试验室进行试验所耗费的材料和化学用品等费用。但是它不包括新结构、新材料的试验费和建设单位对具有出厂合格证明的材料进行检验，对构件做破坏试验及其他特殊要求检验试验的费用。

运输损耗费是指在材料运输装卸过程中不可避免的合理损耗，若是非正常损耗，则应该直接计入当期损益。

【例 5 – 1】 A 公司承建 B 公司商品房和商务楼两个单项建筑工程，签订两个单项建筑工程合同，并以这两个单项建筑工程合同为成本核算对象。2 ×13 年 12 月份大堆材料黄沙和石子的基础资料如下：黄沙月初结存 238 吨，本月收入 374 吨，月末盘点实存 269 吨；石子月初结存 265 吨，本月收入 452 吨，月末盘点实存 227 吨。商品房建筑工程根据 12 月份完成的工程量计算出本月黄沙定额耗用量为 210 吨，石子定额耗用量为 300 吨。商务楼建筑工程根据本月完成的工程量计算出本月黄沙定额耗用量为 140 吨，石子定额耗用量为 200 吨。黄沙和石子的计划单价分别为 70 元/吨和 72 元/吨，则本月两项建筑工程大堆材料黄沙和石子的实际耗用量如表 5 – 1、表 5 – 2 所示。

表 5－1　　　　　　**大堆材料耗用计算单**

2×13 年 12 月 31 日

数量单位：吨

金额单位：元

材料名称	规格	计量单位	期初盘存量	本期收入数量	期末盘存量	本期实际耗用量	本期定额耗用量	分配率
(1)	(2)	(3)	(4)	(5)	(6)	(7)＝(4)＋(5)－(6)	(8)	(9)
黄沙	中粗	吨	238	374	269	343	350	0.98
石子	10～30	吨	265	452	227	490	500	0.98

表 5－2　　　　　　**大堆材料耗用计算单**

2×13 年 12 月 31 日

数量单位：吨

金额单位：元

材料名称	黄沙				石子				实际耗用额合计
计划单价	70 元/吨				72 元/吨				
工程名称	定额耗用量	分配率	实际耗用量	实际耗用额	定额耗用量	分配率	实际耗用量	实际耗用额	
(1)	(2)	(3)	(4)＝(2)×(3)	(5)＝(4)×计划单价	(6)	(7)	(8)＝(6)×(7)	(9)＝(8)×计划单价	(10)＝(5)＋(9)
商品房建筑工程	210	0.98	205.8	14 406	300	0.98	294	21 168	35 574
商务楼建筑工程	140	0.98	137.2	9 604	200	0.98	196	14 112	23 716
合计	350	0.98	343	24 010	500	0.98	490	35 280	59 290

3. 机械使用费不仅包括在施工过程中使用自有施工机械所发生的机械使用费，也包括租用外单位施工机械所发生的费用。同时，按照相关规定支付的施工机械进出场费也应当包括在机械使用费中。具体说来，机械使用费主要包括以下七种费用：

（1）折旧费，指施工机械在规定的使用年限内，陆续收回其原值及购置资金的时间价值。

（2）正常生产期内的大修理费，指施工机械按规定的大修理间隔台班进行必要的大修理，以恢复其正常功能所需要的费用。

（3）经常修理费，指施工机械除大修理以外的各级保养和排除临时故障所需的费用。它包括为保障机器正常运转所需替换设备与随机配备工具附具的摊销和维护费用，机械运转中正常保养所需润滑与擦拭的材料费用以及机械暂时停止使用期间的维护和保养费用。

（4）安拆费和场外运输费。安拆费是指施工机械在现场进行安装与拆卸所需的人工、材料、机械和试运转费用以及机械辅助设施的折旧、搭设、拆除等费用；场外运输费是指施工机械整体或者分体自停放地点运至施工现场或由一施工地点运至另一施工地点的运输、装卸、辅助材料及架线等费用。

（5）燃料动力费，是指施工机械在运转作业中所消耗的固体燃料（木柴、煤）、液体燃料（柴油、汽油）及水电等的费用。

（6）人工费，是指机上司机和其他操作人员的工作日人工费及上述人员在施工机械规定的年工作台班以外的人工费。

（7）养路费以及车船费等，是指施工机械按照国家规定和有关部门规定应当缴纳的养路费、车船税、保险费及年检费等。

4. 其他直接费用，是指为完成工程项目施工，发生于该工程施工之前和施工过程中非工程实体项目的费用。其他直接费用包括的内容如下：

（1）环境保护费，是指施工现场为达到环保部门要求所需要的各项费用。

（2）文明施工费，是指施工现场文明施工所需要的各项费用。

（3）安全施工费，是指施工现场安全施工所需要的各项费用。

（4）临时设施费，是指施工企业为进行建筑工程施工所必须搭设的生活和生产用的临时建筑物、构筑物和其他临时设施费用等。临时设施包括临时宿舍、文化福利及公用事业房屋与构筑物，仓库、办公室、加工厂以及规定范围内道路、水、电、管线等临时设施和小型临时设施等。临时设施费用包括：临时设施的搭设、维修、拆除费或摊销费。

（5）夜间施工费，是指因夜间施工所发生的夜班补助费、夜间施工降效、夜间施工照明设备摊销及照明用电等费用。

（6）二次搬运费，是指因施工场地狭小等特殊情况而发生的二次搬运费用。

（7）大型机械设备进出场及安拆费，是指机械整体或分体自停放场地运至施工现场或由一个施工地点运至另一个施工地点，所发生的机械进出场运输及转移费用及机械在施工现场进行安装、拆卸所需的人工费、材料费、机械费、试运转费和安装所需的辅助设施的费用。

（8）混凝土、钢筋混凝土模板及支架费，是指混凝土施工过程中需要的各种钢模板、木模板、支架等的支、拆、运输费用及模板、支架的摊销（或租赁）费用。

（9）脚手架费，是指施工需要的各种脚手架搭、拆、运输费用及脚手架的摊销（或租赁）费用。

（10）已完工程及设备保护费，是指竣工验收前，对已完工工程及设备进行保护所需费用。

（11）施工排水、降水费，是指为确保工程在正常条件下施工，采取各种排水、降水措施所发生的各种费用。

此外，因订立合同而发生的有关费用，能够单独区分和可靠计量且合同很可能订立的，应当予以归集，待取得合同时计入合同成本，未满足上述条件的，计入当期损益。

5. 间接费用，是指企业各施工单位为组织和管理工程施工所发生的全部支出，包括施工单位管理人员的职工薪酬、行政管理用固定资产折旧费、物料消耗、低值易耗品摊销、取暖费、水电费、办公费、差旅费、财产保险费、检验试验费、工程保险费、劳动保护费、排污费以及其他费用。值得注意的是，企业行政管理部门为组织和管理施工生产经营活动而发生的管理费用和财务费用应当作为期间费用，直接计入当期损益。工程项目现场发生的管理费用一般应计入产品成本。此外，由与工程项目直接相关且属于正常建造期间内可预见的原因、工程项目自身原因（如因业主和其他第三方单方面原因导致的不可预见的等待检验期间）造成的停工损失和其他损失，季节性的正常停工损失以及因业主原因导致的停工损失和其他损失，一般也应计入该工程项目的成本中。但是如果是由本单位管理方面存在的问题而造成的损失，则不应计入该工程项目的成本，而应计入当期损益。

6. 分包成本，是指按照国家规定开展分包，支付给分包单位的工程价款。以下将结合相关法规对分包行为以及分包成本进行详细说明。

（1）根据《建筑法》的有关规定，建筑工程总承包单位可以将承包工程中的部分工程发包给具有相应资格条件的分包单位；但是，除总承包合同中约定的分包外，必须经建设单位认可。这种认可应通过两种方式：①在总承包合同中规定分包的内容；②在总承包合同中没有规定分包内容的，应当事先征得建设单位的同意。但是，劳务作业分包由劳务作业发包人与劳务作业承包人通过劳务合同约定，可不经建设单位认可。此外，分包单位不得再分包（即转包）。

（2）根据《房屋建筑和市政基础设施工程施工管理办法》的有关规定，除专业承包企业可以将其承包工程中的劳务作业发包给劳务分包企业之外，专业分包工程承包人和劳务作业承包人都必须自行完成所承包的任务。

（3）根据《建设工程质量管理条例》的有关规定，下列行为属于违法分包行为：①总承包单位将建设工程分包给不具备相应资质条件的单位的；②建设工程总承包合同中未有约定，又未经建设单位认可，承包单位将其承包的部分建设工程交给其他单位完成；③施工总承包单位将建设工程主体结构的施工分包给其他单位的；④分包单位将其承包的建设工程再分包的。

因此，新制度进一步明确规定，分包成本是指按照国家规定开展分包。建筑行业应当按照国家规定规范分包行为，并按新制度进行成本核算。

除此之外，值得注意的是，建筑企业可能在合同建造过程中因资金周转等原因向银行借入款项，发生借款费用。在合同建造期间发生的借款费用，符合《企业会计准则第 17 号——借款费用》规定的资本化条件的，应计入合同成本。合同完成后发生的借款费用，应计入当期损益，不再计入合同成本。

（二）工程施工——合同毛利

“工程施工——合同毛利”科目主要是核算工程毛利。平时发生成本时，记入“工程施工——合同成本”科目；结算工程款时，记入“工程结算”科目；确认合同收入时，记入“主营业务收入”科目，同时将“工程施工——合同成本”结转至“主营业务成本”，差额记入“工程施工——合同毛利”科目。合同完工时，“工程施工”与“工程结算”对冲。

（三）工程施工——辅助成本

辅助、附属生产是指直接或间接为建筑安装工程施工服务的生产。其按照性质可以分为：（1）从事工程施工所需的材料、构件（如砖、瓦、砂、石、石灰、混凝土和钢筋混凝土构件）的生产和木材的生产；（2）提供工程施工所需的水、电、蒸汽；（3）从事工程施工所需机械设备的制造和修理。

如果辅助、附属生产单位实行独立内部核算，其在产品生产过程中和劳务供应过程中发生的各项生产费用应记入“工业生产”科目；如果没有实行独立内部核算，各项生产费用应记入“辅助生产”科目。

二、机械作业产品成本核算项目和范围

“辅助生产”科目主要是针对建筑企业有单独的设备管理部门为各项目提供设备发生的费用及内部结算的台班的核算。其相当于制造企业的“辅助生产成本”科目。当然，有条件的单位，也可以针对本公司的设备设置单机核算，准确核算每台大型或者主要设备每个台班的耗用成本。通常情况下，应在该科目下设置以下明细科目：工资及附加、燃料及动力、折旧费、配件及修理费以及间接费用。

第三节 建筑企业产品成本归集、分配和结转

一、建筑企业产品成本的归集

成本归集是指将生产过程中所发生的各种费用，按一定的对象，如各种产品、作业、各个车间部门所进行的分类、汇总。通过成本归集，可以分别求得各个对象的成本总额，并为进一步计算该完工产品成本提供依据。对于直接材料、直接人工，应按成本计算对象，如产品的品种、批别、生产加工步骤进行归集。而对于制造费用、废品损失等，则应先按发生地点或用途进行归集，然后再计入相应的产品成本中。

就建筑企业而言，首先应当对施工过程中产生的各项成本，按照用途和发生的地点进行归集，然后再按照一定的原则对上述成本进行分配。建筑企业发生的有关费用，是由某一成本核算对象负担的，应当直接计入该成本核算对象成本中。若是由几个成本核算对象共同负担的，应当按照适合的分配标准，分配计入受益的各个成本核算对象成本中。并在此基础上，计算当期已经竣工或者完成的工程的实际成本。

由于成本归集是保证成本核算质量的关键，为了确保成本计算的质量，要做到成本归集的正确。为了正确归集成本，应注意下述

几点：一是要确保费用划分正确；二是汇总一定要按规定的程序进行，一旦汇总程序发生错误，就可能会导致费用重记或者是漏记，并最终影响成本计算的准确性，以及企业的利润。

二、建筑企业产品成本的分配

成本分配是指把一项成本或者是一组成本分配和再分配给一个或几个成本目标。成本分配一般分为三个基本步骤；首先，确定成本对象，企业必须要明确向什么部门、产成品或工序分配成本。其次，归集共同成本，并分配到成本对象中。最后，选择恰当的成本分配标准，成本分配标准是与将要分配进入成本对象的共同成本有关的作业指标。此外，建筑企业应当根据生产经营特点，以正常生产能力水平为基础，按照资源耗费方式确定合理的分配标准。在实物中，主要是按以下原则确定分配标准：

（1）受益性原则，即谁受益、谁负担；负担多少，视受益程度而定。

（2）及时性原则，是指要及时将各项成本费用分配给受益对象，不应将本应在上期或下期分配的成本费用分配给本期。

（3）成本效益性原则，成本分配也要讲究成本效益比，要使得成本分配的效益远大于成本分配的成本才行。因此，我们在进行成本分配时，不仅要遵循适度原则，不要浪费大量的时间和精力去搜集和计算一些意义不大的数据，而且要注意成本分配带来何种效益。

（4）基础性原则，成本分配要以完整的、准确的原始记录为依据。

（5）管理性原则，是指成本分配要有助于企业管理水平的提高。

三、建筑企业产品成本的结转

成本结转是指在归集产品生产费用的基础上，计算本期完工产品成本和销售产品成本的会计处理。

建筑行业应当按照《企业会计准则第 15 号——建造合同》的

规定结转产品成本。合同结果能够可靠估计的，应当采用完工百分比法确定和结转当期提供服务的成本；合同结果不能可靠估计的，应当直接结转已经发生的成本。例如，某建筑企业确认了30万元收入，而其完工程度大概是80%，那么该建筑企业应当按照24万元（30×80%）结转其成本。

四、建筑企业产品成本核算应用举例

同一般制造企业比较，建筑企业在在产品成本计算和产成品成本结转方面具有鲜明的特点，以下将就建筑企业在上述方面需要注意的问题进行简要说明。

（一）工程成本的核算

1. 直接人工。人力资源与劳动工资部门根据考勤表、施工任务书和承包结算书等，每月向财务部门提供“单位工程用工汇总表”，然后财务部门据以编制“工资分配表”，按受益对象计入产品成本核算对象中。

采用计件工资制度的，一般能够分清是哪个工程项目所发生的，故能够直接计入产品成本核算对象成本中；采用计时工资制度的，应当按照实际工时或定额工时进行分配，计入产品成本核算对象中；劳动保护费的分配方法同工资类似，也就不再赘述了；工资附加费可以采取比例分配法。

【例5-2】红星公司承建沪光房地产公司的商品房工程依据建造合同的约定于2×13年9月1日开工，2×14年12月31日完工。该项工程合同的建筑面积为3 000平方米，合同总成本为8 430 000元，合同总收入为9 780 000元。截至2×13年12月31日，累计实际发生合同成本2 023 200元；截至2×14年11月30日，累计实际发生合同成本7 593 720元。2×14年12月，实际发生合同成本761 280元。商品房工程于2×14年12月31日如期竣工。12月初，“工程结算——商品房建筑工程”科目贷方余额6 520 000元，“预收账款”科目贷方余额815 000元。

（1）2×13年12月31日，确认该工程的合同收入、合同费用和合同毛利。计算结果如下：

到 2×13 年 12 月 31 日止的合同完工进度 = 2 023 200 ÷ 8 430 000×100% = 24%

2×13 年合同收入 = 9 780 000×24% − 0 = 2 347 200（元）

2×13 年合同毛利 =（9 780 000 − 8 430 000）×24% − 0 = 324 000（元）

2×13 年合同费用 = 2 347 200 − 324 000 − 0 = 2 023 200（元）

根据计算结果及相关的原始凭证，编制会计分录如下：

借：工程施工——商品房建筑工程合同毛利　324 000
　　主营业务成本　2 023 200
　　贷：主营业务收入　2 347 200

（2）2×14 年 12 月 31 日，工程竣工时确认该工程的合同收入、合同费用和合同毛利。计算结果如下：

2×14 年合同收入 = 9 780 000×100% − 2 347 200 = 7 432 800（元）

2×14 年合同毛利 =［9 780 000 −（7 593 720 + 761 280）］×100% − 324 000 = 1 101 000（元）

2×14 年合同费用 = 7 432 800 − 1 101 000 − 0 = 6 331 800（元）

根据以上计算结果及相关的原始凭证，编制会计分录如下：

借：工程施工——商品房建筑工程合同毛利
　　1 101 000
　　主营业务成本　6 331 800
　　贷：主营业务收入　7 432 800

（3）2×14 年 12 月 31 日，根据合同约定向沪光房地产公司办理工程款结算。编制会计分录如下：

借：预收账款——沪光房地产公司　815 000
　　应收账款——沪光房地产公司　2 445 000
　　贷：工程结算——商品房建筑工程　3 260 000

（4）商品房工程竣工，验收合格，予以转账。编制会计分录如下：

借：工程结算——商品房建造工程　　　　　9 780 000

　贷：工程施工——商品房建筑工程合同成本 8 355 000

　　　工程施工——商品房建筑工程合同毛利 1 425 000

2. 直接材料。直接用于工程施工的各种材料，凡是能够确定受益对象的，应当直接计入受益的成本核算对象；由几个成本核算对象共同使用的材料，应根据实际情况，选择某一适合的分配方法，确定合理的分配标准，在受益的成本核算对象之间进行分配。租用周转材料的租赁费，应直接计入受益的成本核算对象中。使用自有周转材料的摊销价值，应当按照规定的摊销方法一次或分次计入受益的成本核算对象。企业可以在一次摊销法及五五摊销法之间进行选择。

材料费应当按照下列方法进行归集和分配：

（1）凡领用时能够点清数量、分清用料对象的，应在领料单上注明成本核算对象的名称，财会部门据以直接汇总计入成本核算对象的"材料费"项目。

（2）领用时虽然能点清数量，但属于集中配料或统一下料的，则应在领料单上注明"集中配料"，月末由材料部门根据配料情况，结合材料耗用定额编制"集中配料耗用计算单"，据以分配计入各受益对象。

（3）既不易点清数量、又难分清成本核算对象的材料，可采用实地盘存制计算本月实际消耗量，然后根据核算对象的实物量及材料耗用定额编制"大堆材料耗用计算单"，据以分配计入各受益对象。

（4）周转材料、低值易耗品应按实际领用数量和规定的摊销方法编制相应的摊销计算单，以确定各成本核算对象应摊销费用数额。

3. 机械使用费。制造企业一般没有设置机械使用费这个成本项目，而机械使用费在建筑企业成本中占有较大比例，因此，建筑企业应当充分关注机械使用费的归集和分配。自有机械使用费首先应归集起来，然后按照合理的方法分配计入产品成本核算对象。通常情况下，可以采用台班分配法、预算分配法和作业量分配法等分配标准。

（1）台班分配法，即按各成本核算对象使用施工机械的台班数进行分配，它一般适用于单机核算的情形。其计算公式如下：

某种机械台班使用费分配率 = 该种机械本月实际发生使用费 ÷ 该种机械本月实际工作台班数

某受益对象应分配的某种机械使用费 = 受益对象实际使用该种机械台班数 × 该种机械台班使用费分配率

（2）预算分配法，即按实际发生的机械作业费用占预算定额规定的机械使用费的比率进行分配。它适用于不便计算台班的机械使用费。其计算公式如下：

某种机械使用费分配率 = 该种机械实际发生的使用费 ÷ 全部受益成本核算对象的机械使用费预算成本

某受益对象应分配的机械使用费 = 该受益对象的机械使用费预算成本 × 该种机械使用费分配率

【例 5 - 3】 长白公司“机械作业——混凝土搅拌机”明细科目归集了机械使用费为 19 000 元，各工程的机械使用费的预算成本为 20 000 元，其中：商品房工程为 11 000 元，安居房工程为 9 000 元，用预算分配法分配机械使用费如下：

混凝土搅拌机分配率 = 19 000 ÷ 20 000 = 0.95

商品房工程应分配混凝土搅拌机使用费 = 11 000 × 0.95 = 10 450（元）

安居房工程应分配混凝土搅拌机使用费 = 9 000 × 0.95 = 8 550（元）

（3）作业量分配法，即以各种机械所完成的作业量为基础进行分配。如以吨、公里计算汽车运输费用。其计算公式如下：

某种机械作业量分配率 = 该种机械本月实际发生的使用费 ÷ 该种机械本月实际完成的作业量

$$\text{某受益对象应分配的某种机械使用费}=\text{某种机械为该受益对象提供的作业量}\times\text{该种机械作业量分配率}$$

4. 关于其他直接费用。其他直接费用的分配方法主要包括直接分配法、一次交互分配法和顺序分配法。

直接分配法是不考虑辅助生产车间之间相互提供产品或劳务的情况，而是将各种辅助生产费用直接分配给辅助生产以外的受益单位的一种辅助生产费用分配方法。

$$\text{费用分配率}=\text{待分配的辅助生产费用}\div\text{辅助生产部门以外各受益单位耗用劳务量之和}$$

$$\text{某一受益单位应分配的辅助生产费用}=\text{该受益单位耗用劳务数量}\times\text{费用分配率}$$

交互分配法是首先根据各辅助生产车间相互提供的劳务数量及交互分配前的单位成本（或计划单位成本）进行一次交互分配，然后将各辅助生产车间交互分配后的实际费用，根据对辅助车间以外的各部门提供的劳务数量，分配给各基本受益单位的一种方法。

顺序分配法又称为梯形分配法，是在各辅助生产车间分配费用时，按照各辅助生产车间受益多少的顺序排列，并逐一将其费用分配给其他车间（包括排在后面的辅助生产车间）、部门。受益少的辅助生产车间排在前面，受益多的辅助生产车间排在后面，并依次序向后面各车间、部门分配，后面的辅助生产车间费用不再对前面的辅助生产车间进行分配。

5. 关于间接费用。间接费用的分配一般分两次，第一次是以人工费为基础将全部费用在不同类别的工程以及对外销售之间进行分配；第二次分配是将第一次分配到各类工程成本和产品的费用再分配到本类各成本核算对象中。分配的标准是，建筑工程以直接费为标准，安装工程以人工费为标准，产品（劳务、作业）的分配以直接费或人工费为标准。在“工程施工——合同成本”科目下设“间接费用”科目核算。如果一个项目部管理两个以上项目，项目部发生的费用应当通过“工程施工——间接费用”科目归集，期末，再将间接费用按照合同项目分配至“工程施工——合同成本——间接费用”有关明细科目。

【例5-4】 长白公司第一项目工程部8月份归集的间接费用为41 760元，其中：305安装工程发生人工费172 000元，306安装工程发生人工费116 000元，用人工费比例分配法分配间接费用如下：

间接费用分配率＝41 760÷（172 000＋116 000）＝0.145

305安装工程应分配间接费用＝172 000×0.145＝24 940（元）

306安装工程应分配间接费用＝116 000×0.145＝16 820（元）

6. 分包成本。属于自主分包形式的，在核算上与自营工程相同，其成本费用以对分包单位计价结算金额为基准，按照预算标准比例分配到相应的成本核算对象中。属于业主指定分包的工程，一般不作为自行完成工作量，也不进行成本核算，不计算盈亏，通过过渡性科目进行处理。发生的分包费用，通常在“工程施工——合同成本”科目下设“分包成本”科目进行明细核算。

（二）附属工业生产和辅助生产的核算

1. 材料构件成本的核算。

（1）混凝土成本的核算。混凝土的生产是简单生产，主要是为施工单位提供混凝土。一般采用品种法对其进行成本核算。在生产各种标号混凝土的混凝土搅拌站时，应为各种混凝土分别设置产品成本明细分类账，并按照成本项目分栏登记所发生的费用。最后，汇总各种混凝土的生产费用，再除以完成的混凝土数量，就可以得出混凝土的单位成本。

【例5-5】 假定某施工企业所属混凝土搅拌站生产300号、400号两种混凝土，假定以生产工人工时为标准分配间接费用，在该月内，300号、400号混凝土分别耗用的生产工人工时为1 800工时、1 200工时。在某月份内，300号和400号发生的各项生产费用如表5-3所示。

表 5－3

单位：元

	300 号混凝土	400 号混凝土	间接费用
水泥	120 000	108 000	－
黄沙	63 000	40 000	－
石子	114 000	74 000	－
人工费	2 400	1 600	－
其他直接费用	4 200	2 800	－
间接费用	－	－	6 000
合计	303 600	226 400	6 000

根据品种核算法，首先应为 300 号、400 号混凝土分别设置产品成本明细分类账，同时开设间接费用明细分类账。其次，先汇总计算所发生的间接费用，并按照适当分配标准，确认应计入 300 号、400 号混凝土的成本。最后，汇总各种混凝土的总成本。

300 号混凝土分配的间接费用为：

［6 000÷（1 800＋1 200）］×1 800＝3 600（元）

400 号混凝土分配的间接费用为：

［6 000÷（1 800＋1 200）］×1 200＝2 400（元）

如果该月份内 300 号、400 号混凝土各完成 4 000 平方米、2 000 平方米，则 300 号混凝土每立方米的成本为：

（303 600＋3 600）÷4 000＝76. 8（元/立方米）

400 号混凝土每立方米的成本为：

（226 400＋2 400）÷2 000＝114. 4（元/立方米）

（2）砖、瓦、采石成本的计算。砖、瓦、石子的生产都属于连续式复杂生产。它们的生产过程都是由两个以上连续步骤组成，所以大都采用分步法计算成本。

以制砖厂的砖成本计算来说，应根据制砖的各个步骤设置产品成本明细分类账，并分别记录各步骤的生产费用。

【例 5－6】某制砖厂的各步骤生产费用如表 5－4 所示。

表 5－4

单位：元

项目	粘土采掘	制坯	焙烧
材料费	-	1 200	400
燃料动力	-	-	4 500
人工费	1 980	6 000	2 450
其他直接费用	480	1 600	700
间接费用	1 980	6 000	2 450
合计	4 440	14 800	10 500

该月份各步骤生产的半成品（产成品）和转入下步骤的半成品数量如表 5－5 所示（假定无月初半成品和月末在产品）。

表 5－5

项目	粘土采掘（立方米）	制坯（万块）	焙烧（万块）
生产半成品（产成品）	1 200	40	30
转入下步骤的半成品	800	30	-

根据上述材料，即可分别计算各步骤半成品和产成品的成本。

制砖可以分为粘土采掘、制坯和焙烧三个步骤，可以采用分步法。应按照生产步骤设置产品成本明细分类账，并按步骤归集产品成本，如下所示：

首先，在粘土采掘步骤共发生生产费用 4 440 元，采掘粘土 1 200立方米，每一立方米粘土成本为 3.7 元。转入下步骤的半成品为 800 立方米，成本为 2 960 元。

其次，在制坯步骤本月发生生产费用 14 800 元，再加上由粘土采掘步骤转入的 2 960 元，本月总生产费用为 17 760 元，制造出坯 40 万块，每一万块坯的成本为 444 元。转入下步骤的半成品成本为 13 320 元。

最后，在焙烧步骤发生生产费用10 500元，再加上由制坯步骤转入的砖坯成本13 320元，共23 820元，每万块砖的成本为794元。

（3）钢筋混凝土构件成本的计算。附属工业企业和辅助生产单位生产的各种钢筋混凝土构件，一般要经过钢筋成型和混凝土浇铸两个步骤（为与这两个步骤相适应，一般都设钢筋和预制两个车间），可以考虑采用分步法计算产品成本。但是由于产品品种、规格较多，单独采用分步成本计算方法，不仅工作量很大，而且在实践中很难将各规格、品种的产品彻底分开。因此，一般采用分步分类成本计算方法。

2. 机械设备制造和修理成本的计算。辅助生产单位和附属工业企业一般采用分批法和分类法计算机械设备制造成本和修理成本。

辅助生产单位和附属工业企业为各施工生产单位提供的各种施工机械和机器设备，一般属于小批、单件生产，所以适合采用分步成本计算法。按批、件作为一个成本对象，并设置产品成本明细分类账，归集产品成本。凡是能够直接计入某批、某件机械设备成本的生产费用，应直接计入某批、某件机械设备的成本；凡是不能直接计入而应由各批、各件机械设备共同承担的成本费用，应按照适当的分配标准，分配计入各批、各件产品成本中。

机械设备的修理可以分为两种情况，即大修理和日常修理。机械设备大修理所需要的时间较长，耗用的材料也比较多，适合按件作为一个成本对象，设置产品成本明细分类账，采用分批法进行成本核算。

机械设备的日常修理，修理次数比较多，耗费的材料相对而言比较少，如果也采用分批法计算成本，日常工作会比较烦琐。因此，为了简化成本计算工作，机械设备的日常修理一般采取分类成本计算方法。首先，按照产品所消耗材料和工艺过程的异同，对产品进行分类，并按照类别设置产品成本明细分类账，计算各类产品的成本；然后再选择合适的分配标准，在每类产品中进行成本分配；最终计算出各件产品成本。

一般可以采用产品的定额消耗量、计划成本及产品的重量、体积这些分配标准，对每类产品中的各种产品进行成本计算。对于各种定型产品，为了简化成本计算工作，还可以采用系数成本计算方法，即按照系数分配类内各产品成本的方法。系数成本计算方法最重要的是从多种产品中选择一个作为标准产品，并假设它的系数为“1”。然后将其他产品同标准产品作比较，得出其他产品的系数。

【例 5－7】某施工企业所属金属结构厂按生产钢窗、钢门、钢柱、钢吊车梁、钢屋架等分类计算产品成本。某月份内，完工的各种钢窗的成本为 195 500 元，为了简化核算，对各种钢窗成本采用系数成本计算方法，并根据各种钢窗计划成本的比例来确定它们的分配系数，如表 5－6 所示。

表 5－6

产品	分配系数	完成数量（平方米）
工业固定钢窗	1	3 000
工业半悬钢窗	1.5	2 000
工业平开钢窗	2	1 500
工业组合钢窗	2.5	1 000

该月钢窗每一分配系数成本为：

195 500 ÷（1 × 3 000 + 1.5 × 2 000 + 2 × 1 500 + 2.5 × 1 000）= 17（元）

工业固定钢窗的总成本为：17 × 1 × 3 000 = 51 000（元）

工业半悬钢窗的总成本为：17 × 1.5 × 2 000 = 51 000（元）

工业平开钢窗的总成本为：17 × 2 × 1 500 = 51 000（元）

工业组合钢窗的总成本为：17 × 2.5 × 1 000 = 42 500（元）

3. 附属工业生产和辅助生产成本的结转。施工企业所属附属工业生产的总分类核算，是通过“工业生产”科目进行的。附属工业生产过程中的各项生产费用，都应记入“工业生产”科目的借方。发生的各项间接费用，则记入“工业生产”科目的明细科目“间接费用”中，并于月终时，将“工业生产——间接费用”科目的贷方转入“工业生产”科目的借方。

辅助生产的总分类核算是在“辅助生产”科目中进行的。为施工企业提供服务而产生的费用，直接记入“辅助生产”科目的借方。为了简化核算程序，一般可不分配施工生产单位的间接费用。月终时，应将“辅助生产”科目余额从贷方转入“工业生产”、“工程施工”、“机械作业”、“专项工程支出”科目的借方。

（三）专业工程分包核算

在建筑行业中，工程分包是指建筑工程总承包单位将承包工程中的部分工程或者是劳务发包给具有相应资格条件的分包单位。

1. 分包成本的确定。一般说来，分包商编制的工程进度报表只要不超过与总承包商签订合同中所约定的总金额，总承包商对于其审核就不会很严格。一旦总承包方的审核通过，总承包商的财务部门就可以根据审定后的工程进度报表作成本列支。

2. 分包方领取材料的核算。对于分包方领取材料的处理通常有两种方法，一种是将分包方领取材料视同分包方购买总承包方的原材料，同时总承包方作视同销售处理；另一种是直接在分包单位工程款中将其所领取的材料抵扣掉。通常情况下，建筑企业会按照第二种方法核算，这有利于企业进行税收筹划。企业只能在总承包方的确存在该种原材料的销售，并且不能明确区分这些材料究竟是构成工程实体还是销售的情况下采用第一种方法进行核算。

（四）工程价款的结算

开发企业与施工企业在工程承包合同中规定的工程价款的结算，应根据国家有关工程价款结算办法，结合当地的有关规定具体确定。从目前各个地区所采用的工程价款结算办法来看，归纳起来，主要有以下三种：

1. 按月结算，也就是在月终时按照已实际完成的部分项工程进行结算。

2. 分段结算，即将一个单位工程按形象进度划分为几个阶段（部位），如基础、结构、装饰、竣工等；按照完成阶段，分段验收结算工程价款。分段结算也可按月预付工程款，即在月中按照当月施工计划工作量预付，在工程阶段完成验收后按分段工程预算造价或调整计算后的工程标价扣除预付款后进行结算。

3. 竣工一次结算，开发项目或单项工程施工工期在12个月以内，或者工程承包合同价值较小的，可以实行工程价款每月月中预支、竣工后一次结算。即在工程开工后，每月按当月施工计划所列工作量预付工程款，在工程竣工验收后按工程承包合同价值扣除预付工程款后进行结算。

不论采用何种结算办法，施工期间结算的工程价款一般都不得超过承包工程合同价值的95%。结算双方可以在5%的幅度内协商确认尾款比例，并在工程承包合同中订明。尾款应通过专用科目存入银行，等待工程竣工验收后清算。但是如果承包施工企业已向开发企业出具履约保函或有其他保证的，可以不留工程尾款。

由承包施工企业储备工程施工所需主要建筑材料、结构件时，发包开发企业可根据承包施工企业的要求，在签订工程承包合同后按年度发包工程总值的一定比例向承包施工企业预付备料款，于后期以抵充工程价款的形式陆续扣回。

在实际工作中，预付备料款的额度和扣回办法，在各个地区并不完全相同，当材料储备天数为4个月、材料费比重占工程造价75%的情况下，预付备料款的额度应为当年工程价值的25%。在累计已完工程价值达到当年发包工程价值的50%时，就可将超过发包工程价值50%部分的工程价款的50%，抵作预付备料款扣回。这样，到工程完工，扣回相当于发包工程价值25%的全部预付备料款。不过随着生产资料的开放，施工所需的建筑材料、结构件，一般均可从当地市场随时采购，今后也就没有必要再预付备料款了。

（五）专项工程分包的结算

在与分包商进行价款结算时，总承包方应当从结算的总金额中扣除分包单位应承担的税金和应收分包单位的管理费用等，余下的就是总承包商应支付给分包商的价款。

总承包商应当列支分包成本的金额 = 结算总金额 - 分包单位承担的税金 - 应收分包单位管理费等

【例 5 - 8】 某工程合同金额为 2 000 万元，与业主结算 2 500 万元，其中分包 800 万元。已审定的分包单位工程进度 600 万元，根据分包合同，总承包方收取分包方 10% 的管理费，不含营业税及附加 3.3% ，试计算总承包商应列支分包成本金额。

依前述可知：

分包单位的结算金额 = 800 × （1 - 10% - 3.3%） = 693.6（万元）

由于已经支付 600 万元，故最终还需补充支付 93.6 万元 (693.6 - 600)，并将其补充计入成本中。

在实务中，如果总承包商把某项工程分包给分包单位后，分包单位会以总承包单位的名义参与工程施工，因此，为了加强成本控制，分包商需要与总承包商及时核算相关成本。总承包商一般会要求分包商根据工程进度编制工程进度报表，由总承包商对其进行审核，确定结算总金额，在扣减相关其他费用后，再同分包商进行价款支付。

本章小结

建筑企业的成本核算程序同一般制造业企业类似，但是在具体方面也有所不同。基于此，本章介绍了建筑行业的生产经营活动以及产品的特殊性。由于建筑企业的生产活动具有单件性和一次性的特点，建筑行业一般就是以所签订的单项合同为成本核算对象。为了正确计算产品成本，关于该成本核算对象成本的归集、分配和结转的处理就显得尤为重要。为了正确归集该对象的成本，首先介绍了建筑行业常见的成本项目，并对重要项目进行了着重描述，然后介绍了建筑行业相对于一般制造业企业而言，应该增设的会计科目。建筑企业应该根据会计科目总额及明细，按照用途和发生的地点对所发生的成本进行归集。成本归集完之后，成本如何在几个对象之间进行分配也就成为重中之重了，依据之前划分好的成本项目，本文对各个成本项目如何进行分配作了详细说明。当然，要做到合理分配产品成本，仅仅关注各个成本项目是远远不够的，我们要从全局的角度考虑问题，也就是说在对各个成本项目进行分配时，要坚持受益性、及时性、成本效益、基础性和管理性等原则。上述步骤完成之后，也就进入了成本核算的最后一个步骤，即成本结转。根据相关规定，建筑企业的合同结果能够可靠估计的，应当采用完工百分比法确定和结转当期提供服务的成本；合同结果不能可靠估计的，应当直接结转已经发生的成本。至此，建筑企业的整个成本核算程序完成。但是由于企业的生产是周而复始的，因此一次成本核算程序的完成不代表着成本核算的终结。相反，人们也是循环反复地进行着成本核算。此外，考虑到建筑行业的工程分包和劳务分包现象比较普遍，特意增加了专业工程分包核算这一部分，以加深读者对建筑行业的了解。

第六章　房地产业产品成本核算

★★ 小案例 ★★

房地产开发企业如何进行成本核算①

房地产投资项目具有资金投入大，建设周期长，成本核算环节多，投资风险高等特点。这就更需要精打细算，规避风险，力求以最少的成本耗费获取最大的经济利益。房地产开发企业的成本核算工作是一项复杂的会计核算工作，这是由房地产项目的特性所决定的。提高开发项目的成本核算质量，是房地产开发企业的当务之急。

1. 房地产开发成本的组成内容

房地产开发成本是指房地产企业为开发一定数量的商品房所支出的全部费用。就其用途来说，大致可分为三部分：(1) 土地、土建及设备费用。这是房地产开发成本的主体内容，大致占总成本的80%，其中最重要的是土地费用。土地费用主要包括置换成本、批租费用、动迁费用等。房产商在决定是否开发一个项目前，必须将预计的土地费用通过土地面积和容积率的换算，计算出未来所开发的每平方米商品房所占的土地成本（俗称楼板价），以此来进行项目的可行性评估。(2) 配套及其他收费支出。主要是指水、电、煤气、大市政和公建配套费，学校、医院、商店等生活服务性设施也是不可缺少的。其他收费支出中有些虽属于押金性质，如档案保证

① 引自李小虎："房地产企业开发成本科目设置及核算"，《财会通讯》，2011 年第 12 期。

金、绿化保证金等，但难以全部收回。这类收费项目种类繁多，标准不一，许多项目由垄断性企事业单位执行，随意性很强，标准普遍偏高。配套及其他收费项目是房地产开发成本中受外界因素影响最大的一块费用支出，一般占项目总投资的10%～15%。(3) 管理费用和筹资成本。房地产开发与其他行业相比，有建设周期长、投资数额大、投资风险高等特点，因此，大多数开发企业必须通过贷款来解决资金需要，这样就产生数额较大的利息支出。如何把这部分费用核算好，对正确计算开发成本将起到非常重要的作用。

2. 加强房地产开发企业的成本核算策略

(1) 加强房地产企业成本核算的规章制度建设和组织落实。房地产开发企业不仅要遵守国家的有关法规和制度，还应该结合企业的实际情况、行业特点，建立和健全企业的规章制度，加强和完善房屋成本核算的规章和制度建设，使成本核算工作有法可依、有章可循，从而保证成本会计资料的真实、可靠，促进企业成本核算水平和会计信息质量的提高。同时，房地产开发企业应该考虑自身规模大小和开发项目的规模特点等因素，在保证成本会计工作质量的前提下，合理地设置会计机构，配备必要的成本核算人员。每一房地产项目应由专人负责成本核算工作，大型项目应设立成本工作组专门负责成本预测、成本决策、成本计划、成本核算、成本控制、成本报表编制和分析等主要工作，使成本核算和管理有机地结合起来，形成算为管用、算管结合的有效机制。成本工作组的工作方式也应根据项目具体实际，确定分别采用集中和非集中工作方式。(2) 确定成本核算对象。对于建设一个现代的多功能小区，其成本核算对象就显得复杂。这就需要成本核算人员深入实际，研究分析总体项目的特点、管理要求、经济用途、标准、建设交付期以及预决算的主体分项确定。成本核算对象的设置必须坚持“便于核算，利于管理”的原则。一般来说，房地产开发企业在确定成本核算对象时，应结合开发工程的地点、用途、结构、装修、层高、施工队伍等因素，分别作如下处理：一般的开发项目，应以每一独立编制的设计概（预）算或每一独立的施工图预算所列的单项开发工程作为一个成本核算对象；同一开发地点、结构类型相同的群体开发项目，如果开竣工时间相近，又由同一施工队伍施工，可以合并为一个成本核算对象；对个别规模较大、工期较长的开发项目，可以结合经济责任制的需要，按开发项目的一定区域或部位划分成本核算对象。比如，大型项目首先要分批分期，在分批开发的商品房中再按经济用途和建设标准适当分类，对区内公共建筑配套设施中属于营业性公建设施，应单设成本对象核算，这样就会形成多个成本核算对象。(3）设立合理的成本核算项目。正确划分成本项目，如：土地征用及拆迁补偿费、前期工程费、基础设施费、建筑安装工程费、公共配套设施费和开发间接费等。可以客观地反映产品的成本结构，便于分析、研究降低成本的途径。按现行房地产开发企业会计制度规定：开发成本属一级科目，在该科目下企业应根据自己的经营特点和管理需要，确定成本项目，进行明细核算。成本项目不宜开列太多，对于发生次数较少的成本费用，特别是单笔发生的费用，应尽量合并；对金额较大并陆续发生的费用应单独设立科目核算。土建费用如属于合同发包的，还应该按合同进行明细核算，以便随时了解工作量进度和付款情况，为工程的竣工决算提供资料。(4）准确的进行成本的归集、分配与转结。对于单一的房地产项目由于成本对象简单，归集成本费用就容易得多，通过分配间接计入成本对象的内容就相对较少。然而一项大型综合性小区开发就显得十分复杂，成本核算对象比较细化，很多成本费用不可能直接归集到各个成本核算对象，就需要采用一定方法和程序进行分配，再间接地归集到各个成本核算对象。直接归集的成本费用主要是建筑安装工程费用，其他成本费用则需要按期进行分配，而对于间接分配的费用需要在日常归集时按各自成本项目的细目分别归集核算，然后按各个成本对象和对应成本项目进行分配。例如：大型综合性房地产项目的成本核算对象直接归集项目的建筑安装工程费用；土地征用及拆迁补偿费日常发生的成本费用可不按成本对象直接分配，而在此成本明细科目中分细目归集，每月末按各成本对象的实际占地面积计算比例分摊当期所发生的费用，在分配时无需按细目分摊，若成本管理需要可以再按细目结构还原。前期工程费、基础设施费、公共配套设施费和开发间接费用中的现场管理性费用则按各成本对象的建筑面积计算比例分摊。当月发生的各项成本费用，其归集和分配程序同土地征用及拆迁补偿费用。对于利息支出则按各成本对象归集的上月末成本实际发生额计算比例分摊；对于预付款项中若属于预决算范围的按合同支付的款项，应直接进入成本项目归集，并及时取得发票；对于工程决算后欠付的款项应按标准预提，包括应付未付的商品房维修基金等。(5) 重视项目竣工成本结转核算。已完土地开发项目应根据其用途，采用不同的方法进行成本结转。比如：①为销售或有偿转让而开发的商品性建设场地。开发完成后，应将其实际成本转入“开发产品——土地”账户。②开发完成后直接用于本企业商品房等建设的建设场地。应于开发完成投入使用时，将其实际成本结转计入有关的房屋开发成本中。③房地产开发项目竣工验收取得交付使用许可证后三个月内，应当取得经过审价后的工程决算书，这样成本核算人员即可按照各成本核算对象所归集的费用核对各项合同和工程决算书确定的价款支付情况，按权责发生制要求计提相应的成本费用，从而结转完工实际总成本，并计算各独立核算对象的单位成本进行完工开发产品的明细核算。若属于出租经营的项目，则转入出租开发产品的明细核算。商品房的预售业务在前，竣工交付在后，工程决算若不及时完成，成本核算则不可能真实和及时，进而影响企业盈利水平的正确性。商品房销售成本核算应按配比原则，以各个独立销售单元（独立核算对象）进行明细核算，以每平方米建筑面积成本为销售成本转账依据结转销售成本。

第一节　房地产开发企业产品成本核算对象

一、房地产开发企业主要经营与管理特点

（一）房地产开发企业的含义

房地产包括房产和地产等方面，它是人类赖以生存的基础。根据《国民经济行业分类》（GB/T4754－2002）规定，房地产业包括房地产开发经营、物业管理、房地产中介服务、自有房地产经营活动及其他房地产业。根据《中华人民共和国城市房地产管理法》规定，房地产开发企业是以营利为目的，从事房地产开发和经营的企业。本章中的房地产开发企业是房地产业中的一部分，其经营活动仅包括房地产开发经营，不包括物业管理、房地产中介服务、自有房地产经营活动及其他房地产业。

（二）房地产开发企业主要经营业务

房地产开发企业经营的主要业务如图6－1所示。

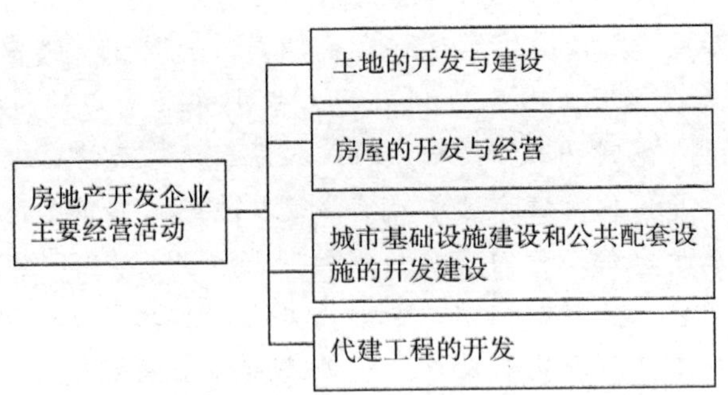

图6－1　房地产开发企业主要经营活动示意图

（三）房地产开发企业经营与管理的特点

1. 开发经营的计划性与复杂性并存。房地产开发企业征用的土地、建设的房屋、基础设施以及其他设施都应严格控制在国家计

划的范围之内。房地产开发经营的复杂性主要体现在两个方面，即经营业务内容复杂以及经营往来关系复杂。经营业务内容复杂是指房地产开发企业经营涉及面极为广泛，包括了规划设计、征地拆迁、勘察、设计、施工、销售到售后服务的全过程；经营往来关系复杂是指企业的经济往来对象很多，涉及规划、市政、供电、通讯、卫生、园林、工商、建设、财政、税务等商业服务机构及政府部门等众多部门。房地产开发企业的产品是地产和房产，产品开发周期长，生产经营形式多样，投资主体复杂，与一般企业的生产经营具有很多的不同。房地产企业开发项目周期长，成本管理跨度较大。房地产企业开发项目的周期一般在 1 年以上，某些大规模项目周期有时需要 5 ~ 8 年。周期长导致项目需要规划分期建设，这就使得项目的成本管理跨度较大。项目设计变更频繁致使开发成本管控困难。房地产业的特点决定了项目规划设计时具有很多不确定因素，这也使得在项目施工阶段经常出现工程设计洽商变更。这无疑是造成项目开发成本管控困难的原因之一。应建立全过程控制的房地产成本管理体系，包括时间流控制、目标控制、授权控制、资金流控制等方式；同时对其进行实时动态分析，从而达到预警的目的。

2. 开发经营的长周期性、高投资性、高风险性。房地产开发企业的开发项目少则几月，多则数年，产品开发经营周期比较长。开发产品要从规划设计开始，经过可行性研究、征地拆迁、安置补偿、建筑安装、配套工程、绿化环卫工程等几个开发阶段，少则 1 年，多则数年才能全部完成。房地产开发产品单位价值较高，回收期长，一旦决策失误，销路不畅，易造成大量开发产品积压，使企业资金周转不灵，导致陷入困境。成本管理环节复杂且房地产企业产业链长。房地产的项目运作需要从前期策划分析直到后期的物业管理等，其中各个环节都需要紧密联系在一起，成本管理必须做到对各个环节有效地管理及控制。

3. 存货核算与管理的特殊性：产品具有多样性与单件性。房地产开发企业的存货与一般工商企业在存货确认方面存在不同：一般工商企业所拥有的土地使用权作为无形资产进行核算，而房地产开发企业的土地使用权是作为存货核算。《企业会计准则第 1 号——存货》取消了后进先出法，而是采用先进先出法、加权平均法或个别计价法确定发出存货的实际成本。采用先进先出法在原材料价格上涨的情况下，能够更准确地反映房地产开发企业的实际开发成本和长期经营情况，但同时由于房地产开发周期普遍较长（至少在 1 年以上），这将对房地产开发企业的账面盈利水平造成一定影响。综上所述，这几种方法在物价变动较大时会影响建设期较长的房地产企业的当期损益。房地产开发企业的产品主要是住宅、写字楼、办公楼、商业用房、地面道路、地下设施等。这些产品多种多样，用途不同。相对应，房地产开发产品的经营方式也多种多样。房地产开发企业的每一种产品都有不同的用途和结构，因此房地产开发企业产品的生产属于单件性生产，必须按照施工图纸进行施工。

需要特别注意的是，房地产业是不同于建筑业的独立行业。虽然它们经营的物质对象都包括房屋建筑产品，但是其行业的性质和职能有本质的不同：（1）建筑业是建筑产品的生产部门，在国民经济产业分类中属于第二产业。房地产业是组织房地产开发、为房地产流通和消费提供服务性劳动的部门，在国民经济产业分类中属于第三产业。（2）建筑业的基本职能是为生产、流通、管理、事业等单位和居民生产多种多样的房屋和建筑物。而房地产业的基本职能是组织房地产的开发、经营和服务。房地产成本管理系统若要发挥其整体效应，则需要与合同管理、财务管理、材料采购管理、项目进度计划管理及供应商管理等其他业务管理配套应用。

4. 预收账款与收入核算的特殊性。由于房地产企业普遍存在投资额比较大、建设期比较长的特点，因而房地产开发企业大多实行商品房预售制度。会计上要求房地产开发企业在预收账款项目附注上应列示账龄余额、期末余额、预计竣工时间和预收比例等信息。房地产开发企业收入核算的特殊性主要体现在以下三个方面：(1) 收入的多样性。房地产开发产品形式多样，包括土地、商品房、配套设施和其他建筑物等。而商品房的形式又包括住宅区、办公楼、商业区、酒店等多种不同类型。因此，房地产企业收入来源广泛。(2) 收入确认时点的特殊性。由于房地产开发产品价值较高、开发周期长、需要大量资金，而预售房地产易造成收款期与房屋交付期不一致，再加上销售房地产不但需要实物交付还要产权转移，因此房地产收入确认十分特殊。理论界与实务界存在较大争议。因此，应针对房地产开发企业开发产品设立一个统一的销售收入确认标准。(3) 各期收入的波动性较大。在项目建设期内，由于项目尚未完工，预售款项无法确认为收入，因此业绩不佳。在建设后期，资金投入量逐渐减少，然而收入却大量增加。

5. 房地产开发企业的产品售价与成本不配比。一般商品的售价总是围绕其成本上下波动，而房地产开发企业成本为整个在建工程，然而销售一般以楼层或户型为单位，这就造成了楼层或户型的售价与成本不配比。例如，“丁字形”楼房虽然同楼层成本一样，但是由于朝向不同，其售价相差也很大。通常房地产开发企业的成本结转方法是：按当期竣工后的核算对象的总成本除以总开发建筑面积，得出每平方米建筑面积成本，然后再乘以销售面积得出本期销售成本。这样均摊计算的结果没有考虑房屋楼层，朝向等因素，在一定期间的经营成果就不满足收入与费用相配比的原则。

6. 房地产开发涉及的税种较为复杂。目前，我国房地产开发企业涉及的应纳税种较多，主要有营业税、城建税、教育费附加、房产税、城镇土地使用税、耕地占用税、印花税、土地增值税和企业所得税等方面。

主要涉及的税种如表 6 - 1 所示。

表 6－1　　开发经营各阶段应缴纳税种及税率

步骤	涉及主要税种	
获取土地阶段	印花税	权利、许可证照。具体包括房屋产权证、工商营业执照、土地使用证，按件贴花 5 元。 产权转移书据。包括土地使用权出让合同、土地使用权转让合同，按所记载金额千分之五贴花
	契税	取得土地使用权。按照国有土地使用权出让价格以及房屋买卖成交价格的 3% ~5% 适用税率缴纳契税
	耕地占用税	取得土地使用权符合耕地条件的土地，按照实际占用耕地面积和适用税额一次性缴纳耕地占用税，不符合耕地条件的不纳税
开发建设阶段	城镇土地使用税	从取得红线图次月起，按实际占用的土地面积和定额税率计算应纳税额
	印花税	签订的各类合同，按规定税率额，计算贴花
转让及销售阶段	营业税	转让及销售房地产，按照营业额 5% 缴纳。出租房产，按照租金收入的 5% 缴纳
	城市建设税	按营业税税额的 7% 缴纳。不动产所在地为市区的，税率为 7%；不动产所在地为县、镇的，税率为 5%；不动产所在地不在市区、县、镇的，税率为 1%
	教育费附加	按照营业税税额的 3% 缴纳
	土地增值税	查账征收。具体包括：在项目全部竣工结算前转让房地产取得的收入，可以预征土地增值税；待该项目全部竣工、办理结算后再进行清算，多退少补，核定征收
	印花税	房地产转让或销售合同，按照合同数额的 5‰缴纳
	企业所得税	查账征收。具体包括：（1）销售未完工开发产品取得的收入，按预计计税毛利率分季（或月）计算出预计毛利额，计入当期应纳税所得额。开发产品完工后，即时计算节税成本并计算此前销售收入的实际毛利额，同时将实际毛利额与对应的预计毛利额之间的差额，计入当年企业本项目与其他项目合并计算的应纳税所得额中。（2）销售完工开发产品，按照应纳税所得额 25% 的税率缴纳企业所得税

续表

步骤	涉及主要税种	
房产持有阶段	城建税	按营业税税额7%（或5%，1%）缴纳
	教育费附加	按营业税税额3%缴纳
	城镇土地使用税	按土地实际占用面积和定额税率计算缴纳
	房产税	自用房产，按房产计税余值1.2%缴纳；房产出租的，按租金收入12%缴纳

根据《企业会计准则》，企业应采用资产负债表债务法核算所得税。资产负债表债务法是从资产负债表出发，比较按照企业会计准则规定确定的账面价值与按照税法规定确定的计税基础，对于两者之间的差额分别计入应纳税暂时性差异与可抵扣暂时性差异，确认相关的递延所得税负债与递延所得税资产。当期所得税等于应纳税所得额乘以所得税税率，记入“应交税费——应交所得税”科目。当资产的账面价值大于其计税基础、负债的账面价值小于其计税基础时，产生应纳税暂时性差异，形成递延所得税负债；资产的账面价值小于其计税基础、负债的账面价值大于其计税基础产生可抵扣暂时性差异，形成递延所得税资产。利润表中的所得税费用包括当期所得税和递延所得税两个组成部分。

二、房地产开发企业产品成本核算对象的确定

（一）房地产开发产品成本及其分类

开发产品成本是指房地产开发企业在产品开发过程中所发生的各项费用支出。它反映了房地产开发企业在产品开发过程中所耗费的全部劳动，是考核房地产开发工作质量的一项综合指标，是制定开发产品销售价格的基础。房地产开发成本的核算是指企业将开发一定数量的商品房所支出的全部费用按成本项目进行归集和分配，最终计算出开发项目总成本和单位建筑面积成本的过程。

根据房地产开发企业开发项目的种类不同，具体可分为：（1）土

地开发成本。它是指房地产开发企业开发土地所发生的各项费用支出。(2) 房屋开发成本。它指房地产开发企业开发各种房屋所发生的各项费用支出。(3) 配套设施开发成本。它指房地产开发企业根据城市建设规划的要求或项目建设设计规划的要求，为满足居住的需要而与开发项目配套建设各种服务性设施所发生的各项费用支出。(4) 代建工程开发成本。它指房地产开发企业接受有关单位委托，代为开发建设的工程，或参加委托单位招标，经过投标中标后承建的开发项目所发生的各项费用支出。

（二）房地产开发产品成本核算对象的确定

房地产开发企业成本核算的特殊性主要体现在以下三个方面：(1) 核算时间长。由于房地产开发周期长，因此成本核算的时间跨度很长，甚至多达数年。(2) 开发产品种类多样，成本构成复杂。由于房地产开发企业的产品种类多，且设计多样，因此成本核算十分复杂，要求根据具体的情况进行分析核算。(3) 各步骤之间成本不能明确区分。由于房地产开发涉及的施工单位众多，因此需要不同工种的施工单位协同作业，属于多步骤生产。但是它与制造业不同，各工种不可能在同一时间、同一地点进行作业，因此在会计核算上，难以准确计算各步骤开发产品的成本。另外，房地产开发企业还存在不同项目核算差异大、滚动开发核算难度大等特点。

第二节　房地产开发企业产品成本核算项目和范围

一、房地产开发产品成本核算范围

房地产开发产品成本，在核算上将其分为如下成本项目：

(1) 土地征用及拆迁补偿费，是指为取得土地开发使用权而发生的各项费用，具体包括土地征用费、耕地占用税、拆迁补偿费、红线外市政设施费以及合作款项等方面。

(2) 前期工程费，是指开发项目前期所发生的各项费用，包括规划、设计、可行性研究、抽检、水文、地质、勘察、测绘等支出。

（3）建筑安装工程费，是指开发项目在开发过程中发生的各项主体建筑的建筑工程费、安装工程费及精装修费等。它包括以出包方式支付给承包单位的建筑安装工程费、以自营方式发生的列入开发项目工程施工图预算的各项费用。

（4）基础设施建设费，是指开发项目在开发过程中发生的道路、供水、供电、供气、供暖等社区管网工程费和环境卫生、园林绿化等园林、景观环境工程费用等。

（5）公共配套设施费，是指开发项目内发生的独立的非营业性（不能有偿转让）的公共配套设施支出，包括居委会、派出所、自行车棚、公共厕所等设施支出。

（6）开发间接费，是指企业为直接组织和管理开发项目所发生的，且不能直接将其归属于直接成本计算对象的工程监理费、造价审核费、结算审核费、工程保险费等。具体来说，包括管理人员的工资、职工福利费、折旧费、修理费、办公费、水电费、周转房摊销费等。

（7）借款费用，是指符合企业会计准则所规定的资本化费用条件的借款费用。主要包括项目开发所借入资金的利息支出、折价或溢价摊销或辅助费用、以及因外币专门借款所造成的汇兑差额。2006 年颁布的《企业会计准则——借款费用》扩大了借款费用允许资本化的资产范围和借款范围，如存货的借款费用在一定条件下可以资本化。因此，资本化范围不再仅限于固定资产，还包括需要相当长时间才能达到可销售状态的存货、投资性房地产等。这对于开发资金回收期较长且借款资金巨大的房地产企业，有利于降低财务费用，提高企业业绩。

二、房地产开发产品成本核算项目

房地产开发企业一般来说应设置如下科目：

（一）“开发产品”科目

“开发产品”科目核算企业开发建造完工的产品的实际成本。

其借方登记竣工验收开发产品的实际成本；贷方登记结转对外销售、转让和结算开发产品的实际成本。期末借方余额反映尚未销售、转让和结算的开发产品的实际成本。本科目应按开发产品的种类设置明细科目进行结算。

（二）“周转房”科目

“周转房”科目核算安置拆迁居民周转使用的房屋的实际成本。本科目应设置“在用周转房”和“周转房摊销”两个明细科目，分别核算周转房的实际成本和损耗价值的摊销情况。借方登记用于安置拆迁居民周转房的实际成本以及改变用途对外销售周转房时应冲销的累计摊销额；贷方登记周转房的摊销额以及改变用途对外销售周转房的原价。期末借方余额反应在用周转房的摊余价值。企业应根据周转房的具体情况，进行明细核算，并建立“周转房”卡片。

（三）“投资性房地产”科目

2006年颁布的《企业会计准则》中，将符合一定条件的资产计入“投资性房地产”科目。“投资性房地产”科目用于核算企业已开发完成、用于出租的土地和房屋的实际成本。企业应根据具体出租产品的类型进行明细核算，并建立“投资性房地产卡片”。

（四）“开发成本”科目

“开发成本”科目用来核算房地产开发企业在土地、房屋、配套设施和代建工程的开发过程中所发生的各项开发成本，以及房地产开发企业对出租房屋进行装饰及增补室内设施而发生的出租房工程的费用支出。“开发成本”科目为成本类科目，用以核算企业在开发产品过程中所发生的各项费用。借方登记各成本核算对象所发生的各项费用，贷方登记结转完工开发产品的实际成本，期末余额反映企业在建开发项目的实际成本。该科目应设置土地开发、房屋开发、配套设施开发、代建工程四个明细科目。如表6－2所示。

表 6-2　　开发成本明细账

年		凭证字号	摘要	开发成本项目						合计
月	日			土地征用及拆迁补偿费	前期工程费	基础设施费	建筑安装费	公共配套设施费	开发间接费用	
			结转土地开发成本							
			建筑安装费							
			预提配套设施费							
			分配开发间接费							
			结转完工产品成本							

（五）“开发间接费用”科目

“开发间接费用”科目用于核算房地产开发企业内部独立核算单位为开发产品而发生的各项间接费用，企业行政管理部门（总部）为组织和管理生产经营活动而发生的管理费用，不在该科目内核算。该科目借方登记发生的各项间接费用，贷方登记期末分配结转的间接费用，期末无余额。该科目应按照企业内部不同单位、部门设置明细账，进行明细核算。

第三节　房地产开发企业成本归集、分配和结转

新《企业会计准则》的颁布有利于房地产开发企业根据使用目的不同的房地产采用不同的会计准则核算，如自用房地产适用固定资产会计准则；作为存货的房地产适用存货准则；房地产开发企业代建的房地产适用建造合同准则；为赚取租金或资本增值或两者兼有而持有的房地产，则适用于投资性房地产准则。

一、房地产开发企业成本的归集与分配

（一）土地开发成本的归集与分配

土地开发成本是指房地产开发企业开发土地（即建设用地）所发生的各项费用。土地开发成本的大小是评价一个房地产开发项目是否可行，是否有预期利润的主要经济指标。土地费用主要包括置换成本、批租费用、动迁费用等。房产商在决定是否开发一个项目前，必须将预计的土地费用通过土地面积和容积率的换算，计算出未来所开发的每平方米商品房所占的土地成本，以此来进行项目的可行性评价。

房地产开发企业开发的土地，按用途分可将其分为如下两种：一种是为了转让，出租而开发的商品性土地（也叫商品性建设场地）；另一种是为开发商品房、出租房等房屋而开发的自用土地。前者是企业的最终开发产品，其费用支出单独构成土地的开发成本；而后者则是企业的中间开发商品，其费用支出应计入商品房、出租房等有关房屋开发成本。

企业开发自用建设场地的费用支出，如果能够分清费用负担对象的，应直接计入有关房屋的开发成本，不必单独计算土地开发成本；如果涉及两个或两个以上成本核算对象的，其开发费用支出计入土地开发成本，待建设场地开发完工后，按一定标准分摊计入有关的成本核算对象。对于商品性建设场地，不需要确定成本核算对象，分别计算土地开发成本。开发企业应根据费用发生的具体情况选择相应的成本项目。土地开发成本中的直接费用，如土地征用及拆迁补偿费、前期工程费、基础设施费、建筑安装工程费等，直接计入土地开发成本。开发间接费用先通过开发间接费用科目归集，期末再分配计入土地开发成本。

为了分清转让、出租用土地开发成本和自用土地开发成本，企业应按照土地开发项目的类别，分别设置“开发成本——商品性土地开发成本”和“开发成本——自用土地开发成本”两个二级科目，并按成本核算对象和成本项目设置明细账。

【例 6-1】2×14 年 8 月，雅居房地产开发公司开始开发两块土地（建设场地），A 区作为商品性土地开发；B 区作为自用土地开发，开发完后供建设商品房和出租房使用。本月份该公司发生下列开发费用：

（1）以银行存款支付两块场地的土地征用费等共计 1 100 000 元，其中 A 场地 600 000 元，B 场地 500 000 元。支付款项时会计分录如下：

借：开发成本——商品性土地开发成本——A 区　　600 000

　　开发成本——自用性土地开发成本——B 区　　500 000

　　贷：银行存款　　1 100 000

（2）应付某承包单位两块建设场地的“三通一平”费用 400 000元，其中 A 区、B 区各分担 200 000 元。会计分录如下：

借：开发成本——商品性土地开发成本——A 区　　200 000

　　开发成本——自用性土地开发成本——B 区　　200 000

　　贷：应付账款——某承包单位　　400 000

（3）计提本期应付现场管理机构人员工资 50 000 元，福利费 7 000元，办公费 3 000 元，固定资产折旧 20 000 元，水电费 10 000 元，计提为建设 A 区和 B 区两块场地而借入的应付长期借款利息 130 000 元。会计分录如下：

借：开发间接费　　220 000

　　贷：应付职工薪酬　　57 000

　　　　累计折旧　　20 000

　　　　银行存款　　13 000

　　　　应付利息　　130 000

（4）分配间接开发费。假设此处开发间接费按 A 区和 B 区比例分配。

开发间接费分配率 = 220 000 ÷ （800 000 + 700 000） × 100% = 14.667%

A 区应分担开发间接费 = 800 000 × 14.667% = 117 333.33（元）

B 区应分担开发间接费 = 700 000 × 14.667% = 102 666.66（元）

分配开发间接费时会计分录如下：

借：开发成本——商品性土地开发成本——A 区　117 333.33

　　开发成本——自用性土地开发成本——B 区　102 666.66

　贷：开发间接费　220 000

此处需要注意的是"生地"、"熟地"和"毛地"的区别。土地按其开发程度有"生地"、"熟地"和"毛地"之分。"生地"是指已完成土地使用批准手续（包括土地使用权出让手续）可用于建筑的土地，该建筑用地无基础设施，或者有部分基础设施，但不具备完全的"三通"条件，同时地上地下待拆除的房屋、构筑物尚未搬迁拆除。"熟地"是指具有完善的基础设施，且路面平整，可用于建筑的土地。"毛地"是指已完成土地使用审批手续（包括土地使用权出让手续），具有"三通"或者条件更完备的基础设施，但尚未进行动迁的可用于建筑的土地。

（二）房屋开发成本的归集与分配

房地产开发企业的主要经济业务就是进行房屋开发。企业开发的房屋，按其用途可以分为如下几类：一是为了销售而开发的商品房；二是为了出租经营而开发的出租房；三是为安置被拆迁居民周转使用而开发的周转房；四是为开发企业受其他单位的委托代为开发的如职工住宅等代建房。虽然这些开发房屋的用途不同，但是其开发建设的特点和费用支出内容及费用性质都大致相同。企业应设置“开发成本——房屋开发成本”科目，并按开发房屋的性质和用途，分别设置商品房、周转房、代建房等三级科目，并按照各成本核算对象和成本项目进行明细分类核算。

企业在开发房屋过程中发生的各项费用支出，按经济性质分为以下六个成本项目：

1. 土地征用及拆迁补偿费或批租地价。房屋开发过程中发生的土地征用及拆迁补偿费，能分清成本计算对象的，应直接计入有关成本核算对象的“土地征用及拆迁补偿费”成本项目，并记入“开发成本——房屋开发成本”科目。

房屋开发过程中发生的土地征用及拆迁补偿费，如分不清成本核算对象，应将其支出通过“开发成本——自用土地开发成本”科目汇集，待土地开发完成投入使用时，再按一定标准将其分配计入有关房屋开发成本核算对象。

房屋开发占用的土地，如属企业综合开发的商品性土地的一部分，则应将其发生的土地征用及拆迁补偿费，先在“开发成本——商品性土地开发成本”科目汇集，待土地开发完成投入使用时，再按一定标准将其分配计入有关房屋开发成本核算对象。

2. 前期工程费。前期工程费是指房屋开发过程中发生的规划、设计、可行性研究以及水文地质勘察、测绘、场地平整等各项前期支出。若能分清成本核算对象，应直接计入有关房屋开发成本核算对象的“前期工程费”成本项目。若费用发生时不能分清成本核算对象，或应由两个或两个以上成本核算对象负担的，应按一定标准将其分配计入有关房屋开发成本核算对象的“前期工程费”成本项目。

3. 基础设施费。基础设施费是指房屋开发过程中发生的供水、供电、供气、排污、排洪、通信、绿化、环卫设施以及道路等基础设施支出。一般应直接计入或分配计入有关房屋成本核算对象的“基础设施费”成本项目。例如开发完成商品性土地已转入“开发产品”科目，则在建造房屋使用土地时，应将房屋项目应负担的基础设施费从“开发产品”科目转入有关房屋开发成本核算对象。

4. 建筑安装工程费。房屋开发过程中发生的建筑安装工程支出，有的采用出包方式，有的采用自营方式。采用发包方式进行建筑安装工程施工的项目，其建筑安装工程支出，应根据企业已承付的已完工工程价款确定。根据承包企业提出的“工程价款结算单”所列工程价款，结算出包工程款，记入“开发成本——房屋开发”科目的“建筑安装工程费”成本项目。采用自营方式的企业，即房地产开发企业组织自有的工程队进行施工的，其发生的建筑安装费，一般可直接记入“开发成本——房屋开发”科目。如果开发企业对建筑安装工程采用招标方式发包，并将几个工程一并招标发包，则在工程完工结算工程价款时，应按各项工程的预算造价的比例，计算分配实际建筑安装工程费。具体计算公式如下：

$$\text{某项工程实际建筑安装工程费}=\frac{\text{工程标价}\times\text{该项工程预算造价}}{\text{各项工程预算造价合计}}$$

【例 6－2】 雅居房地产开发公司将两栋商品房建筑安装工程进行招标，标价为 1 000 000 元，这两栋商品房的预算造价分别为 101 商品房 600 000 元，102 商品房 600 000 元，则在工程完工结算工程价款时，101 商品房的实际建筑安装工程费＝1 000 000 ÷ 1 200 000 ×600 000＝500 000（元），102 商品房的实际建筑安装工程费＝1 000 000 ÷ 1 200 000 ×600 000＝500 000（元）。

5. 配套设施费。房屋开发成本中的配套设施费是指开发小区内不能有偿转让的公共配套设施支出。开发企业应根据配套设施的建设情况，采用不同的费用归集和核算方法。其会计处理方法如下：（1）配套设施与房屋同步开发，发生的配套设施费能够分清并可直接计入有关成本核算对象的，直接记入“开发成本——房屋开发”科目的“公共配套设施费”成本项目中；如果发生的配套设施支出应由两个或两个以上的成本核算对象负担的，应先在“开发成本——配套设施开发成本”科目进行汇集，待公共配套设施竣工时，再转入“开发成本——房屋开发”成本项目中。（2）若配套设施与商品房非同时建设，如企业先开发房屋后建配套设施，或房屋已开发等待出售或出租而配套设施尚未全部建成，此时可采取预提的办法负担配套设施费。按照规定的预提比率计入商品房成本。待配套设施完工后，按配套设施工程的实际数，冲销已预提的配套设施费，并调整有关的成本核算的对象成本。开发产品预提设施费可采用下式计算：

某项开发产品预提的配套设施费 = 该项开发产品预算成本 × 配套设施费预提率

6. 开发间接费。企业内部独立核算单位为开发各种开发产品而发生的各项间接费用，应先通过“开发间接费用”科目进行核算，月末按照一定标准分配至各开发产品成本。

【例 6 –3】雅居房地产开发企业 2013 年共发生下列有关房屋开发支出如表 6 – 3 所示。

表 6 – 3　　单位：元

项目	110 商品房	111 商品房	112 商品房	113 商品房
支付征地拆迁费	200 000	160 000		
结转自用土地拆迁费	15 000	15 000		
应付承包设计单位前期工程费	60 000	60 000	60 000	60 000
应付承包施工企业基础设施工程款	180 000	150 000	140 000	140 000
应付承包施工企业建筑安装工程款	1 200 000	960 000	900 000	900 000
分配配套实施费	160 000	130 000	120 000	120 000
预提配套设施费	160 000	144 000	128 000	128 000
分配开发间接费用	164 000	132 000	124 000	124 000

根据以上材料，雅居房地产开发企业应编制如下会计分录：

（1）银行存款支付征地拆迁费：

借：开发成本——房屋开发成本——110 商品房

200 000

——111 商品房

160 000

贷：银行存款 360 000

（2）结转出租房、周转房使用土地应负担的自用土地开发成本：

借：开发成本——房屋开发成本——110 商品房

15 000

——111 商品房

15 000

贷：开发成本——自用土地开发成本 30 000

（3）将应付设计单位前期工程款入账：

借：开发成本——房屋开发成本——110 商品房

60 000

——111 商品房

60 000

——112 商品房

60 000

——113 商品房

60 000

贷：应付账款——应付工程款 240 000

（4）将应付施工企业基础设施工程款入账：

借：开发成本——房屋开发成本——110 商品房

180 000

——111 商品房

150 000

——112 商品房

140 000

——113 商品房

140 000

贷：应付账款——应付工程款　　610 000

（5）将应付施工企业建筑安装工程款入账：

借：开发成本——房屋开发成本——110 商品房

1 200 000

——111 商品房

960 000

——112 商品房

900 000

——113 商品房

900 000

贷：应付账款——应付工程款　　3 960 000

（6）分配应由房屋开发成本负担的配套设施支出：

借：开发成本——房屋开发成本——110 商品房

160 000

——111 商品房

130 000

——112 商品房

120 000

——113 商品房

120 000

贷：应付账款——应付工程款　　530 000

（7）分配应由房屋开发成本负担的配套设施支出：

借：开发成本——房屋开发成本——110 商品房

160 000

——111 商品房

144 000

——112 商品房
128 000
——113 商品房
128 000
贷：应付账款——应付工程款 560 000

（8）分配应由房屋开发成本负担的开发间接费用：

借：开发成本——房屋开发成本——110 商品房
164 000
——111 商品房
132 000
——112 商品房
124 000
——113 商品房
124 000
贷：应付账款——应付工程款 544 000

（三）配套设施开发成本的归集与分配

根据城市建设规划的要求，为了满足人民生产生活需要，房地产开发企业要开发建设与项目配套的各种服务性设施。

房地产开发企业配套设施的种类，一般分为以下两类：

1. 不能有偿转让的公共配套设施，具体包括自行车棚、公厕、居委会、派出所、消防设施等。该类配套设施是附属于商品房和建设场地的，与商品房和建设场地一并发挥效益，因此其支出应计入开发项目成本。若配套设施与商品房等开发项目同步建设并且能够分清成本核算对象的，则可直接计入房屋等项目的开发成本；若配套设施不与商品房等开发项目同步建设，或虽同步建设，但其支出需由两个或两个以上的开发项目共同负担的，应在“开发成本——配套设施开发成本”科目进行归集；若配套设施与房屋等开发项目不同步建设，或是房屋等开发产品已经构建完成等待销售或出租，而配套设施尚未全部完工的，对应负担的配套设施费可以按照配套设施的预算成本采用预提的方法确定开发产品应负担的配套设施费。

2. 能够有偿转让的大型配套设施，具体包括商店、银行、医院、邮局等设施。因此，能够有偿转让的配套设施原则上应作为独立的开发产品独立计算其成本，在“开发成本——配套设施开发成本”科目进行归集。

【例 6－4】雅居房地产开发公司建设一套住宅小区。根据建设规划要求，2×14 年要在小区内建设一个商店、一个锅炉房和一个自行车棚，均发包给一家建筑公司。其中，商店建成后有偿转让给有关部门；锅炉房和自行车棚均不能有偿转让，其开发费用应计入有关受益对象开发产品成本；锅炉房与商品房同步建设，消防设施与商品房不同步开发，其支出采用预提办法计入受益对象开发产品成本中。上述各个配套设施在开发过程中发生的支出情况如表 6－4 所示。

表 6－4　　单位：元

项目	210 商店	211 锅炉房	212 消防设施
支付征地拆迁补偿费	400 000	100 000	360 000
支付承包单位前期工程款	80 000	40 000	60 000
应付承包施工单位基础设施款	300 000	160 000	200 000
应付承包施工单位建筑安装工程款	1 200 000	800 000	1 000 000
分配锅炉房配套设施费	100 000		
分配开发间接费	120 000		
预提消防设施配套设施费	125 000		

根据以上材料，雅居房地产开发企业应编制如下会计分录：

（1）银行存款支付征地拆迁费：

借：开发成本——配套设施开发成本——210 商店

400 000

——211 锅炉房

100 000

——212 消防设施

360 000

贷：银行存款　　860 000

（2）银行存款支付前期工程款：

借：开发成本——配套设施开发成本——210 商店

80 000

——211 锅炉房

40 000

——212 消防设施

60 000

贷：银行存款　　180 000

（3）结转应付承包设计单位基础设施款：

借：开发成本——配套设施开发成本——210 商店

300 000

——211 锅炉房

160 000

——212 消防设施

200 000

贷：应付账款　　660 000

（4）结转应付承包设计单位建筑安装工程款：

借：开发成本——配套设施开发成本——210 商店

1 200 000

——211 锅炉房

800 000

——212 消防设施

1 000 000

贷：应付账款　　3 000 000

（5）分配应由商店配套设施开发成本负担的锅炉房设施支出：

借：开发成本——配套设施开发成本——210 商店

100 000

贷：开发成本——配套设施开发成本——211 锅炉房

100 000

（6）分配应由商店配套设施开发成本负担的开发间接费：

借：开发成本——配套设施开发成本——210 商店

120 000

贷：开发间接费　　120 000

（7）预计应由商店配套设施开发成本负担的消防设施配套设施费：

借：开发成本——配套设施开发成本——210 商店

125 000

贷：应付账款——预提配套设施费　　125 000

（四）代建工程开发成本的归集与分配

代建工程是指房地产开发企业接受委托单位的委托代为开发的建设工程，或参加委托单位招标，中标后承建的开发工程项目。具体包括房屋开发、市政工程开发、土地开发等项目。开发企业接受委托代为开发建设的土地和房屋，分别在“开发成本——土地开发”和“开发成本——房屋开发”两个明细科目内核算，待工程完工验收合格后，转入“开发产品——代建工程”科目。

【例 6－5】 雅居房地产开发企业接受市政工程管理部门的委托，代为扩建开发小区道路。扩建工程中，支付拆迁补偿费300 000元，前期工程费 160 000 元，应付基础设施工程款 540 000 元，分配间接开发费用80 000 元，在上述工程发生时，具体会计分录如下：

借：开发成本——代建工程开发成本　　　1 080 000
　　贷：银行存款　　　460 000
　　　　应付账款　　　540 000
　　　　开发间接费用　　　80 000

道路扩建工程完工后，结转工程成本，会计分录如下：

借：开发产品——代建工程　　　1 080 000
　　贷：开发成本——代建工程开发成本　　　1 080 000

（五）开发间接费用的归集与分配

开发间接费用是指房地产开发企业内部独立核算单位为组织管理产品的开发而在开发现场发生的各项费用。在费用发生时，开发间接费用应记入“开发间接费用”科目，然后按照适当分配标准分配计入各项开发产品成本。开发间接费用具体包含工资、福利费、折旧费、修理费、办公费、水电费、劳动保护费和借款费用等，见图6－2、表6－5。

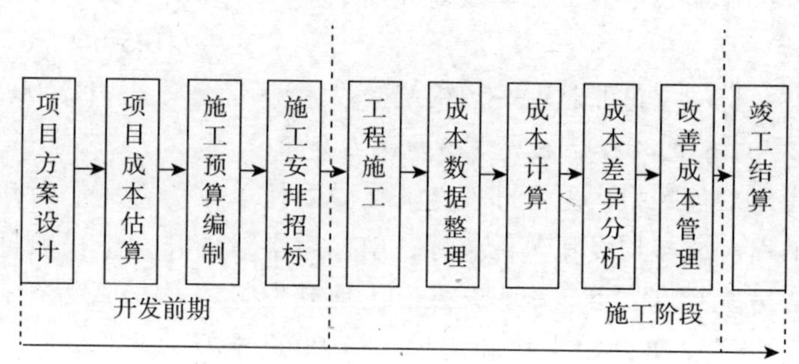

图6－2

表 6－5　　房地产开发企业成本核算表

阶段	开发前期（80%）	施工阶段（10%～15%）	竣工结算
成本构成	土地费用、前期工程费、建筑安装工程费： 土地费用——房地产企业开发时为征用土地发生的各种费用，包括土地征用费、出让地价款、土地转让费、土地租用费、股东投资入股土地的投资折价、耕地占用税以及安置居民拆迁费等； 前期工程费——工程项目开工前支出的各项费用，包括规划设计费、地质勘探费、测绘费、三通一平费； 建筑安装工程费——房地产企业自己承建发生的各种建筑施工及设备安装费用或出包给承办单位所支付的建筑施工及设备安装工程款，包括施工中的人工费、材料费、各项措施费等	基础设施建筑费、公共配套设施费、筹资成本、管理费用、其他费用： 基础设施建设费——水、电、煤气、照明及道路等相关费用； 公共配套设施费——与开发项目相关的公共设施、配套设施发生的相关费用，例如商店、学校等生活性配套设施和公用停车场、变电站等； 其他费用——房地产企业在开发过程中的相关税费及行政事业性收费； 筹资成本——企业为了解决资金困难而向银行贷款发生的费用，如利息支出； 管理费用——现场组织管理开展施工而发生的相关费用，包括施工人员的工资、房屋设备的折旧费及修理费等	计提相应的成本费用，结转完工实际总成本，并计算各独立核算对象的单位成本及进行明细核算
成本分配方法	可考虑采用占地面积法、建筑面积法等方法核算	可考虑采用直接成本法、预算造价法等方法核算	

二、房地产开发企业开发产品的成本结转

开发产品是指房地产开发企业已经完成全部开发建设过程，符合设计要求，并已验收合格，可以按照合同规定的条件移交单位，或者作为商品对外出租销售的产品，包括土地、房屋、配套设施和代建工程。“开发产品”科目为资产类科目，用以核算企业已完工开发产品的实际成本。借方登记已验收完成的开发商品的实际成

本；贷方登记月末结转的已销售转让或结算的开发产品的实际成本；期末余额为尚未转让、销售和结算的开发产品的实际成本。该科目应根据企业开发产品的种类，设置明细科目，进行明细核算。

（一）完工开发产品成本的结转

企业开发的产品，在工程完工后，借记“开发商品”科目，贷记“开发成本”科目。

【**例6－6**】2×14年5月，雅居房地产开发公司根据验收单，本月已完工开发产品实际成本为10 000 000元。其中：土地3 000 000元，房屋2 500 000元，代建工程2 500 000元，配套设施2 000 000元。根据以上资料，会计分录如下：

借：开发产品——土地　　3 000 000
　　　　　　——房屋　　2 500 000
　　　　　　——代建工程　　2 500 000
　　　　　　——配套设施　　2 000 000
　贷：开发成本——商品性土地开发　　3 000 000
　　　　　　　——房屋开发成本　　2 500 000
　　　　　　　——配套设施开发成本　　2 000 000
　　　　　　　——代建工程开发成本　　2 500 000

（二）已销开发产品的成本结转

房地产开发企业开发的产品会因出售、转让、出租、自用等原因减少。根据开发产品减少的情况，进行不同的会计处理：其一，当企业对外转让销售或结算开发商品时，应按照转让销售或结算开发商品的实际成本，借记“主营业务成本”科目，贷记“开发商品”科目。其二，当企业将开发产品转换为投资性房地产时，应在转换日，按照开发商品的实际成本，借记“投资性房地产”科目，贷记“开发商品”科目。其三，当企业将开发的房屋用于安置拆迁居民周转使用时，按土地和房屋的实际成本，借记“周转房”科目，贷记“开发产品”科目。其四，当企业将开发的营业性配套设施用于本企业第三产业经营用房时，应视同建造固定资产进行处理。按照配套设施的实际成本借记“固定资产”科目，贷记“开发产品——配套设施”科目。

（三）分期收款开发商品核算

分期收款开发产品，是指以分期收款方式销售的开发产品。根据分期收款是否具有融资性质，采纳不同的核算方法进行核算。销售开发产品时，应将商品房等开发商品的实际成本，借记“分期收款开发产品”科目，贷记“开发产品”科目。采用递延方式分期收款，具有融资性质的，应在确认收入当期，按开发产品实际成本结转销售成本；采用分期收款、不具有融资性质的开发商品销售，应设置“发出商品”科目，来核算不具有融资性质的分期收款开发产品销售收入的实现和实际成本结转情况。

（四）出租开发商品的核算

出租开发产品是指房地产开发企业已开发完成、用于出租经营的土地和房屋。它是企业资产的一部分，但不同于企业其他固定资产；也不同于企业的一般物资。根据《企业会计准则第 3 号——投资性房地产》规定，房地产企业用于出租的开发商品属于投资性房地产。投资性房地产是指为赚取租金或资本增值或两者兼有而持有的房地产，主要包括已出租的土地使用权、持有并准备增值后转让的土地使用权和已出租的建筑物。

对投资性房地产的后续计量有成本模式和公允价值模式两种。企业对投资性房地产的计量模式一经确定，不得随意变更。采用成本模式计量的投资性房地产，设立“投资性房地产累计折旧”、“投资性房地产减值准备”等科目进行处理。将开发完成的土地或房屋转入投资性房地产，借记“投资性房地产”科目，贷记“开发产品”科目。取得租金收入时借记“银行存款”科目，贷记“其他业务收入”科目。另外，将计提的摊销或折旧计入其他业务成本，借记“其他业务成本”科目，贷记“投资性房地产累计折旧”科目。

如果投资性房地产所在地有活跃的房地产交易市场，并且企业能够从活跃的房地产交易市场中取得同类或类似房地产的市场价格及其他相关信息，从而对投资性房地产的公允价值作出合理的估计时，采用公允价值计量模式进行计量。以公允价值模式计量的投资性房地产，设立“投资性房地产——成本”和“投资性房地产——公允价值变动”等科目来反映投资性房地产的公允价值，不计提折旧或摊销费。将开发完毕的土地或房屋转入投资性房地产，即借记“投资性房地产”科目，贷记“开发产品”科目。资产负债表日，投资性房地产的公允价值高于其账面价值的余额的差额，借记“投资性房地产——公允价值变动”科目，贷记“公允价值变动损益”科目。公允价值低于其账面价值余额的做相反的分录，借记“公允价值变动损益”科目，贷记“投资性房地产——公允价值变动”科目。取得租金收入时，借记“银行存款”科目，贷记“其他业务收入”科目。

《企业会计准则第 3 号——投资性房地产》对房地产企业持有的土地使用权和房屋根据持有目的不同进行了重新分类，并引入了公允价值模式。它规范了投资性房地产的确认、计量和信息披露。该准则对我国房地产行业的影响巨大：将原来分别在存货、固定资产、无形资产中核算和列报的为赚取租金或资本增值或两者兼有而持有的房地产统一归在投资性房地产中核算。

（五）周转房的核算

周转房是指房地产开发企业用于安置被拆迁居民周转使用，产权仍归开发企业所有的各种房屋。周转房主要包括：已有明确的文件或合同表明该房屋是为安置被拆迁居民使用的房屋；搭建的用于安置拆迁居民周转使用的临时性简易房屋；企业已开发经营的开发产品，在未销售前被用于安置拆迁居民的房屋。

在周转房的使用过程中，设置“周转房”总分类科目，并在该科目下设置“在用周转房”、“周转房摊销”两个明细科目。同时，为了增强对周转房的管理，还应按照在用周转房的楼号等信息进行明细分类核算，建立“周转房卡片”，详细记录周转房的具体信息。

1. 周转房的增加

房地产企业开发建成的周转房，在竣工验收时按照实际成本，借记“开发产品——周转房”科目，贷记“开发成本——房屋开发成本”科目。交付使用时，借记“周转房——在用周转房”科目，贷记“开发产品——周转房”科目。

2. 周转房的摊销

周转房在使用过程中逐渐发生有形无形损耗，造成周转房价值的逐渐降低。周转房的摊销方法主要采用年限平均法。周转房摊销的计算公式如下：

月摊销额 = 周转房账面原值 × 月摊销率

月摊销率 = （1 - 估计净残值率） ÷ 摊销年限 ×12

在上式中，周转房的摊销期限可以参照房地产开发企业同类结构房屋的折旧年限来预计；净残值率可以按周转房原值的3% ~5%来预计。对于临时性周转房，由于周转次数有限和使用寿命有限，一般采用使用次数摊销法对周转房进行摊销。对于能够确定该周转房是为某项土地、房屋开发或安置居民周转使用的，计入该土地或房屋的开发成本。即借方为“开发成本——土地开发成本”或“开发成本——房屋开发成本”科目，贷记“周转房——周转房摊销”科目。对于不能确定该周转房是否归属于某项土地或房屋开发时，周转房摊销额应作为企业开发过程中的间接费用，借记“开发间接费用”科目，贷记“周转房——周转房摊销”科目。

【例 6 -7】雅居房地产开发公司周转房甲 1 月竣工结算，实际开发成本为 240 万元。该周转房甲于 2 月投入使用。雅居房地产开发公司在 3 月对该周转房计提摊销额，预计摊销年限为 30 年，预计净残值率为 4%。该周转房用于安置几个项目的被拆迁居民。

根据以上信息，编制会计分录如下：

借：开发产品——周转房——甲　　2 400 000
　　贷：开发成本——房屋开发成本　　2 400 000
借：周转房——甲　　2 400 000

贷：开发产品——周转房——甲　　2 400 000

3 月摊销额 =2 400 000 ×（1 −4%）÷360 =6 400（元）

借：开发间接费用　　6 400

贷：周转房——周转房摊销——甲　　6 400

3. 周转房修理费用的核算

由于周转房是为了安置被拆迁居民发生的，属于直接服务于某项开发项目的费用。因此房地产开发企业应将这部分修理费计入相关开发项目的成本。发生修理费用时，借记“开发成本”、“间接开发费用”科目，贷记“银行存款”等科目。

4. 周转房的减少

周转房减少是指周转房转变用途，转作商品房对外销售的状况。对外销售时，视同开发产品的对外销售处理。在确认收入时，借记“银行存款”或“应收账款”科目，贷记“主营业务收入”科目。同时，结转所发生的成本时，按照周转房的原价减去已计提摊销后的余额，借记“主营业务成本”科目，并同时结转已累计的摊销额。

【例 6 −8】雅居房地产开发公司某周转房使用 20 个月后，公司将其作为商品房对外销售。销售收入为 1 000 万元，成本为 900 万元。该房累计摊销额为 250 万元。

根据题意，编制会计分录如下：

借：银行存款　　10 000 000

贷：主营业务收入　　10 000 000

借：主营业务成本　　7 500 000

周转房——周转房摊销　　2 500 000

贷：周转房——周转房在用　　10 000 000

三、与房地产开发企业产品财务会计的内容衔接

目前，房地产开发企业会计核算的内容在财政部 1993 年颁发的《房地产开发企业会计制度》和近年来颁布的《小企业会计准则》、《企业会计准则》中均有所涉及。比起《房地产开发企业会计制度》，在会计报表上所反映的各项会计要素，更加符合其质量特征，满足会计信息可靠性的要求。2006 年企业会计准则的颁布对房地产开发企业的会计处理方法产生了非常大的影响，特别是《投资性房地产准则》、《建造合同准则》、《借款费用准则》、《存货准则》、《减值准备准则》、《所得税准则》等。

本章小结

房地产开发企业是从事房地产开发、销售或出租的企业。作为特殊的经济密集型行业，房地产行业开发及生产的商品具有一定的特殊性，这使得房地产行业在整个经营过程中有很多不同于其他生产经营性企业的地方。具体来说，房地产企业的开发经营行为具有一定的计划性，经营业务的内容以及业务所涉及的往来比较广泛，商品开发建设的时间较长，整个开发经营过程的风险较大，这些经营特性决定了房地产企业内部会计核算工作也不同于其他行业。房地产开发企业开发业务包括土地开发、房屋开发、配套设施开发、代建工程开发四类。

房地产开发企业为考核每一开发项目的成本，一般以独立编制的设计概算或独立施工图核算的单位工程为成本核算对象。企业在开发过程中发生的土地征用及拆迁补偿费、前期工程费、基础设施费、建筑安装工程费、配套设施费等直接费用，应直接计入有关项目的开发成本。间接费用可先在“开发间接费”账户归集，期末再按一定的分配标准分摊计入有关项目的开发成本。开发过程中发生的土地征用及拆迁补偿费、前期工程费、基础设施费和公共配套设施费，如果不能分清成本核算对象，应先通过“开发成本——土地开发”和“开发成本——配套设施”账户进行归集，待土地或配套设施开发完成用于房屋建设时，再按一定分配标准，将相关费用转入相关项目的开发成本。综上所述，房地产企业在结转开发产品成本时，应首先通过成本的归集和分配，确定各成本核算对象的开发成本；其次，将其他方式归集的成本按照建筑面积法分摊到开发产品中；最后，确定开发产品的总开发成本。

房地产企业成本核算人员必须根据企业特性，全面了解企业内部特殊的成本核算模式，以保证房地产企业内部会计核算的准确性与科学性。

第七章 采矿企业产品成本核算

★★ 小案例 ★★

我国的矿产资源的供需矛盾依然突出①

自古以来，矿产资源被人类从地球上挖掘出来，以满足生活生产的需要。人类财富的积累过程，都是以自然资源，尤其是矿产资源的开采为始端，不断地通过各种技术、工艺进行不同层次、程度的加工，进而创造更多的财富，满足人类发展的需要。矿产资源是一个国家经济发展的命脉所在，其丰富程度、技术水平的高低直接关系到国家各个行业的发展水平，并且对于保证国家经济安全具有重要作用。矿产属不可再生的资源，是一个国家非常重要的财富构成，它不像人力资源、资本、知识和生产机械，它只能在储藏地被开发。矿产资源是在地球演化过程中形成的，是不同的矿物质在不同的地质条件下，通过一定的物理和化学作用，经过几百万甚至几亿年而形成的资源。矿产资源奇特的形成过程决定了其在地球上的分布具有不均衡性，地球上没有任何一个国家对矿产资源能够做到自产自足，满足百姓生产活动的所有需要。一个国家矿产资源的供给由两部分构成，一部分来自本国资源储备，剩余部分通过进口解决。近年我国经济的不断快速发展，国内矿产资源储备已经无法满足要求，对海外矿产资源的需求量越来越大，为了提高经济安全水平，我国不得不寻求海外市场。近年来，我国企业的海外矿产资源

① 转引自苏红伟："中国能源公司海外并购风险及其防范——以中广核集团并购 Husab 项目为例"，2014 年中央财经大学硕士学位论文打印稿。

并购案例不管是从数量上还是金额上都日益增加。去年1~3季度，我国企业的海外矿业投资项目共有103例；协议签订投资金额为31.36亿美元，共涉及我国企业101家，资本流向36个国，主要目的地为南部非洲、加拿大、北亚等区域国家。我国各类重要金属的消费量都非常惊人，大部分都占到全球消费量的30%~50%，其中我国钢铁的消费量最大，占到全球总量的50%；其次是铜和铝占40%左右。英国牛津能源研究所的戴维罗伯森预测，世界能源市场的发展的最大驱动力将依然是我国，来自我国的庞大需求增长支撑石油、天然气等矿产品的价格。预计到2035年，45%~50%的煤炭将被我国消费；将每天进口石油1 250万桶；年需求天然气5 000亿立方米（其中需进口2 000亿立方米，占比超过40%）。到2040年，届时美国的能源消费量或许只有我国的50%。见图7－1。

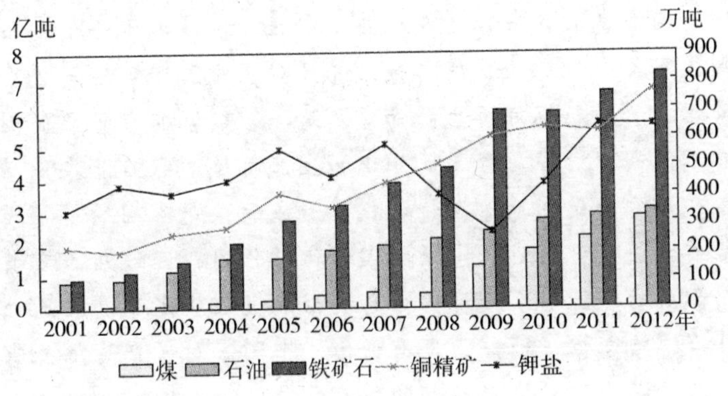

图7－1　2001~2012年我国重要矿产资源进口量对比图

（煤、石油、铁矿石三种矿产品单位为亿吨，铜精矿、钾盐两种矿产品单位为万吨）

根据2013年发布的《中国矿产资源报告》中描述，我国进口石油量在2012年达到峰值，为3.1亿吨，同比增长5.6%，达到57.8%的对外依存度；进口煤炭2.89亿吨，增长29.8%；进口铁矿石7.44亿吨，同比增长8.4%，达到58.7%的对外依存度，见图7－2。

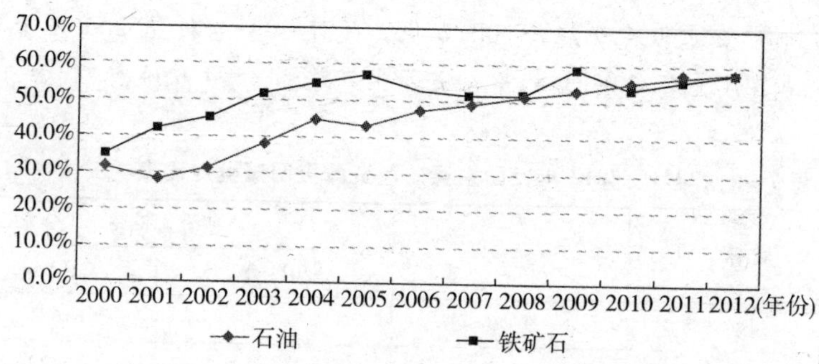

图7－2　2000～2012年铁矿石、石油对外依存度①

根据2013年中国矿产资源报告披露数据，2012年我国矿产资源勘探投入1 200.21亿元，按来源分其中财政投资142.77亿元，社会投资1 057.44亿元；按投资对象来分其中油气矿产资源勘探投资786.11亿元，非油气矿产资源勘探投资414.10亿元。

随着我国矿产资源勘探投资的逐渐增加，我国的矿产资源储量也有一定的上升（见表7－1）。但整体我国矿产资源还是存在以下特点：(1) 资源总量很大，矿产品种类比较齐全。(2) 人均占有资源量很少，部分资源供应与需求严重失衡。(3) 优劣矿并存，某些重点矿种劣矿较多，比如说铁矿、铀矿。(4) 查明资源储量中地质控制程度较低的部分所占的比重较大。(5) 矿产资源保护和合理利用水平逐年提高。(6) 矿产品对外经济贸易快速发展。我国在矿产资源勘查开发方面也面临一些矛盾和问题，主要表现为：(1) 经济快速增长与部分矿产资源大量消耗之间存在矛盾。(2) 矿产资源开发利用中的浪费现象和环境污染比较突出。(3) 区域之间矿产资

① 数据来源：2013年中国矿产资源报告。

源勘查与开发不平衡。(4) 矿产资源勘查、开发的市场化程度不高，主要是国有企业承担该项任务。2014 年 1 月 20 日，国家能源局公布 2014 年我国能源工作的指导意见，主要包括：2014 年，全国将淘汰煤炭落后产能 3 000 万吨，关停小火电机组 200 万千瓦；煤炭消耗比重不能超过 65%；能源生产总量 35.4 亿吨标准煤。

表 7-1 2011~2012 年我国主要矿产资源查明储量对比表

矿种	单位	查明资源储量	
		2011 年	2012 年
煤炭	亿吨	749.2	616.1
石油	亿吨	13.42	15.22
天然气	亿立方米	7 224.82	9 610.23
铁矿	矿石亿吨	11.4	39.8
锰矿	矿石万吨	5 303.9	15 535.0
铜矿	铜万吨	761.8	431.0

在我国采掘行业 60 余家上市公司中，有 33 家煤炭采选业公司，10 余家石油和天然气开采业公司。由于煤价上半年的大幅下跌，煤炭企业的市场环境变成了有量无价，增收不增利也就成为 2012 年煤炭上市公司中报的主基调。有 13 家煤企营业总收入同比上升，净利润增长率下降，其中煤气化、郑州煤电、国际实业、兖州煤业、阳泉煤业、山煤国际、大同煤业 7 家公司在营业总收入同比大幅提高的情况下，净利润增长率也在下降。因此，正是煤炭采选业决定了整个采选业主营业务成本高于主营业务收入平均增长速度的趋势。煤炭采掘业主营业务成本高于主营业务收入平均增长速度的主要原因包括：低价格煤炭产品销售量增加导致公司煤炭销售平均价格较去年同期下降，降低了主营业务收入发展速度；对于煤炭洗选业来说，外购的入洗原料、优质原料煤等材料供应持续紧张、价格上涨，焦炭成本升高；钢材、电力涨价导致上半年采掘业

主营业务成本上升；对矿井进行扩建、技改、安全设施改造，加强煤炭运输的基础设施建设；增加职工薪酬及改善雇员福利待遇；个别公司遭遇了自然灾害等导致煤炭行业业绩下滑。近年来，随着我国环境污染的恶化，环境治理压力的增大，安全生产费用逐年提高，煤炭行业已出现全行业亏损。

第一节　采矿企业产品成本核算对象

一、采矿企业的生产经营与管理特点

矿山开采是指石油和天然气、金属矿、非金属矿及其他矿产资源的勘探和生产、闭坑及有关活动。矿山是指有完整独立的生产系统，经营管理上相对独立的矿产品生产单位；是开采矿石或生产矿物原料的场所。矿山企业是通过开采或采选手段开发土地矿产资源，经营矿产品，以取得合法收益的工业企业。它是经过国家有关部门批准，自主经营、自负盈亏、具有法人资格的盈利性的经济组织。从工艺流程看，采矿属于简单生产。简单生产是指整个工艺技术只有一个阶段，或者虽有几个阶段，但阶段之间是不能分隔的。

它除了具有一般工业企业的一些特点外，在生产经营方面尚有其独特之处。

首先，矿山企业大多是在偏远山区，也就是多数在深山大漠之中，远离发达的城市，矿山企业的劳动对象是在漫长的地质年代生成的矿产资源。另外矿产资源在人类存在的时间尺度内是不可再生的，开采利用过程是不可逆的。从国家宏观来看，必须要求矿山企业合理利用资源，提高矿产资源回收率，增加时间收入，稳定作业人员。而安全生产是必要的前提。

其次，矿山企业生产建设和生产准备工作量大、周期长。矿山建设由于受到矿床和地质等客观条件的限制而增加了其复杂性。尽管人们在地质勘探阶段对矿体的形态、矿石赋存状态、外部围岩和水文工程地质条件做了详细的调查，但仍难免因人们的主观认识存

在的差异而造成矿山建设中可能出现的一些问题。因此就必须把安全生产当做警钟长鸣。如因矿体形态变化而影响开拓工程和采矿工程的进行，因围岩崩塌而造成采场冒顶或滑坡；因遇暴雨洪水等自然灾害而导致淹坑或淹井；都是企业安全生产中必须考虑的问题。

最后，矿山生产安全是特殊问题。每个国家都将安全生产提高到重要的高度，就是必须在保证劳动者的安全和健康的前提下方可进行生产。一旦突发安全事故就会导致整个矿山的关停生产，矿山企业在建设时就要严格考虑好安全与生产的关系。我们国家对安全生产工作非常重视，每一个矿山企业开采都经过有关部门的验收，而且责任到位，但还是避免不了事故的发生。矿山事故都是突发的，安全管理是每一个企业生产的命脉。无论是国有矿山还是乡镇开采的矿山都严重不足，一般地都投入了保证开采的基本建设资金，对于保证安全的投入资金普遍敷衍了事，导致安全管理和环境保护意识淡化、开采技术和设备不对等、现场管理人员混乱、职工安全培训不到位违章作业随时发生等。

现以煤炭企业和石油天然气开采企业为例分别加以说明。

（一）煤炭企业的生产经营与管理特点

煤炭企业是指依法取得法人资格，主要从事煤炭、焦炭及化工产品生产，在经济上实行自主经营、独立核算、自负盈亏的经济组织。目前，我国煤炭企业大体分为三类：第一类是国家投资建设，煤炭产品主要由国家指导分配的国有重点煤矿；第二类是地方财政投资建设，主要供地方用煤的国有地方煤矿；第三类是由乡镇集体或个人投资的乡镇煤矿。我国煤炭生产结构总体情况是：煤矿数量多，平均单井生产规模小，露天煤矿产量比重低。国有重点煤矿数量较少，生产规模大，生产相对集中。煤炭行业的构成分为两部分：一部分是煤炭采选业，主要指煤炭生产和洗选加工；另一部分是非煤产业，主要指煤炭工业企业单位从事煤炭采选业以外，不分隶属关系、企业性质、经营方式、生产经营规模大小的多种经营单位。我国煤炭资源贮藏丰富，属于国家所有，国家对煤炭开发实行统一规划、合理布局、综合利用的方针。煤炭企业的基本活动就是为社会提供优质的煤炭产品。煤炭产品的生产受地质条件、生产技术、生产组织、劳动组织、技术装备等因素的影响，其中受地质条件影响最大。煤炭企业与其他制造业企业相比，具有以下特点：

1. 煤炭生产过程复杂。煤炭生产一般分为掘进、回采、井下运输、通风、排水、井巷、设备维修、筛选加工、其他生产过程。露天矿生产一般分为剥离、排土、运输、线路维修、设备维修、排水、筛选加工和其他生产过程。煤炭生产是地下作业，生产环节多，工作地点不断移动，劳动强度大，劳动组织复杂，是多工种、多工序的连续性作业和多环节的综合性作业。

2. 煤炭生产属于危险性作业。生产条件变化大，经常受到地下水、火、瓦斯、煤尘、地温、地压等地下自然灾害的威胁，易发生各种安全事故。煤炭企业应当采取措施，加强劳动保护，为职工提供保障安全生产所需的劳动保护用品，保障职工的安全与健康，对地下作业的职工采取特殊保护措施。

3. 提升环节多、运输费用高。煤炭生产过程是大量煤炭、岩石的转移过程，从采掘工作面、大巷到井筒、提升运输环节多、费用高。

4. 煤炭生产是井下资源开采作业，生产场所不断移动，受自然条件影响很大，煤炭赋存的地质条件不同，生产工艺过程有较大的区别。

5. 煤炭生产投资大、周期长，生产准备需要花费较长的时间。故煤炭企业应当按照国家的有关规定，提取维持简单再生产费用和安全生产费用，提取的款项按国家规定的用途使用。

6. 煤炭属于不可再生资源，其开采对环境会带来不同程度的破坏，环保与污染治理工作十分重要。煤炭的开采、加工应当符合地质灾害防治和生态环境保护的要求，保护生态环境，防治污染。开采中造成地表土地塌陷、挖损的应由采矿者复垦，造成他人损失的，应当赔偿；从事煤炭生产的煤炭企业应按最终销售产品交纳水资源补偿费。

随着生产条件的变化、高技术的运用，社会经济的不断进步，对煤炭经济运行带来了深刻的变化：

1. 生产自动化程度越来越高。煤炭企业近几年在生产技术上发生了重大变革，其主要特征是生产者的自动化运用程度提高，计算机辅助设计、制造，生产安全监控技术投入，技术含量高的采掘机械广泛使用，在产量规模扩大的前提下，产品成本大幅度降低。

2. 产品个性化特征越来越明显。煤炭企业一直被认为是单一产品企业，地质赋存的资源决定着企业的发展。随着市场化进程的深入，每个客户对煤炭产品的性质要求不尽相同，企业根据客户对煤炭产品的特殊要求，经过采、洗、储后，进行资源的配置，量体裁衣，最终达到客户对产品的需求。近几年配煤技术不断发展，煤炭产品个性化特征变得很明显。对具有重要价值的主焦煤、活性炭原料煤以及含有镓、锗元素伴生煤等特殊稀缺煤种实行保护性开采，稀缺煤种实行专户供应。

3. 销售市场化范围越来越宽广。煤炭市场从单一计划经济走出后，呈现出丰富多彩的内涵。跨行业、跨地区扩大销售范围，一户一策的销售策略，依据成本制订的多样价格等诸多市场要素，要求我们利用成本的优势合理准确地反映出产品投入与产出的关系，在激烈的市场竞争中获取更多的份额。

4. 经营一体化进程越来越快。由于经济资源在一定区域中的流动和组合，资源的配置不再受体制、地区的限制。企业的重组实现了生产经营的区域化，企业的资本、人力、技术的流动化，使生产经营活动突破了空间的一定限制，可以使同样的资金投入取得的最佳经济效益，也使成本要素得到最佳配置。

5. 管理信息化交流越来越便捷。网络技术和数字计算技术大规模的应用，技术信息和管理信息相互结合，形成了有效的信息群。信息的生成、使用、交流能在极短的时间内完成，企业的决策者可以很快将信息尽在掌握中，对生产经营管理进行适时决策。

6. 国家提倡和支持煤炭企业和其他企业发展煤电联产、炼焦、煤化工、煤建材等进行煤炭的深加工和精加工，同时鼓励和扶持煤炭企业发展多种经营。国家鼓励煤炭企业发展煤炭洗选加工，综合开发利用煤层气、煤矸石、煤泥和泥炭。鼓励煤炭企业进行煤炭的深加工转化，推广洁净煤技术，提供多种煤炭产品，以适应市场需求，提高经济效益。

（二）石油天然气开采企业的生产经营与管理特点

一般认为，石油天然气采掘业指发现和移动位于地壳内的递耗性石油天然气自然资源的行业。这种采掘活动又有上下游之分。上游活动是指勘探、发现、取得和开发石油天然气储量直到能够开始被销售和使用之前的各种活动，利用开采设施将油气从井下提升到地面并进行必要的处理后销售给用户的过程也纳入上游活动范围之列；上游活动的生产经营特征明显区别于其他行业。而下游活动则是指对石油天然气进行炼制、加工、分配和销售的过程。

石油天然气生产活动具有以下特征：

1. 高风险性，与收益之间相关性较低。由此决定了石油天然气会计理论中成果法与完全成本法的分歧。油气行业投资量大，但却往往发现极小的矿藏甚至没有任何发现。这使采掘业形成两种不同的历史成本会计方法。

2. 投资与生产之间间隔时间长。在明确一个勘探和开发项目是否成功之前要经历较长时期，使投资无收益的可能性增加，与收益相关的成本更加难以确定。

3. 单个项目的成本较高。油气采掘业的项目都比较大而且成本相当高，这增加了那些已经资本化但被证实没有提供收益的成本对财务报表的潜在影响。油气田投入开采后，其产量因地下自然能量的不断减弱而逐渐下降，同时，随着开采的深化，开采成本都呈递增趋势。

4. 稀缺的不可重置资产。油气生产过程中可能发现的重置已耗竭储量与已耗竭储量相比，其数量、品质、开采成本以及其他特性都是不同的，这决定了企业是否能在任何地方或任何形式重置储量，也就带来了油气储量确认方面的核算问题。

5. 油气生产经营活动各阶段易重叠，该过程中发生的成本很难精确划分。这使成本如何分配成为主要问题。

二、采矿企业的成本核算对象的确定

前已述及，产品成本核算对象，应当根据生产类型与特点，结合成本管理的要求来确定。采矿企业可以参照制造企业确定产品成本核算对象。在实务中，企业一般以所采掘的各种产品作为其成本核算对象。因此，采矿企业一般按照所采掘的产品确定成本核算对象。

现以煤炭企业为例加以说明。煤炭企业的产品成本核算对象主要包括原（选）煤、洗煤和配煤。（1）原（选）煤，指煤矿生产出来的经过人工拣矸和筛选加工的煤炭产品，包括天然焦及劣质煤，但不包括低热值煤等；按碳化程度可进一步分为泥煤、褐煤、烟煤、无烟煤等。（2）洗煤，指矿井原（选）煤输送到洗煤厂后，经过破碎、洗选、脱水等生产过程，除掉煤中大部分矿物杂质后生产出来的煤炭产品。洗煤分离前成本以分离前产品为成本计算对象，分离后的成本以各品种等级煤作为计算对象。（3）配煤，指根据用户的特定需求将外购或自制的不同品质的煤炭产品混合加工配制后直接对外销售的煤炭产品。

煤炭行业具有危险性高、事故率多、易造成生态破坏、资源分布不平衡、建设投入大等特点，因此煤炭成本核算应该充分体现煤炭工业的特殊性。煤炭企业在生产经营和管理上的特点，直接影响和决定了煤炭企业成本会计核算具有不同于其他行业成本会计核算的特点。煤炭企业一般实行煤炭企业集团和所属的各分（子）公司两级会计核算体制，各分（子）公司等生产单位单独核算成本。煤炭生产具有一次性消耗材料少、周转使用材料多的特点，必须有计划地安排回收复用、修旧利废，节约消耗，降低成本。由于煤炭自然赋存条件不同，煤炭生产成本水平也高低不一。煤炭生产是地下作业，生产场所不断移动，采完一个工作面、采区就要转移到另一个新的地点。同时，煤炭生产受自然条件的制约，成本变化大。因此，煤炭企业采用分层次的成本核算，第一层是各区队、班组，包括采煤、掘进、机电、运输、通风、排水等；煤炭企业集团所属各分（子）公司，在区队定额成本的基础上，实行目标成本管理。

第二节 采矿企业产品成本核算项目和范围

一、采矿企业的产品成本核算范围

采矿企业的产品成本核算范围和项目一直是近年来备受关注的问题。由于其生产资料（矿产资源）具有不可再生的特点，其产品成本一般包括以下方面：

1. 构成产品的实体矿物质资源价款。不同于一般工业生产，采矿企业地下资源的取得是第一位的约束条件。矿产资源的取得，包括勘探、规划、设计等活动相关的必要费用支出，构成了煤炭产品生产的必要成本。

2. 为取得矿产品的实体矿物质而耗费的生产资料的价格。一般工业企业基本建设完成后就可以外购原材料进行连续生产。采矿企业则不同，建矿完成后，在开采过程中还需要不断地向外围扩展或向深层延伸，以开辟新的作业场所。采矿基建投资的持续性要求在生产经营过程中必须及时、足额地补偿维持简单再生产的费用，从而使得生产经营能够正常维持下去，应当计入产品成本。

3. 产品生产过程的生态保护与环境治理所耗费的必要支出。采矿通常在空中、地表、地下三个层面立体地破坏着生态环境，是引起环境污染的重要原因之一。因此，在整个生产过程中，必须不断地投入资金以保护环境、治理污染。这部分费用应当在成本构成中得到体现。值注意的是，根据《企业会计准则第 4 号——固定资产》应用指南的规定，弃置费用通常是企业在购置固定资产时或者在特定期间内出于生产存货以外的其他目的而使用有关固定资产时所产生的如拆卸、搬运和场地清理义务等支出。企业应当根据《企业会计准则第 13 号——或有事项》的规定，按照现值计算确定应计入固定资产成本的金额和相应的预计负债。有关资产的弃置费用，应当按照《企业会计准则第 27 号——石油天然气开采》的规定处理。企业在特定期间内由于使用有关固定资产生产存货而发生相关支出的，不属于解释中所称弃置费用，应当计入生产当期的生产成本或期间费用。

4. 产品生产全过程所使用劳动力价值的补偿费用。劳动力的再生产规律，要求在产品成本构成中要包括生产全过程所耗费的劳动力的价值，在现实中表现为职工薪酬。随着社会生产力的发展，再生产劳动力所需的生活资料和劳务的数量在不断增加，应充分在产品成本中得到体现和补偿。

5. 产品运销过程中所发生的生产性费用。采矿企业的生产具有系统性，从开始勘探、建矿，到生产、销售，直至闭井，构成了一个系统产业链条。在这一完整的生产过程中，为组织和管理厂（矿）采掘生产所发生的有关支出也应计入产品生产成本。

二、采矿企业的产品成本项目

采矿企业成本费用可划分为生产成本、管理费用、财务费用、销售费用等。

1. 生产成本，是指为了生产矿产和提供劳务而发生的直接和间接费用，包括直接材料、直接人工、其他直接支出和制造费用。采矿企业一般设置直接材料、燃料和动力、直接人工、间接费用等成本项目。

（1）直接材料，是指采掘生产过程中直接耗用的添加剂、催化剂、引发剂、助剂、触媒以及净化材料、包装物等。

（2）燃料和动力，是指采掘生产过程中直接耗用的各种固体、液体、气体燃料，以及水、电、汽、风、氮气、氧气等动力。

（3）直接人工，是指直接从事采矿生产人员的职工薪酬。

（4）间接费用，是指为组织和管理厂（矿）采掘生产所发生的职工薪酬、劳动保护费、固定资产折旧、无形资产摊销、保险费、办公费、环保费用、化（检）验计量费、设计制图费、停工损失、洗车费、转输费、科研试验费、信息系统维护费等。

2. 管理费用，是指行政管理部门为管理和组织经营活动发生的各项费用，包括公司经费、工会经费、劳动保险费、待业保险费、董事会费、咨询费、审计费、诉讼费、排污费、绿化费、税金、土地使用费、土地损失补偿费、技术转让费、技术开发费、无形资产摊销、开办费摊销、业务招待费、坏账损失、存货盘亏、损毁和报废以及其他管理费用。

3. 财务费用，是指企业为筹集资金而发生的各项费用，包括企业生产经营期间发生的利息支出、汇兑净损失、调剂外汇手续费、金融机构手续费以及筹资发生的其他财务费用等。

4. 销售费用，是指企业在销售产品、自制半成品和提供劳务等过程中发生的各项费用以及专设机构的各项经费，包括应由企业负担的运输费、装卸费、包装费、保险费、委托代销手续费、广告费、展览费、租赁费和销售服务费用、销售部门人员工资、职工福利费、差旅费、办公费、修理费、物资消耗、低值易耗品摊销以及其他费用。国内销售煤炭如为仓下交货，则一般不单独设置销售费用，有关费用支出计入管理费。外销产品如按离岸价计算销售费用，其销售费用应单独计入总成本中，不再按费用要素分解计算。

三、采矿企业产品成本核算的科目设置

采矿企业应按成本项目设置“生产成本”科目，其明细科目可以包括以下方面的内容：

1. 原料及主要材料，指直接用于生产产品，构成产品实体的各种原材料、自制及外购半成品。主要材料费用包括木材、支护用品、火工产品、大型材料、配件、专用工具以及劳保用品等费用。如铁精粉所用铁矿石、烧结球团所用铁精粉等。

2. 辅助材料，指直接用于产品生产，虽不能构成产品实体，但有助于产品形成的材料及备品备件等。如建工材料、油脂乳化液、采矿所用炸药、选矿所用钢球、烧结球团所用熔剂料等，还包括材料价差、材料节约奖。

3. 燃料，指在生产过程中消耗的各项能源物资，如煤、柴油等。

4. 动力，指在生产过程中消耗的各项介质性物资，如直接用于生产的水、电、风、汽等。

例如，电耗量依据项目设计提供的年总耗量，电价选用本矿区实际综合电力电价或临近矿井的实际综合电力电价计算，实际综合电力电价综合了基本电费、电度电费、力率奖罚、照明电费和电力附加费等。

5. 修理费。企业为了保证固定资产的正常使用年限，对固定资产进行修理而发生的费用。

矿产成本中的修理费用指项目设备及安装工程的大修理费用。项目设备及安装工程的中小修理费，井巷工程和土建工程的修理费均已按照费用要素分解计算在材料、动力、职工薪酬等费用要素中。

修理费按照设备及其安装工程的固定资产和提存率计算，公式如下：

修理费 = 设备及其安装工程固定资产原值 × 提存率

式中设备及其安装工程固定资产原值包括设备及其安装工程中的基建投资、基本预备费分摊、其他基本建设费（扣除无形资产）分摊和建设期利息分摊。租用租赁站的采掘设备，其租赁费已包括折旧、大修和管理费，故计提修理费的固定资产原值应将该部分固定资产原值扣除。

6. 直接职工薪酬，指为直接参加产品生产人员支付的各种形式报酬以及其他相关支出。

矿业成本职工薪酬可分为主要工资和其他职工薪酬两部分。主要工资指制造成本（生产成本）中的工资，也就是参与绩效的生产人员的工资、奖金、津贴和补贴；其他工资是指管理费用中的工资，即不参与绩效的生产人员以及部分服务人员及其他人员的工资。

计算成本工资，必须遵循以下原则：（1）成本工资是支付给全体职工的劳动报酬：不论是生产人员和非生产人员，不论是原固定职工、合同制职工、临时工和计划外员工，只要是参与采矿的生产职工，其工资均应计入成本工资中。（2）成本工资是支付给职工劳动报酬总额，凡不属于劳动报酬性质的开支，如劳动保险费、职工福利费、劳动保护费以及从其他成本项目中开支的费用，不应计入成本工资中。（3）成本工资由各种工资（包括计时工资、计件工资、加班工资及其他工资）、各种奖金、各种津贴构成。

成本中的职工福利费用总额，是指工资之外实际支付给职工个人和用于集体的福利费用。包括：（1）医疗卫生费，包括职工及其供养的直系亲属的医药费（含企业参加职工医疗保险缴纳的医疗保险费），医护人员工资、医务经费，职工因工负伤就医路费等。（2）职工生活困难补助费，是对生活困难的职工，实际支付的定期补助和临时性的补助。（3）集体福利事业的补贴，是对职工浴室、理发室、洗衣室、哺乳室、托儿所等集体福利设施各项支出与收入相抵后的差额补助费。（4）集体福利设施费，是按照国家规定开支的集体福利设施费用，如职工食堂炊事用具的购置、修理费用，职工宿舍的修缮费用等。不包括由企业职工自筹经费开支的职工福利设施的基本建设费用。

7. 外部委托生产费用，指把生产工序中的某个环节对外承包，按实际业务量结算的生产费用。

8. 安全生产费。《关于印发〈企业安全生产费用提取和使用管理办法〉的通知》（财企［2012］16号）规定，安全生产费用是指企业按照规定标准提取，在成本中列支，专门用于完善和改进企业或者项目安全生产条件的资金。

根据《高危行业企业安全生产费用财务管理暂行办法》（财企［2006］478号）第六条的规定：“矿山企业安全费用依据开采的原矿产

量按月提取。各类矿山原矿单位产量安全费用提取标准如下：（1）石油，每吨原油 17 元；（2）天然气，每千立方米原气 5 元；（3）金属矿山，其中露天矿山每吨 4 元，井下矿山每吨 8 元；（4）核工业矿山，每吨 22 元；（5）非金属矿山，其中露天矿山每吨（立方米）1 元，井下矿山每吨（立方米）2 元；（6）小型露天采石场，即年采剥总量 50 万吨以下，且最大开采高度不超过 50 米，产品用于建筑、铺路的山坡型露天采石场，每吨 0.5 元。原矿产量不含金属、非金属矿山尾矿库和废石场中用于综合利用的尾砂和低品位矿石。”第七条规定：“煤系及与煤共（伴）生的金属非金属矿山、水体下开采矿山、有自然发火可能性的矿山、在需要保护的建（构）筑物和铁路下面开采的矿山，以及其他对安全生产有特殊要求的矿山，经省级安全生产监督管理局会同财政厅（局）核准后，可以在本办法第六条规定的基础上提高提取标准，但增加的提取标准不得超过原提取标准的 50%。”第十一条规定：“中小型企业和大型企业上年末安全费用专户结余分别达到本企业上年度销售收入的 5% 和 2% 时，经当地县级以上安全生产监督管理部门商财政部门同意，企业本年度可以缓提或少提安全费用。”企业规模划分标准按照原国家经贸委、原国家计委、财政部、国家统计局《关于印发中小企业标准暂行规定的通知》（国经贸中小企［2003］143 号）和国家统计局《统计上大中小型企业划分办法（暂行）》（国统字［2003］17 号）规定执行。

企业应当按照《企业会计准则》的有关规定，对安全生产费用进行会计处理：（1）按照国家规定提取的安全生产费，应当计入相关产品的成本或当期损益，同时，记入“专项储备”科目。（2）企业使用提取的安全生产费时，属于费用性支出的，直接冲减专项储备。企业使用提取的安全生产费形成固定资产的，应当通过“在建工程”科目归集所发生的支出，待安全项目完工达到预定可使用状态时确认为固定资产；同时，按照形成固定资产的成本冲减专项储备，并确认相同金额的累计折旧。该固定资产在以后期间不再计提折旧。“专项储备”科目期末余额在资产负债表所有者权益项下“减：库存股”和“盈余公积”之间增设“专项储备”项目反映。企业应当按照国家有关规定，确定安全生产费的使用范围、专户核算、结余的用途等事项。

根据《企业安全生产费用提取和使用管理办法》规定：

煤炭生产企业安全费用应当按照以下范围使用：①煤与瓦斯突出及高瓦斯矿井落实“两个四位一体”综合防突措施支出，包括瓦斯区域预抽、保护层开采区域防灾措施、开展突出区域和局部预测、实施局部补充防突措施、更新改造防突设备和设施、建立突出防治实验室等支出。②煤矿安全生产改造和重大隐患治理支出，包括“一通三防”（通风、防瓦斯、防煤尘、防灭火）、防治水、供电、运输等系统设备改造和灾害治理工程，实施煤矿机械化改造，实施矿压（冲击地压）、热害、露天矿边坡治理、采空区治理等支出。③完善煤矿井下监测监控、人员定位、紧急避险、压风自救、供水施救和通信联络安全避险“六大系统”支出，应急救援技术装备、设施配置和维护保养支出，事故逃生和紧急避难设施设备的配置和应急演练支出。④开展重大危险和事故隐患评估、监控和整改支出。⑤安全生产检查、评价（不包括新建、改建、扩建项目安全评价）、咨询、标准化建设支出。⑥配备和更新现场作业人员安全防护用品支出。⑦安全生产宣传、教育、培训支出。⑧安全生产适用新技术、新标准、新工艺、新装备的推广应用支出。⑨安全设施下特种设备检测检验支出。⑩其他与安全生产直接相关的支出。

非煤矿山开采企业安全费用应当按照以下范围使用：①完善、改造和维护安全防护设施设备（不含“三同时”要求初期投入的安全设施）和重大安全隐患治理支出，包括矿山综合防尘、防灭火、防治水、危险气体监测、通风系统、支护及防治边帮滑坡设备、机电设备、供配电系统、运输（提升）系统和尾矿库等完善、改造和维护支出以及实施地压监测监控、露天矿边坡治理、采空区治理等支出。②完善非煤矿山监测监控、人员定位、紧急避险、压风自救、供水施救和通信联络等安全避险“六大系统”支出，完善尾矿库全过程在线监控系统和海上石油开采出海人员动态跟踪系统支出，应急救援技术装备、设施配置及维护保养支出，事故逃生和紧急避难设施设备的配置和应急演练支出。③开展重大危险源和事故隐患评估、监控和整改支出。④安全生产检查、评价（不包括新建、改建、扩建项目安全评价）、咨询、标准化建设支出。⑤配备和更新现场作业人员安全防护用品支出。⑥安全生产宣传、教育、培训支出。⑦安全生产适用的新技术、新标准、新工艺、新装备的推广应用支出。⑧安全设施及特种设备检测检验支出。⑨尾矿库闭库及闭库后维护费用支出。⑩地质勘探单位野外应急食品、应急器械、应急药品支出；其他与安全生产直接相关的支出。

在规定的使用范围内，企业应当将安全费用优先用于满足安全生产监督管理部门、煤矿安全监察机构以及行业主管部门对企业安全生产提出的整改措施或者达到安全生产标准所需的支出。

企业提取的安全费用应当专户核算，按规定范围安排使用，不得挤占、挪用。年度结余资金结转下年度继续使用，当年计提安全费用不足的，超出部分按正常成本费用渠道列支。企业上年年末安全费用结余达到本企业上年度营业收入的一定比例时，经当地县级以上安全生产监督管理部门商财政部门同意，企业本年度可以缓提或者少提安全费用。矿山企业转产、停产、停业或者解散的，应当将安全费用结余转入矿山闭坑安全保障基金，用于矿山闭坑、尾矿库闭库后可能的危害治理和损失赔偿。

9. 维简费，指维持煤矿原有生产规模的简单再生产所需进行的诸如技术措施、安全措施、提高煤质、节能等工程费用，以及50户以上民房拆迁费等。其中有相当于固定资产折旧性质的部分，也有相当于直接计入经营成本的部分。从长远看，维简费不须在原煤成本中单列，应按实际发生数额计入成本的有关项目中。目前生产矿井仍按原煤炭部、财政部有关规定计算维简费。

维简费是原煤成本构成的一个独立的费用要素，在项目经济评价及原煤成本计算时，为了计算方便将维简费计算标准的50%纳入经营成本，计入其他支出；维简费计算标准的另外50%作为固定资产折旧性质的费用，单独列项计入维简费项目。

根据《财政部国家发展改革委煤矿安全监察局关于印发〈煤炭生产安全费用提取和使用管理办法〉和〈关于规范煤矿维简费管理问题的若干规定〉的通知》（财建［2004］119号）的规定，煤矿维简费，是指我国境内所有煤炭生产企业（以下简称企业）从成本中提取，专项用于维持简单再生产的资金。企业应当按照企业会计准则的有关规定，比照安全生产费的会计处理，对维简费进行会计处理。企业应当按照国家有关规定，确定维简费的使用范围。

《关于规范煤矿维简费管理问题的若干规定》中指出：煤矿维简费用于煤矿生产正常接续的开拓延深、技术改造等，以确保矿井持续稳定和安全生产，提高效率。具体使用范围是：①矿井（露天）开拓延深工程；②矿井（露天）技术改造；③煤矿固定资产更新、改造和固定资产零星购置；④矿区生产补充勘探；⑤综合利用和“三废”治理支出；⑥大型煤矿一次拆迁民房50户以上的费用和中小煤矿采矿范围的搬迁赔偿；⑦矿井新技术的推广；⑧小型矿井的改造联合工程。

10. 资源费，与生产直接相关的资源使用费和税费，是开采矿体的原始成本，包括矿业权价款、资源税等。如果企业生产的原矿直接对外销售，应缴资源税记入“营业税金及附加”科目。

11. 地面塌陷赔偿费。煤矿进行生产而引起民用地的塌陷所应支付的费用（包括青苗赔偿费）和按合同规定一次50户一下的民用拆迁赔偿费，应计入原煤成本的地面塌陷赔偿费。原煤成本中地面塌陷赔偿费应根据矿井的实际情况，参考邻近矿区或矿井的调查资料以及建设单位提供的资料计算。

12. 制造费用，指各生产单位为组织生产和进行管理而发生的非直接生产费用。

第三节　采矿企业产品成本归集、分配和结转

一、产品成本归集、分配和结转应遵循的基本原则

新成本会计核算制度第 44 条规定，采矿企业应当比照制造企业对产品成本进行归集、分配和结转。

二、采矿企业进行成本计算时需注意的问题

1. 矿井开采条件恶化需增加成本费用。矿井达到设计产量后，由于开采工作面的推进，采区接续、矿井延伸等原因使开采高度加大，矿井巷道总长度增加，同时井下水、瓦斯、地温、地压也相应增大，使生产中提升、运输、排水、通风、压风、供电、巷道维修等费用越来越高。随着开采工作面和采区的推进，地面塌陷赔偿费、复耕费也将逐年增加，形成矿井成本的增加趋势。

矿井达到设计产量后，随着技术进步和管理水平的提高，成本也会有降低的趋势。

在计算矿井开采条件恶化需增加成本费用时，还要考虑到由于技术进步和管理水平提高所降低成本的因素，即计算净增加成本的费用。

2. 矿井投产 10 年后不再计算无形资产及长期待摊费用摊销。

3. 更新的固定资产不再计算建设期利息，但要按更新后的固定资产原值计提折旧费。

三、与采矿企业会计准则的内容衔接

煤炭勘探支出是指为了寻找具有商业开采价值的煤炭资源而进行的地质勘探支出，以及为研究煤炭资源开采的可行性而发生的相关活动支出。我国 2006 年颁布的《企业会计准则第 27 号——石油天然气开采》（以下简称 CAS27）对石油、天然气勘探的会计处理作出了具体规定，但没有对作为我国三大能源之首的煤炭出台相关会计准则，对这部分支出如何进行会计处理没有作出新规定，煤炭开采企业仍执行 1991 年能源部颁发的《煤炭工业企业会计核算办

法》，但已不适应新形势要求。虽然 CAS27 规定了石油天然气开采企业勘探支出的会计处理，但由于煤炭开采企业的勘探风险与石油天然气开采企业存在差异，难以比照执行，造成会计实务中的诸多不便。

《矿产资源法》规定，煤炭探矿权人只有在依法取得煤炭勘探许可证后，才能对勘探区块范围内的煤炭进行勘探。因此，我国煤炭开采企业的勘探活动只能发生在矿区取得之后。根据煤炭资源勘探的特点与煤炭工业基本建设程序相适应的原则，我国将煤炭地质勘探的程序划分为预查、普查、详查和精查四个阶段，前期的预查、普查和必要详查主要由国家投资完成，我国煤炭开采企业只需要进行矿区详查、井田精查。此外，煤炭开采企业在煤矿设计、建设和开采过程中根据需要还要进行生产补充勘探。通过上述分析，应将勘探阶段界定为煤炭开采企业取得矿业权后对矿产资源的详查和精查，以及生产补充勘探。

油气开采是高风险高投入的生产活动，油气资产本身又是不可再生资源，因此油气开采活动的会计处理必然有其鲜明的自身特点。油气生产企业除了从事开采这种上游活动外，还有一些下游活动，因此，CAS27 只涵盖了油气开采各阶段的会计处理，对于油气的储运、炼制、销售等下游活动则由其他相关规则来规范。内容涉及矿区权益的会计处理：矿区权益的取得、折耗、减值、转让、未探明矿区转变为探明矿区；油气开发的会计处理：钻前准备支出、井的设备购置和建造支出、购建提高采收率而发生的支出、购建矿区内集输设备等的支出；油气生产的会计处理：井及相关设备的损耗的计提、相关设备按照固定资产准则处理、井及相关设备的减值，按照资产减值准则处理。根据 CAS 27 及其应用指南的规定，我国的油气公司应该采用成果法对勘探支出进行资本化。境外对油气资产的计量模式是历史成本加标准化计量和储量确认会计。明确了油气资产的计量模式，按照历史成本归集、确认矿区权益和井及相关设施的成本，同时辅之以特殊的披露要求。根据国际惯例，石油天然气开采核算方法有成果法与完全成本法。成果法是只对直接导致取得、发现和开发探明储量的、发生于寻找、取得和开发石油和天然气储量的成本进行资本化处理，所有其他成本在发生时则计入费用。完全成本法则将发生于寻找、取得和开采石油和天然气储量的全部成本全部资本化。

一般来讲，矿业权包括探矿权与采矿权，是油气资源所有权派生出的一种使用权，是资源所有者以有偿方式赋予探矿者或采矿者的权利。矿业权转让中涉及的会计问题包括货币性转让与非货币性转让，主要问题是转让中损益的确认。对此，CAS 27 明确指出，转让全部探明矿区权益的，将转让所得与矿区权益账面价值的差额计入当期损益；转让部分探明矿区权益的，按照转让权益和保留权益的公允价值比例，计算确定已转让部分矿区权益账面价值，转让所得与已转让矿区权益账面价值的差额计入当期损益。油气公司取得的矿区权益，其价值是会发生变化的，出于会计谨慎性的考虑，我们应更加关注矿区权益的减值，它包括探明矿区权益的减值和未探明矿区权益的减值。探明矿区权益的减值是指探明矿区权益的可收回金额低于其账面价值。探明矿区权益的减值，按照《企业会计准则第 8 号——资产减值》处理。未探明矿区权益的减值是指未探明矿区权益的可收回金额低于其账面价值。根据 CAS 27 及其应用指南的解释，对于未探明矿区权益，应当至少每年进行一次减值测试。单个矿区取得成本较大的，应当以单个矿区为基础进行减值测试，并确定未探明矿区权益减值金额；单个矿区取得成本较小且与其他相邻矿区具有相同或类似地质构造特征或储层条件的，可按照若干具有相同或类似地质构造特征或储层条件的相邻矿区所组成的矿区组进行减值测试。

按照 CAS 27 的规定和应用指南的解释，企业应当采用产量法或平均年限法对油气资产计提折耗。对于油气资产折耗的计提，如果油气企业各期间油气产量相对比较稳定，按照产量法与按照年限平均法计提的油气资产折耗相差不大，企业可以按照自己的情况任意选择其中一种进行核算；如果各期间油气产量差异较大，则产量法能够更准确地反映油气资产在报告期间的消耗。CAS 27 以及应用指南规定了产量法，同时也允许平均年限法。企业无论采用产量法还是平均年限法，一经确定不得随意变更。

法律规定或合同约定企业需要承担矿区废弃处置义务的，且该义务的金额能够可靠计量的，应当将该义务确认为负债，并相应增加井及相关设施的账面价值。企业的矿区废弃处置义务，满足预计负债确认条件的，按照或有事项准则进行处理；不符合的，计入当期损益。没有将废弃处置义务确认为负债的，在废弃时发生的拆卸、搬移、场地清理等支出，应当计入当期损益。与其他行业相比，一般而言，石油企业为油气生产建造的各类设施的规模大，生产结束时拆除设施和恢复场地的费用也大，为了客观真实地反映每期的损益情况，提取弃置支出准备成为必要。

储量及其价值是石油天然气公司最有用的信息。油气采掘的特殊性导致了发现成本与发现价值的脱离，使历史成本信息的相关性降低，这样，财务会计报告中需要有大量的补充信息来揭示发现价值。比如：商业储量的数量与价值信息；有关在发现、取得和开发商业储量过程中所发生的成本，以及相关的资本化成本方面的信息；与上游活动相关的非财务信息，等等。CAS 27 指出，该准则适用于石油天然气企业从事的矿区权益取得、勘探、开发和生产等油气开采活动的会计处理和相关信息披露。企业应该在会计附注中披露：拥有国内和国外油气储量年初、年末数；当期在国内和国外发生的矿区权益的取得、油气勘探和油气开发各项支出的总额；探明矿区权益、井及相关设施的账面原值，累计折耗和减值准备累计金额及其计提方法；与油气开采活动相关的辅助设施的账面原值、累计折旧和减值准备累计金额及其计提方法。

CAS 27 对于类似石油天然气开采的其他采掘业，也提供了参考。当然，CAS 27 中对新矿区勘探资金的来源（补偿）问题、对成功探井的判断标准问题、对矿区组的界定问题、对油田维护费用的取得问题、信息披露中并没有反映出为投资者提供未来信息问题，以及 CAS 27 与各个油气核算单位现行的核算方法之间如何对接问题等，还缺乏清楚的解释。

本章小结

本章主要介绍了采矿企业的成本核算与计算。采矿企业成本核算与制造业相似，根据采矿企业的特点，一般应按照所采掘的产品确定成本核算对象。采矿企业一般应设置直接材料、燃料和动力、直接人工、间接费用等成本项目。(1) 直接材料，是指采掘生产过程中直接耗用的添加剂、催化剂、引发剂、助剂、触媒以及净化材料、包装物等。(2) 燃料和动力，是指采掘生产过程中直接耗用的各种固体、液体、气体燃料，以及水、电、汽、风、氮气、氧气等动力。(3) 直接人工，是指直接从事采矿生产人员的职工薪酬。(4) 间接费用，是指为组织和管理厂（矿）采掘生产所发生的职工薪酬、劳动保护费、固定资产折旧、无形资产摊销、保险费、办公费、环保费用、化（检）验计量费、设计制图费、停工损失、洗车费、转输费、科研试验费、信息系统维护费等。

采矿企业应当比照制造企业对产品成本进行归集、分配和结转。采矿企业的安全生产费用和维简费非常特殊，企业应当按照《企业会计准则》和《关于印发〈企业安全生产费用提取和使用管理办法〉的通知》(财企［2012］16 号) 等有关规定，对安全生产费用和维简费进行会计处理。

此外，本章还重点介绍了计算采矿成本时需注意的若干问题。

第八章　交通运输、仓储、邮政业企业产品成本核算

★★ 小案例 ★★

铁路运输业宜引入作业成本法，实施价值链成本管理①

长期以来，我国铁路都被视为国民经济大动脉，属于国民经济基础产业，也是第三产业。铁路运输业的主要活动是实现旅客、货物的“位移”。因此，铁路运输业的产品具有“无形性”特征。为了提供完整的“产品”，铁路运输业必须投入相应的固定设备，如铁路线路、信号设备、电气化区段的牵引供电线路等，以及相应的移动设备，如动力牵引用机车、客货车辆等。铁路运输业的行业特征，可分别从生产特性和经营特性两方面加以说明。（1）生产特性：一是生产周期在空间上的瞬变性。铁路的生产周期就是将旅客或货物从一个地点运送到另一个地点的完整过程。生产周期不是在固定空间内完成，且周期长短不同。因此，铁路运输业具有十分明显的生产周期在空间上的瞬时变化性。二是相邻生产过程的作业相同性。相邻技术站和分界点所从事的生产作业基本相同，都是卸车、排空、装车，或者车辆到达、编解、发送，或者办理信号闭塞、准备列车进路、开闭信号等。由于生产过程是“位移”，无需对旅客、货物进行“变形”，生产者没有必要掌握复杂的技术，但对实现“位移”质量的单一技术和众多的规定却要十分谙熟。三是

① 王华：“基于价值链管理的作业成本法研究”，东南大学会计学硕士学位论文打印稿，2005 年。

资产的流动性。实现客货运输的主要载运设备是机车、客货车，机车和客车都有相对固定的运行线路，但货车却在整个铁路网内流动。四是生产场地的延展性。生产场地是通过铁路线路连接起来的整个铁路网。五是工作配合的广泛性。铁路运输业内部各运营部门之间，包括车务、机务、车辆、工务、电务等。(2) 铁路运输业具有以下经营特性：一是协调联动的复杂性。安全、准时、完整送达旅客、货物一直是铁路运输追求的目标。二是运行时效的严肃性。列车的编组、机车的整备、车辆的技术作业等运营活动时效性非常严格。三是成本动因的广泛性。我国铁路运输业现阶段仍属于“劳动密集型”产业，人员众多。同时，资产总量庞大，要完成完整的客货“位移”需要的作业环节十分复杂。每个作业环节都直接或间接地耗费着人工费、原材料、燃料、各种零配件等，都是产生成本的直接或间接动因。铁路公司是利用铁路运输设备从事旅客和货物运输的企业，其运输生产活动是许多中间价值活动的集合体，要使用必要的原材料、燃料、电力和人工。这些投入是列车始发作业、正线运营、编组站解编、终点站到达作业和其他服务等中间价值活动产生的资源耗费。将中间价值活动结合起来，即为铁路公司内部价值链的主要部分。对铁路公司价值活动的识别，旨在对价值链上的各种活动进行分类，使原本单一的价值活动多元化、动态化。铁路运输生产活动具有高度的连续性，组织货物装卸、旅客乘降和列车安全运行，需要很多作业环节协同配合。(1) 按价值活动与铁路公司的最终产品的关系来分类。基础价值活动：旅客发送、旅客列车服务；货物装卸、发送；机车、车辆、线路等运输设备的维修；为运输设备维修而采购零配件、零配件存储、分配；运输市场调查；旅客意见处理及赔偿、货主意见处理及货物损失赔偿、运输调度指挥、安全管理等等。支持价值活动：零配件采购管理、科研活动、劳动人事管理、基础结构（包括财务会计管理、计划统计管理、法律服务等）。(2) 按价值活动在不同部分的分工来分类。从事直接价值活动的部门主要是车务（车站）、机务、车辆、工务、电务、列车服务等；从事间接价值活动的部门主要是行政管理、通信、水电供应、生产用房屋建筑物维护等。这些部门价值活动就是铁路公司所属不同业务单元的价值链体系。(3) 按价值活动服务的对象来分类。可以分为为旅客创造价值的客运系统价值活动和为货主创造价值的货运价值活动两大类。企业整体价值链包括运输市场调查、运力准备、运输组织、后续服务四个环节。业务单元价值链包括客运、货运两个部分。对铁路公司价值活动的分解，以多大的范围为宜，要根据不同层次的战略管理目的的需要而定。比如，在运行作业的机车作业中，还应进一步分为机车运行作业和机车修理作业两部分，其中：货运机车运行作业又是由本务机车、重联机车、补机和单机等的整备、运行作业构成；货运机车修理作业包括机车小修、中修、大修、机车技术措施、轮对修理等作业。货运业务单元内部价值链包括发送作业（发送货物作业、发送调车作业）、运行作业（机车作业、车辆作业、工务作业、信号作业、车站运转作业）、中转作业（编组站和非编组站调车、零担和集装箱中转）、到达作业（货物到达作业、货物调车作业）。

对比传统的成本管理和按价值链成本管理两种方法便不难发现，传统成本管理按会计要素进行成本归集分类，按价值活动确定成本则根据具体价值活动对各种资源的耗费来归集。而将该项货运业务发生的总成本按价值活动进行分摊后，便为价值活动的成本耗费分析创造了条件。比如，机车运行作业耗费成本由以下价值活动形成：机车及供电设备折旧、支付机车司乘人员的工资及福利性待遇、机车运行过程中的牵引等。通过价值链分析，既可确定价值链有哪些，还知道了各个价值链处于何种分布状态，是否有待改进，以及在整个行业价值链中的位置，并将价值活动的资源耗费与其对产品的贡献进行比较，确定其发生的合理性，进而决定是对其进行消除还是改进。当然，在实践工作中，不可能每一个价值链都有降低资源耗费水平的潜力，也不可能都有降低资源耗费的条件。只要有利于成本动因分析，铁路公司的内部价值链可以进一步进行划分，通过分析让企业所有的不同岗位的职工知道自己所进行的作业活动，哪些是有效的、哪些是无效的、哪些是可以改进的，直至所有作业过程都是高效并且创造价值的活动。作业活动（价值链）分解得越细，降低资源耗费的潜力就挖掘得越彻底。由于我国铁路运力紧张等客观原因，铁路公司的纵向价值链集中在后向价值链，即供应商，前向价值链，即旅客和货主的活动对铁路公司的影响相对较小。铁路公司的供应商主要包括：机车、车辆、线路等运输设施设备维修所需的原材料、零配件供应商；电力机车运行用电；内燃机车、空调客车运行用柴油。目前，原材料、电力和燃料等三大项成本在该局运输总成本所占比重达到28%。在条件允许的情况下，为了获取供应商价值链成本优势，铁路公司应该从以下几个方面着手：一是充分利用材料物资采购量大的优势，在与供应商的价格谈判中增强讨价还价的能力，在保证质量的前提下力争得到供应商的商业折扣，特别是在部分原材料处于“买方市场”时，更应抓住市场机遇，签定长期供应协议；二是充分利用铁路公司自身的存量资产，自行组建原材料生产基地，对技术含量不高、投入不大的普通原材料宜采取此种方式，既可盘货存量资产，又降低了原材料采购成本；三是与供应商组建后向联盟，与供应商签定战略合作协议，形成长期稳定的伙伴关系；四是对具有市场潜力的供应商进行兼并或收购；五是充分利用网络技术，通过在线市场，既可更多地了解不同供应商的情况，还可以减少与供应商的谈判成本，因为供应商的各种成本最终都是通过产品转移并由购买者承担。比如，占铁路公司运输总支出7%的电费支出，是分别由铁路公司管内各地方供电企业供应。电力来源各不相同，有水电企业提供的电力，也有火电企业提供的电力。尽管铁路公司纵向价值链中前向价值链对获取成本优势的影响较小，但扩大运输市场份额，增运增收本身是降低成本（固定成本）的变相表现形式。为此，有两个因素值得关注：其一是技术装备水平。只有运用高科技手段提高运输装备水平，提高运行速度，特别是旅客列车的舒适度，才能吸引客流和货主。这是提高铁路公司服务质量的硬件基础。其二是服务质量。运输成本与服务质量相互制约。一般来说，提高服务质量有可能显著增加运输收入。维系特定的服务质量标准，需要支付成本，这种制约关系使服务质量成本成为影响运输成本的重要因素。比如，根据对旅客和货主需求的调查，以现有的运输技术条件和允许的成本水平，设计出应达到的车站办理运输作业环境、行包和货物运输效率、运输安全、运输正点率、运输服务项目、延伸服务的领会和满意度等等。这些都为争取潜在客流和货主创造了条件。处于同一竞争环境中的行业竞争者之间的价值链往往存在很大的差异，使得对竞争对手之间的相对成本地位的评价变得十分复杂。铁路公司在客货运输市场上的竞争对手包括公路运输企业、水陆运输企业、航空公司以及其他铁路公司。由于公路运输企业、水路运输企业和航空公司在运输方式和作业内容上与铁路运输企业存在较大差异，因此，铁路公司应以其他铁路运输企业作为竞争者，并进行价值链分析。要找出自身价值活动耗费成本与竞争者之间的差异，铁路公司应将相同价值活动的作业效率、供应商、基础结构等三个方面作为重点。

第一节　交通运输、仓储、邮政业企业产品成本核算对象

一、交通运输、仓储、邮政业的经营与管理特点

交通运输企业包括从事远洋、沿海、内河、公路运输企业，海河港口仓储企业，外轮代理企业，以及城市公共汽（电）车、出租汽车、轮渡等企业。与制造业企业相比，运输企业的生产经营过程具有较显著的特点，主要表现在：产品是货物和旅客的位移，并不会产生新的实物形态的产品；产品的生产和消费过程同时进行，当运输过程结束时，满足了运输对象的要求，也就完成了其消费过程；生产过程具有分散性和流动性，运输生产过程的运动方向很分散，线长点多，且始终在一个广阔的空间内不停流动；各种运输方

式之间具有较强的替代性，铁路、公路、水路、航空等各种运输方式具有不同的特点和优势；由于地点分散、横向跨度大、流动性强，因此产生大量的国内、国际结算业务。

与制造业企业相比，交通运输、仓储、邮政业企业的生产经营过程具有其明显的特征：制造业企业的生产经营过程包括供应、生产和销售三个环节；而交通运输、仓储、邮政业企业的经营过程主要包括供应过程和营运过程，没有与生产过程相脱离而独立存在的销售过程。

二、交通运输、仓储、邮政业企业成本核算特点

与前述生产经营特点相匹配，交通运输企业在产品成本核算对象方面具有多样性。交通运输企业营运过程的直接结果是转移客货的空间位移以及与此相关的业务，不存在对生产对象的直接加工。因此，交通运输企业的成本核算对象是其经营的各类业务，以及构成各类业务的具体业务。另外，运输企业的运输工具及设备，由于厂牌、型号不同，以及运行线路、航次等不同，对成本水平会产生较大影响。为了加强成本管理，寻求降低成本的途径，应以运输工具及其运行情况等作为成本核算对象，这是运输企业成本核算对象上的特点。

可见，交通运输业的运营，对于工作条件与运输、装卸的要求各不相同，差异很大，对于不同的运输对象、运输方式、运输线路，完成同一项业务的耗费是不同的，存在很大差别。因此，应根据成本核算和成本控制的需要，综合考虑来确定成本核算对象。除核算旅客周转量成本、货物周转量成本、装卸成本之外，尚需核算货种运输成本、航线运输成本、航次运输成本、单车（或单船、单机）运输成本、分作业过程运输成本、分货种装卸成本等。交通运输企业根据以上成本核算和控制需要确定成本核算对象。

三、交通运输、仓储、邮政业企业产品成本核算方法

交通运输企业以运输工具从事货物、旅客的运输，一般按照航线、航次、单船（机）、基层站段等确定成本核算对象；从事货物

等装卸业务的，可以按照货物、成本责任部门、作业场所等确定成本核算对象；从事仓储、堆存业务的，一般按照码头、仓库、堆场、油罐、筒仓、货棚或主要货物的科类、成本责任中心等确定成本核算对象。

（一）交通运输企业

1. 铁路运输企业

铁路运输企业应对一定时期内发生的费用按一定成本核算对象汇集，以核算其运输总成本和单位成本。铁路运输成本核算以客货运输业务作为成本核算对象。其计量单位分别为：客运成本的核算单位是千人公里，货运成本的计量单位是千吨公里。铁路运输成本一般按年或按季进行核算。

2. 汽车运输企业

汽车运输的显著特点是服务上的灵活性。具体表现在：在空间上，可以实现到门运输；在时间上，可以实现及时运输；在运货批量上，起运的批量为最小；运行条件比较容易实现，汽车运输可以在不同等级的公路上运行，甚至在等级外的公路乃至乡村便道都可以进行。

汽车运输企业的成本核算对象是客运业务和货运业务。可对客运和货运分别核算成本。为了使成本核算资料更加明细，还可以在客运货运下按不同的车型设置明细账进行明细核算。汽车运输成本核算以“千人公里”或“千吨公里”为成本核算单位。汽车运输企业应定期在每月末核算成本。

3. 水运企业

水运企业包括从事内河、海洋旅客、货物运输业务的水上运输企业。水运企业成本核算对象通常包括单船的航次、航线、业务类型（客运、货运业务）等，具体为：（1）运输综合业务：以企业的旅客、货物运输业务为成本核算对象。（2）客、货运的运输业务：以客运、货运（包括集装箱、干散货、油运、排运等）业务为成本核算对象。（3）单船（或船舶类型）成本：以不同的船舶

（或船舶类型）的运输业务为成本核算对象。(4) 航次运输业务成本：以经营船舶航次的运输业务为成本核算对象。(5) 航线运输业务成本：以经营船舶航行的不同区域、线路的运输业务为成本核算对象。

关于成本核算期，内河运输业务一般以会计期作为成本核算期，海洋运输业务应以航次作为成本核算期。

作为成本核算期的航次，是指一个载货（客）单程航次。若单程空航，则以一个往返航次为一个成本核算期。航次时间的划分，依据运输生产统计办法的规定。

企业应按会计期间汇总核算运输业务成本。以航次作为成本核算期的，自航次开始日起至结束日止航次期内所发生的全部营运支出，一般核算为各航次结束日所在会计期的成本。

（二）装卸、堆存、仓储业务

1. 装卸业务

装卸业务以货物装卸业务为成本核算对象。装卸成本核算单位为"千自然吨"，也可为"千操作吨"、"千吞吐吨"。集装箱装卸成本核算单位可采用"TEU"和"千吨"两种（1 TEU = 10 吞吐吨）。

企业根据管理的需要，还可以将主要货物种类、装卸操作过程、成本责任部门、作业场所等作为成本核算对象：(1) 将煤炭、石油、矿石、散化肥、木材、粮食、集装箱、杂货等主要货种的装卸业务作为成本核算对象。(2) 根据装卸费率结构，将分货种分操作过程的装卸业务作为成本核算对象。(3) 将装卸队、机械队等成本责任部门的装卸业务作为成本核算对象。(4) 将码头、泊位等作业场所的装卸业务作为成本核算对象。

2. 堆存业务

以仓库、堆场、油罐、筒仓、货棚等的货物堆存业务作为成本核算对象。堆存成本核算单位为"千堆存吨天"。

3. 仓储业务

一般以码头、仓库、货棚等确定成本核算对象。

（三）邮政业务

邮政业企业承担运输任务，往往不是全部由一个运输企业完成的，通常有大量的国际和国内运输收入结算事项。在邮政业企业的采购过程中，企业购买燃料和材料；在营运过程中，企业要发生固定资产折旧、燃料消耗、职工薪酬和其他各项相关费用，它们构成运输、装卸等营运业务的成本。在这个过程中，储备资金转化为生产资金，收回货币资金，并形成运输、装卸等业务的营运收入。营运收入减去营运成本，即为企业的净收入。扣除税金上交国家财政之后的部分按规定提取公积金，并向股东分配。民用航空运输企业的成本核算，要反映运输过程中各个方面的生产要素的消耗，以航线、机型等为成本核算对象。

邮政业企业产品成本体现为运输工具——飞机的消耗及营运过程中的管理组用，其中主要为与飞机运输有关的消耗。因此邮政企业的产品成本核算对象一般按照航线、单机等确定。

对于邮政业企业而言，各航段的起讫点（技术经停点除外）都在国内的航线称为国内航线；航线中任意一个起讫点（技术经停点除外）在外国领土上或在我国香港、澳门地区的航线相应称为国际航线、香港航线、澳门航线。经港澳地区飞往外国的航线统称为国际航线。国际航线国内段统称为国内航线。

由于一家邮政业企业往往拥有几种不同型号的飞机，而飞机型号不同，其经济技术性能也就不同，由此决定其消耗自然不同，因此在核算成本时，还要区分不同型号的飞机。邮政业企业的单位成本表示为“某机型每吨公里（或飞行小时）成本”。

第二节 交通运输、仓储、邮政业企业产品成本核算项目和范围

一、交通运输、仓储、邮政业企业产品成本核算范围

交通运输、仓储、邮政业企业产品成本核算的主要特点体现为：企业为了完成运输生产需要发生各项运营支出，形成营运成本。在企业营运成本的构成中，没有像工业产品成本那样具有构成产品实体并占相当高的比重的原材料和主要材料，而多是与运输工具使用有关的费用，如燃料、折旧等支出；同时，仓储、集装箱运输、航空运输等也属于资本密集型行业，固定资产折旧和无形资产（主要是土地使用权）摊销占据了产品成本相当大的比重。

在交通运输、仓储、邮政业企业的成本费用中，固定资产折旧费、保险费，以及其他为保持运载工具与设施正常营运状态而发生的费用等设备性费用相对较多，这些设备性费用以及一些生产人员如船员的职工薪酬等，都属于与生产量没有直接关系的固定性费用。营运过程中的燃材料消耗，也不是与生产量直接相关的变动性费用，例如，航运企业船舶运输耗用的燃料，仅属于与航次相关的变动性费用，而不属于与运输量直接相关的变动费用；并且船舶在港发生的吨税、船舶港务费、灯塔费、引航费、拖轮费、码头费、系缆费、停泊费、检疫费等港口使用费，都是属于与航次相关的变动性费用，而与运输量并不直接相关。在交通运输业的成本费用中，与生产量直接相关的变动性费用相对较少，这与工业产品的成本费用结构具有较大差别。

二、交通运输、仓储、邮政业企业产品成本核算项目

交通运输、仓储、邮政业企业通常应按照经济用途设置营运费用、运输工具固定费用与非营运期间费用等成本项目，反映相关成本要素。

营运费用，是指企业在货物或旅客运输、装卸、堆存过程中发

生的营运费用，包括货物费、港口费、起降及停机费、中转费、过桥过路费、燃料和动力、航次租船费、安全救生费、护航费、装卸整理费、堆存费等。铁路运输企业的营运费用还包括线路等相关设施的维护费等。

运输工具固定费用，是指运输工具的固定费用和共同费用等，包括检验检疫费、车船税、劳动保护费、固定资产折旧、租赁费、备件配件、保险费、驾驶及相关操作人员薪酬及其伙食费等。共同费用，是指为企业所有运输工具共同受益，但不能分别运输工具直接负担，需经过分配由各运输工具负担的费用。

非营运期间费用，是指受不可抗力制约或行业惯例等原因暂停营运期间发生的有关费用等。

（一）交通运输企业产品成本核算项目

1. 铁路运输企业

铁路运输成本是指企业直接为运输旅客、货物发生的耗费。费用是指企业一定期间生产经营管理活动所发生的经济利益的流出。铁路运输成本、费用实行铁路总公司、铁路运输企业、基层站段分级管理责任制。

铁路运输生产经营过程中发生的各种耗费，按其经济用途划分为主营业务成本、期间费用（包括管理费用、财务费用）和营业外支出，共同构成运输总成本。主营业务成本是企业运输生产过程中发生的与运输生产有关的各项耗费，主要包括：

（1）运输生产人员及运输生产单位管理、服务人员的职工薪酬；

（2）按规定计提的运输生产用及运输生产单位用固定资产折旧；

（3）为了恢复固定资产原有性能和生产能力，对固定资产进行周期性大修理支出，包括成段更换钢轨、轨枕、道岔及成段清筛道床的支出，为消除路基、桥梁、隧道的严重病害进行的局部支出，灾害复旧支出，机车车辆和大型养路机械及其大部件的大修理支出，其他设备的大修理支出；

（4）设备运用、养护耗费的材料、燃料、电力、配件、工具备品和其他支出，配件支出，生产场所用煤、水、电及生产用杂费；

（5）运输生产人员及运输生产单位管理、服务人员的办公费、差旅费、劳动保护费、制服补贴等；

（6）运输生产过程上发生的季节性和修理期间的停工损失，事故净损失，灾害预防及抢修支出；

（7）办理保险、保价运输业务发生的支出；

（8）按照模拟市场和内部分账核算要求发生的付费支出；

（9）按照国家规定发生的其他支出。

铁路运输企业的主营业务成本，应当按旅客运输成本、货物运输成本、行包运输成本、基础设施成本和其他成本五类进行核算。

（1）旅客运输成本核算为旅客运输直接发生的支出，是指按不同列车级别和席别核算客运成本。包括车站旅客服务、旅客列车服务、客车运用和维护支出，相关服务付费和其他支出。目前，我国客车主要分为高铁、动车、特快、直快、普快、市郊等级别，和软座、硬座、软卧、硬卧等席别。因此，客运专项成本可核算直快硬卧人公里成本、普快硬座人公里成本、特快软座人公里成本、市郊列车人公里成本、行包吨公里成本等多种运输成本。

（2）货物运输成本核算为货物运输直接发生的各种支出，包括货物发送、运行、中转、到达作业费用，货车、集装箱运用和维护费用，货车使用费，相关服务付费及其他支出。

（3）行包运输成本核算为行李、包裹运输直接发生的各种支出，包括行包发送、运行、中转、到达作业费，专用行包车辆运用和维护费用，相关服务付费及其他支出。

（4）基础设施成本核算为铁路路网、行车指挥等基础设施运用和维护所发生的各种支出，包括铁路线路设备等行车设施运用、养护费，行车指挥调度费及其他支出。

（5）其他成本核算企业运输生产中发生的除旅客、货物、行包运输成本和基础设施成本以外的各种支出。

2. 汽车运输企业

汽车运输企业的成本项目应当主要包括以下内容：

（1）从事营运活动人员的职工薪酬；

（2）营运过程中实际耗用的燃料、材料、润料、动力及照明、备品配件、轮胎、各种物料和低值易耗品等支出；

（3）营运过程中使用的各种固定资产折旧费、租入的参加营运的固定资产租赁费等；

（4）营运过程中发生的行车杂费、车辆牌照检验费、车辆清洗费、车辆冬季预热费、养路费、公路运输管理费、过路费、过桥费、过隧道费、过渡费，司机途中宿费、取暖费，季节性、修理期间的停工损失，事故净损失等支出。

3. 水运企业

（1）海洋运输业务的成本项目主要包括以下内容：

①航次运行费用，是指船舶在运输生产过程中发生的直接归属于航次负担的费用。航次运行费用一般包括燃料费、港口费、货物费、集装箱货物费、中转费、客运费、垫隔材料费、速遣费、事故损失费、航次其他运行费用等明细项目。其中：

港口费，是指船舶在营运期内进出港口、航道、停泊港内所发生的各项费用，如港务费、船舶吨税、引水费、停泊费、拖轮费、航道养护费、围油栏费、油污水处理费、船舶代理费、运河费、海峡费、灯塔费、海关检验费、检疫费、移民局费用等。

货物费，是指船舶载运货物所发生的应由船方负担的业务费用，如装卸费、使用港口装卸机械费、理货费、开关舱费、扫舱费、洗舱费、验舱费、烘舱费、平翻舱费、货物代理费、货物检验费、货物保险费等。

集装箱货物费，是指船舶载运集装箱所发生的应由船方负担的业务费用，如集装箱装卸费、集装箱站场费用、集装箱货物代理费用等。

中转费，是指船舶载运的货物到达中途港口换装其他运输工具运往目的地、在港口中转时发生的应由船方负担的各种费用，如汽车接运费、铁路接运费、水运接运费、驳载费等，但不包括由本企业船舶承运后在境外改由其他运输企业承运所发生的中转费。

垫隔材料费，是指船舶在同一货舱内装运不同类别货物需要分票、垫隔或装运货物需要防止摇动、移位，以及货物通风需要等耗用的木材、隔货网、防摇装置、通风筒等材料费用。

速遣费，是指有装卸协议的船舶，港口或代理单位提前完成装卸作业，按照协议支付的速遣费用，发生的延滞费收入抵减速遣费。

事故损失费，是指船舶在营运生产过程中发生海损、机损、货损、货差、火警、污染、人身伤亡等事故的费用，包括施救、赔偿、诉讼、善后等直接损失费用。

②船舶固定费用，是指为保持船舶适航状态所发生的费用。船舶固定费用一般包括直接人工、润料、物料、船舶折旧费、保险费、税金、船舶非营运期间费用、船舶共同费用、其他船舶固定费用等明细项目。其中，润料，是指船舶耗用的各种润滑油剂。

③船舶租赁费、舱（箱）位租赁费，是指企业租入运输船舶或舱（箱）位营运，按规定应支付给出租人的租赁费。船舶租赁费或舱（箱）位租赁费一般包括期租赁费、程（航次）租赁费、光租赁费、舱（箱）位租赁费等明细项目。

其中，期租赁费，是指在期租形式下，企业按租约规定，在租船起讫期限内按期支付的租金；程（航次）租赁费，是指在程（航次）租形式下，企业按租约规定自接船港口起至还船港口止支付的租赁费；光租赁费，是指在光租形式下，企业按租约规定，在租船起讫期限内按期支付的租金；舱（箱）位租赁费，是指企业按租约规定按期支付约定舱（箱）位数的租赁费。

④集装箱固定费用，是指企业自有或租入的集装箱及其底盘车在营运过程中发生的固定费用。集装箱固定费用按集装箱费用和底

盘车费用两部分，分别设置明细项目。

集装箱费用一般包括空箱保管费、集装箱折旧费、集装箱保险费、集装箱租赁费、其他集装箱固定费用等明细项目。其中，空箱保管费，是指空箱存放在自有堆场或港口站场而支付的堆存费、检验费、整理起吊费、整理拖运费等。

底盘车费用一般包括底盘车的保管费、折旧费、保险费、租赁费，以及其他底盘车固定费用等明细项目。其中，底盘车保管费，是指自有底盘车存放在自有堆场或港口站场而支付的费用。

（2）内河运输业务的成本项目主要包括以下内容：

①船舶直接费用，是指运输船舶在航行中和为保持船舶适航状态所发生的费用。船舶直接费用一般包括直接人工、燃料、润料、物料、港口费、航养费、过闸、翻坝费、运输管理费、折旧费、保险费、租赁费、税金、劳动保护费、事故损失费、其他费用等明细项目。

②船舶维护费用，是指有封冻、枯水等非通航期的企业在非通航期发生，但应由通航期运输成本负担的船舶维护费用。船舶维护费用一般包括人工、燃料、材料、保卫费、破冰费、其他费用等明细项目。其中，破冰费，是指为保护船舶免受流冰损坏和清除船上冰雪所发生的费用。

③集装箱固定费用，是指按规定办法分配应由本期运输成本负担的集装箱固定费用，一般包括折旧费、保管费、保险费、租赁费、其他费用等明细项目。

④营运间接费用，一般包括企业实行内部独立核算单位的船队费用、自营港埠费用与船舶基地费用。

（二）装卸、堆存、仓储业务成本核算项目

1. 装卸业务的成本项目。

（1）装卸直接费用，是指在装卸生产过程中发生的直接归属于装卸业务负担的费用。装卸直接费用分设职工薪酬、材料、燃料、动力及照明、低值易耗品、折旧费、租赁费、保险费、外付劳务费、税金、事故损失费、其他装卸直接费用等明细项目，归集有关营运支出。

（2）营运间接费用，是指应由装卸业务成本负担的营运间接费用。包括作业区间接费用和企业间接费用。其中，作业区间接费用是指按规定方法分配由装卸业务成本负担的作业区间接费用；企业间接费用，是指按规定方法分配由装卸业务成本负担的企业间接费用。

2. 堆存业务成本的项目，可比照装卸业务进行设置，包括堆存直接费用和营运间接费用，并分设明细项目，归集有关支出。

3. 仓储业务成本项目，包括企业附属仓库中发生的转库搬运、检验、挑选整理、修复、维修保养、包装费、库存物资损耗，以及职工薪酬等开支。

（三）邮政业企业产品成本核算项目

邮政业企业的成本项目一般包括运输成本、通用航空成本、间接营运费用等，以综合反映航空公司在执行航空运输业务过程中发生的与航班生产有关的各项成本。

运输成本中，一般包括直接营运费，运输负担的职工薪酬，航空油料消耗，航材消耗件消耗，高价周转件摊销，飞机、发动机折旧费，飞机、发动机保险费，国内/外机场起降服务费，国内/外航线餐食供应品费，飞行训练费，客舱服务费，行李、货物、邮件赔偿费等项目。其中：

直接营运费，是指报告期内邮政业企业在执行航空运输业务过程中发生的能直接计入某一特定机型成本的费用。

航空油料消耗，是指飞机在飞行中（含地面滑行）或地面检修试车时所消耗的航空煤油、航空汽油和航空润滑油。

高价周转件摊销，是指按规定年限摊销的高价周转件的价值。

客舱服务费，是指邮政业企业在飞机上提供各种服务用品、清洁用品、娱乐用品等所耗费的支出。

通用航空成本，按机型综合反映邮政业企业在执行通用航空业务过程中所发生的与生产作业直接有关的各项成本及单位飞行小时成本。

间接营运费用，指邮政业企业在执行运输业务过程中所发生的不能直接计入机型成本，需按一定标准在各机型间进行分摊的各项间接成本。

第三节　交通运输、仓储、邮政业企业产品成本归集、分配和结转

交通运输、仓储、邮政业企业发生的营运费用，应当按照成本核算对象归集。交通运输、仓储、邮政业企业发生的运输工具固定费用，能确定由某一成本核算对象负担的，应当直接计入成本核算对象的成本；由多个成本核算对象共同负担的，应当选择营运时间等符合经营特点的、科学合理的分配标准分配计入各成本核算对象的成本。交通运输、仓储、邮政业企业发生的非营运期间费用，比照制造业季节性生产企业处理。其中，在运输工具固定费用分配方面具有较为鲜明的特点。

企业应当根据需要分配的费用与分配标准之间的相关性来确定分配标准。例如，对于运输业务，可以根据运输周转量（吨公里）、订单处理次数、运输货物的价值等来确定分配标准；对于仓储业务，可以根据仓储面积天数（平方米天）、仓储量天数（如吨天数、箱天数）、订单处理次数、仓储货物的价值等来确定分配标准；对于装卸业务，可以根据装卸作业量（吨）、装卸作业工时（工时）等来确定分配业务；对于配送业务，可以根据配送的人工作业小时、机械作业工时或订单处理次数等来确定分配标准；对于代理业务，可以根据代理的业务金额、代理的订单处理次数等来确定分配标准。

一、交通运输企业产品成本归集、分配和结转

（一）铁路运输企业

铁路运输企业应当通过主营业务成本核算企业提供旅客、货物运输以及相关服务等日常活动而发生的实际成本。铁路运输企业主营业务成本分类确定的原则是：能够直接归属到相应成本类别的，全额列入该类成本；不能直接归属成本类别的，按照规定的工作量指标分配列入相应类别。分配比例根据本单位正常运输生产情况测算确定。单位须在季度决策报告中说明分配比例确定的方法及调整依据。

一般而言，在实务中，运输生产领用材料、燃料、低值易耗品，借记“主营业务成本”科目，贷记“原材料”、“低值易耗品”等科目。支付生产人员工资，借记“主营业务成本”科目，贷记“应付职工薪酬”科目。支付生产用水、用电等其他费用，借记“主营业务成本”科目，贷记“银行存款”等科目。按规定计提固定资产折旧费，借记“主营业务成本”科目，贷记“累计折旧”科目。其他业务应分摊的间接费用，借记“其他业务支出”科目，贷记“主营业务成本”科目。支付相关服务费，借记“主营业务成本”科目，贷记“银行存款”等科目。

期末，应将主营业务成本的余额转入“本年利润”科目，结转后“主营业务成本”科目应无余额。

主营业务成本中的工务、电务支出分运行区间、编组站、非编组站核算，电气化铁路供电支出分运行区间核算，核算原则是：正线（含与正线连接的道岔）支出归集到相应运行区间成本，站线支出归集到编组站和非编组站成本；能直接归属运行区间、编组站、非编组站的支出，全额列入相应运行区间和编组站、非编组站成本核算中；不能直接确定归属的共性支出，采用分配方法分摊列入相应运行区间的编组站、非编组站成本中。

内燃、电力机车折旧分机型核算，客车折旧分车型核算，货车折旧分车种核算。

成本、费用按要素分为职工薪酬、材料、燃料、电力、折旧、外购劳务、其他。各项成本、费用均应分要素核算。各要素核算内容和要求为：

（1）职工薪酬。生产人员职工薪酬按工作岗位、作业地点、作业对象进行分类归集。

（2）材料，指运输生产经营过程中所耗费的材料、配件、油脂（含清洗用柴油、汽油）、工具备品、劳动保护用品等有实物形态的物品。材料支出的核算应严格执行定向定量制度。已领未用的材料应在月末办理盘点退料手续，不得发生账外料。存放在铁路沿线的线上料应加强管理，采取分存制进账，不得一次出账。低值易耗品领用后一次列销，建立保管台账实行数量动态管理。材料、配件修旧利废所发生的支出在运输总支出中核算。

（3）燃料，指运输设备运用所消耗的固体、液体、气体等燃料支出。燃料支出应根据燃料消耗报表及有关记录，按用途归集到相关支出科目。

（4）电力，指铁路运输设备运用、修理过程中的动力、照明及其他用电。电力支出应按用途归集到相关支出科目。

（5）折旧，指按《铁路运输企业固定资产管理办法》规定的固定资产分类折旧率及应计折旧固定资产价值计提的折旧支出。

（6）外购劳务，指支付给与本单位签订劳务合同的外请劳务的支出。

（7）其他，指不属于以上各要素的支出，主要包括：差旅费、事故费用、付费支出及其他支出。

（二）汽车运输企业

汽车运输企业营运成本核算时，一般主要设置“运输支出”、“装卸支出”、“营运间接费用”、“辅助营运费用”等科目。

汽车运输费用是指企业经营旅客、货物运输业务所发生的各项费用。凡是能直接计入成本的直接营运费用，根据实际发生额借记“运输支出”科目，贷记“材料”、“应付职工薪酬”等科目，对于发生的营运间接费用等，则借记“营运间接费用”、“辅助营运费用”科目，然后采用一定的方法分配计入“运输支出”、“装卸支出”科目。

（1）职工薪酬的归集和分配。汽车运输企业每月发生的工资支出应先在“应付职工薪酬”科目归集，每月再按人员分类分别计入有关的成本。

（2）燃料费用的归集和分配。汽车运输成本中燃料消耗占重要比重。一般大、中型运输企业多设有专为本企业加油的加油站，也有些企业在石油供应企业的加油站加油，经营长途汽车运输的企业还常常在外地加油站加油。汽车运输企业消耗燃料应按实际耗用数计入各分类成本。

（3）轮胎费用的归集和分配。汽车轮胎分为外胎、内胎和垫带三部分。领用轮胎可以在领用（指投入周转使用）时一次计入成本“运输支出”。一次更换轮胎影响成本较大时，可在一年内分摊计入成本，可以按行驶胎公里摊销额计入“运输支出”科目。

（4）折旧的归集和分配。汽车运输企业车辆折旧一般是按工作量计提，即按实际行驶千车公里核算折旧额。

（5）辅助营运费用的归集和分配。辅助营运费用主要是企业不进行独立核算的辅助生产部门为车队等生产部门提供保养、修理等辅助劳务而发生的辅助生产费用。其核算方法可参照制造业成本的辅助生产费用分配方法。

（三）水运企业

1. 海洋运输业务

（1）企业可以按照每一运输船舶、每一营运航次，分别设置航次成本明细账或明细卡。企业如租入外单位船舶或舱（箱）位营运，也可以为在租用期内的每一航次设置成本明细账。

航次内发生的各项运行费用直接记入该航次成本明细账，各项分配性费用于航次结束时按规定分配记入。已完航次的航次成本明细账应及时结算，核算出航次总成本和单位成本，以备随时提供。

（2）各项分配性费用的分配应根据分配程序按一定分配方法进行。对于营运间接费用，按照每一船队、自营港埠或船舶基地设置明细账，归集和核算有关营运支出，每月结算后，将当月实际入账数结转“船舶共同费用——营运间接费用”项目。

对于船舶共同费用，设置明细账归集和核算有关营运支出，船舶共同费用发生时，应根据有关记账凭证和费用汇总表，按照费用发生的先后记入“船舶共同费用”，并按规定费用项目设立费用明细账进行归集登记。船舶共同费用在月度终了，通常按各船的营运艘天、吨天或其他比例分摊编制“船舶共同费用分配表”，分配记入各船的“船舶固定费用——船舶共同费用”科目。

对于船舶非营运期费用，在发生时根据原始凭证或成本核算表编制记账凭证，直接记入本船固定费用；或先将不包括非营运期费用的船舶固定费用按日历天比例分配记入船舶各航次成本、出租成本和本船非营运期费用，然后核算全部非营运期费用（燃料、港口费用、其他非营运期费用和分配记入的本船固定费用之和），按当年营运天数分配记入本船各航次成本和出租成本。

对于船舶固定费用，按每一在册船舶设置明细账，归集和核算有关营运支出，按月结算。如果企业租入按合同需要负担固定费用的船舶，应视同自有船舶，设置明细账，归集有关营运支出并结算。

企业通过为每一在册船舶（包括租出船舶）编制年度固定费用预算（包括分配计入固定费用的各项分配性费用），并按该船全年计划营运天数，核算出每营运天固定费用，作为计划分配率。船舶每一航次结束，或出租届临月终，根据该航次实际营运天数、当月出租天数，按照计划分配率核算应列入航次成本或出租成本的固定费用。

如果企业出租部分舱（箱）位，应按出租舱（箱）位占该船舱（箱）位总数的比例，核算舱（箱）位出租成本应负担的固定费用。

年终时，企业按各船实际发生的固定费用数和实际营运天数，调整原已列入各船有关航次的计划分配数。

年末未完航次也应按年度内实际营运天数分担当年固定费用。

船舶固定费用经过年终按实际数分配调整后，不保留余额。

对于船舶租赁费，程租赁费按船舶航次计入航次结束月度的单船成本，期租赁费按航次日历天数分摊计入有关航次成本。

对于舱（箱）位租赁费，应按租入的每批同属一船的舱（箱）位设置明细账，核算所支付的租金和记入运输业务成本的租赁费。

对于集装箱固定费用，企业应按集装箱和底盘车存放的港口、地区或国家分别设置集装箱费用和底盘车费用明细账，归集和核算有关营运支出，按月结算。集装箱的租金、折旧等不能直接按港口、地区或国家归集的费用应作为集装箱共同费用统一核算归集，每月分配计入各港口、地区和国家的集装箱固定费用。

（3）在核算运输成本时，必须扣除与运输无关费用，记入“其他业务支出”或“营业外支出”等有关科目中。

（4）在会计报告期内尚未完成运输业务的各船各营运航次已经发生的费用，包括该未完航次运行费用、已分配计入的船舶固定费用，作为未完航次成本，结转至下一会计报告期。

2. 内河运输业务

内河运输业务费用可以按以下程序与方法进行归集与分配：

（1）船舶直接费用可以按照客轮、客货轮、货轮、油轮、拖（推）轮、驳船等船舶类型在“主营业务成本——运输支出”科目设置明细分类账，按规定的成本项目设置专栏。也可根据本单位成本管理的需要，按航次、航线和单船设置成本明细分类账。

企业运输船舶所发生的船舶直接费用应根据原始凭证和费用分配表直接记入运输成本明细分类账的有关项目，船舶临时从事非运输工作（如救援、临时出租、短期征用等）所发生的船舶直接费用，仍在有关船舶的成本明细账内归集，在核算运输成本时予以扣除。

企业的交通工作船舶、供应船舶、流动修理船舶以及自营港埠的港作船舶、趸船等应分别在“辅助营运费用”和“营运间接费用”中设立明细账、登记并汇集所发生的费用，不得直接计入运输成本。

客货轮的船舶直接费用可以按下列办法在客货轮客运和客货轮货运之间分摊：客货轮的船舶直接费用中可以直接由客运和货运成本负担的费用，分别直接记入客货轮客运和客货轮货运成本；客货轮费用中不能直接计入客运或货运成本的共同性费用，按客货运换算周转量的比例分摊；企业拖驳运输（包括分节驳顶推运输），若拖（推）轮和驳船固定搭配使用，搭配使用的拖（推）轮和驳船的船舶费用可合并归集，在核算拖驳运输成本时不再进行分配。如临时使用其他船舶生产营运，可按上述办法核算分配。

企业各类运输船舶的船舶直接费用，在核算运输成本时，应扣除与运输成本无关的费用（临时从事非运输工作所应负担的船舶直接费用），其中，客轮、客货轮、货轮、油轮、驳船应按每营运吨天的船舶直接费用和船舶从事非运输工作营运吨天核算。拖（推）轮应按每营运千瓦天船舶直接费用和船舶从事非运输工作营运千瓦天核算。

企业可以将各运输种类负担的船舶直接费用，按月编制“船舶直接费用分配表”据以计入各运输种类成本。

（2）有封冻、枯水等非通航期的企业通常设置“船舶维护费用”明细分类账，并按规定的费用项目设置专栏进行明细核算（非通航期的内河运输企业船舶维护费用，可按航期前、航期后分别设立明细分类账），会计人员应根据有关记账凭证和费用汇总表，按照费用发生的先后，序时登记入账，归集实际发生的船舶维护费用。

年度终了，企业应将全年的船舶维护费用实际发生数与分配数的差额，调整当年的运输成本。

（3）企业应按集装箱类型设置“集装箱固定费用”明细分类

账，按规定的费用项目设置专栏进行明细核算。所发生的集装箱固定费用，能直接计入营运成本的则直接计入，不能直接记入的需按一定比例分摊计入。由运输成本负担的集装箱固定费用，可按各运输种类船舶直接费用的比例分摊计入各运输种类成本。

（4）企业所发生的下属船队日常管理费用、企业自营港埠费用与船员基地费用等不能直接计入成本核算对象的营运间接费用，可以按照各种业务的直接费用的比例分配计入有关业务成本。

内河运输业务总成本和单位成本，以会计期（年、季、月度）内实际发生的成本为核算基础。企业全部运输船舶所发生的船舶直接费用及分配由运输成本负担的船舶维护费用、集装箱固定费用和营运间接费用，扣除与运输成本无关的费用，即为企业的运输总成本。

企业各类船舶所发生的并按运输种类归集、分配的船舶直接费用和分配由各运输种类成本负担的船舶维护费用、集装箱固定费用及营运间接费用，扣除与该类运输成本无关的费用，即为各运输种类的总成本，各运输种类总成本按客、货运汇集即是企业客运和货运总成本。

二、装卸、堆存、仓储业务成本归集、分配和结转

（一）装卸业务

1. 装卸直接费用一般按以下方法进行归集：

以货物装卸业务为成本核算对象的企业，应设置多栏式“主营业务成本——装卸支出”明细分类账，按规定的成本项目设置专栏归集有关费用。

以主要货种的装卸业务为成本核算对象的企业，可按货种设“主营业务成本——装卸支出”明细账，并按成本项目设专栏归集有关费用。

以货种和操作过程的装卸业务为成本核算对象的企业，可参照以上办法设置“主营业务成本——装卸支出”明细账归集有关费用。

以成本责任部门的装卸业务为成本核算对象的企业，可按装卸队、机械队、工具队等装卸作业部门设置“主营业务成本——装卸支出”明细账，并按成本项目设置专栏归集有关费用；对难以归口到责任部门的装卸直接费用，另设“主营业务成本——装卸支出”明细账，按成本项目设置专栏归集有关费用。

以码头、泊位等作业场所的装卸业务作为成本核算对象的企业，应按作业区和专业码头设置“主营业务成本——装卸支出”明细账，按成本项目设置专栏归集有关费用。

2. 企业装卸队、机械队、工具队等装卸生产部门从事另有收费来源的杂项作业（如机械出租等），应根据非装卸作业的工时记录、机械台时记录、工具领用记录和规定的单位费用或结算价格，据以扣除与装卸业务无关的支出，结转由其他业务支出负担。为简化核算工作，也可按所取得的非装卸收入的一定比例作为扣除标准。

3. 货种装卸成本一般年终一次核算。月度按专业码头、泊位或其他成本责任部门归集装卸直接费用，分配营运间接费用，年末核算货种的装卸总成本和单位成本。

非专业码头从事多种货物装卸作业，一般根据按责任部门归集的直接费用，分别按以下方式核算货种装卸成本：装卸队的费用按实际从事货种装卸作业的工时比例分摊到有关货种；机械队的费用可按实际从事各货种装卸作业的机械台时比例分摊到有关货种；工具队的费用应分成两部分——工具的采购、制造成本可根据统计资料先分摊到相关货种，工具队的其他费用按各货种分摊的工具采购、制造费用的比例分摊；事故费用、劳动保护费等无法直接记入有关责任部门的费用按上述记入货种成本的装卸队、机械队、工具队的直接费用的比例分摊；应扣除的与装卸成本无关的费用参照上述事故费用、劳动保护费用的分摊方法按比例扣除。

财务部门根据各单位上报的分货种装卸成本汇总资料，按各货种成本项目费用比例分摊直接支付的装卸支出，并编制年度装卸成本核算表。

专业化码头临时兼营其他货物装卸业务，也视同专业码头货种核算。非专业码头经营的货物装卸业务，如果某种货物的数量较少，可忽略不计，按从属多数的方法，归并到其他货种核算。

（二）堆存业务

企业对于堆存业务支出，一般设置多栏式“主营业务成本——堆存支出”明细分类账，按成本责任部门（各库、场、队）或仓库、油罐、粮仓等设置账页，按规定的成本项目设置专栏。

企业归集的堆存直接费用，在核算堆存成本时，应扣除堆存无关支出。企业应根据业务部门提供的仓库（堆场）、堆存设备的出租资料，将无关支出结转到“其他业务支出”科目。经过归集、分配和扣除无关支出而汇集的全部堆存直接费用和分摊计入堆存成本的营运间接费用，即为企业的堆存总成本。

（三）仓储业务

仓储业务成本分配时，可选择按照各类仓储物资销售收入的比例分摊或者按照各类物资平均储存额（量）比例计算分摊。

三、邮政业企业产品成本归集、分配和结转

邮政业企业可以按照拥有的机型、航线等，对运输成本进行归集，并填列运输成本、运输飞行小时、运输总周转量和单位成本等信息。

邮政业企业在执行运输业务或通用航空作业过程中所发生的不能直接计入机型成本，需按一定标准在各机型间进行分摊的各项间接成本，在间接营运费用中进行归集。

通用航空成本通常根据不同机型经营数据及“主营业务成本”、“通用航空成本”等有关明细科目的发生额，以及对间接费用运用适当方法进行分摊，经分析核算后填列。分摊的标准可以是生产量指标、飞机起飞合重等，也可采用飞机起飞全重与飞行小时之乘积。

每飞行小时成本，指每运输飞行小时所发生的运输成本。根据各机型运输成本、运输飞行小时核算。

每吨公里成本，指每吨公里运输周转量所发生的运输成本。根据各机型运输成本、运输总周转量核算。

每飞行小时耗油量，指每运输飞行小时所消耗的航油数量。根据各机型耗油量、运输飞行小时核算。

国内、国际、中国香港、中国澳门航线的运输成本按照运输成本项目的总额除以运输飞行总周转量再乘以不同航线的运输周转量分摊到各航线的相应成本中。

延伸阅读：关注物流企业成本核算的现状①

现代物流在我国是一个新兴行业。会计学术界关于如何核算物流企业成本以满足财务会计需要的理论研究和实务探讨还很缺乏。因此，各个物流企业根据自己对物流成本概念的理解，运用传统的成本核算方法核算企业成本。成本核算的随意性加上传统成本核算方法的局限性，使物流企业所核算的成本信息缺乏准确性和可比性。鉴于目前物流企业业务的特殊性和成本核算方法的不适合性，对其成本核算问题展开研究，提出适合物流企业的成本核算方法，对建立适应我国物流企业统一的会计成本核算制度，促进物流会计与物流产业相匹配且共同发展具有积极的作用。物流企业成本核算流程图如图 8－1 所示。

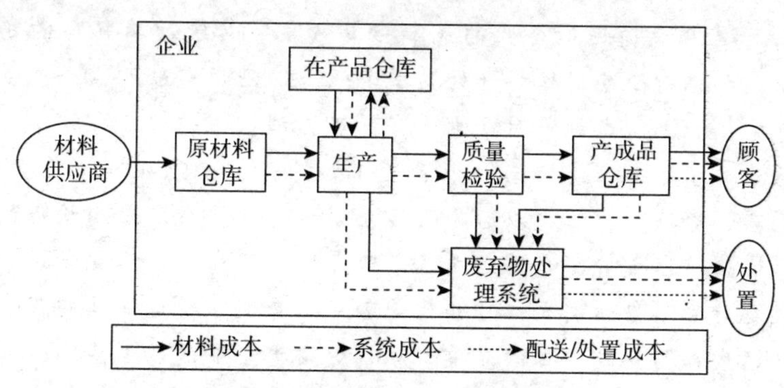

图 8－1　物流企业成本核算流程图

① 转引自许菱、李彦青："我国第三方物流企业成本管理探析"，《物流科技》，2011 年第 7 期；邵瑞庆："关于物流企业物流成本核算方法的探讨"，《交通财会》，2006 年第 6 期。

一、物流企业成本核算现状

目前，由于物流企业的成本核算在理论上尚没有基本的方法，在实务中也没有可参考的模式，其物流成本的核算就呈现出多样化现状，同行之间更是无法比较。

1. 比照制造企业细分成本项目。资产型、多功能、大规模的第三方物流企业，把对外提供物流服务看成是一种无形产品，把相关物流功能整合成的合同服务作为成本计算对象，比照制造企业细分的成本项目为：直接材料、直接人工、间接费用，而将销售营业费用（包括销售人员的工资和佣金、广告费用、售后服务费）、管理费用（主要是与研究、开发和总体管理有关的费用，如新的物流服务开发，运输路线、运输方式的优化，仓库储存的优化，针对不同的客户开发不同的增值服务等）作为期间费用。由于物流企业的直接材料、直接人工占企业总成本的比重很小，而间接费用比重却很大，因此间接费用能否合理分配到成本计算对象至关重要。可他们缺乏合理有效的间接费用分配方法，采用了按月分摊间接费用，削弱了间接费用与各个合同服务之间的关联度，歪曲了各个成本计算对象的成本信息。

2. 沿用交通运输企业的成本核算方法。传统运输转型的物流企业，如拥有公路运输资产的转型企业，均沿用交通运输企业成本核算方法。其成本计算对象主要有三种类型：一是以业务划分，如货运业务、装卸业务；二是以营运工具划分，如货柜车、散货车、空调车、冷冻车；三是以运输路线来划分。并把成本费用构成细分为：运输营运成本、仓储成本、管理费用。其中，运输营运成本按与成本计算对象的关系，可分为营运直接费用和营运间接费用。运输营运成本与仓储成本的简单累加构成该类企业的物流成本，其缺陷是没有从企业整体业务考虑来确定成本计算对象，无法提供不同业务或者不同客户的成本，也无法计算企业提供增值服务的成本。

3. 运用物流中心的统一费率法。当前一些为生产企业从事物料配送、为大型连锁超市从事商品配送的配送中心，采用以销售费用、管理费用、财务费用三项总费用计算企业的成本费用。为了便于客户谈判，通常采用的办法是以上年的实际营运情况，制定一个参照基准费率（上年成本费用总额÷上年配送总金额），再根据配送物品具体特征、客户重要性程度、客户的需要等具体情况在基准费率基础上制定浮动费率。业务部门与客户定价基础就是浮动费率加目标利润率。这种成本计算方法只是按月归集实际费用，谈不上成本核算，因为没有确定成本计算对象。

4.邮政物流企业的成本计算方法。据调查，邮政企业因其业务繁杂，求得单项业务成本的计算一直是通过“倒扣法”得到的，即从收入中扣除一定百分比的利润，剩余部分被作为成本，在每个会计期间与收入配比。各项业务“倒扣”得到的成本总额与实际发生的费用总额差异很大，不得不采取人为调节的方式，在报表中的成本费用无法得到真实的反映，无法真正体现出收入与费用的配比。

二、物流企业成本核算面临的难题及对策

要正确核算物流企业的成本，首先需要明确物流企业的成本核算要素，这些要素包括：成本核算对象、成本核算期间、成本计算空间、成本核算计量单位、成本核算方法、成本核算的账务处理和成本报表七大要素。但成本核算要素的确定又与企业的经营特点密切相关。现代物流企业经营业务涉及领域广泛，实现方式依靠现代信息技术和高科技手段，其提供服务的特点决定了几个成本计算要素包括成本核算对象、成本核算期等具有其特性，而这些特性正是物流企业成本核算陷入困境的根源。

1. 成本核算对象。企业的成本核算需要先明确成本对象，否则成本核算就毫无意义。如企业每一会计期间要发生几十乃至成千上万笔费用，如果把这些发生的耗费堆积在一起，只能表示企业的耗费而已，这种费用信息的有用性受到限制。因此确定成本对象的目的是要以成本对象来归集费用，而用于归集费用的成本对象要有归集费用的“容器”，否则费用就无处可归。有形成本对象，其自身就是归集费用的天然“容器”，费用能够明确地、可辨认地归集

到这个“容器”中。而无形成本对象与有形成本对象相比，具有无实体性（是指人们无法直接感觉到该对象的存在）和瞬时性（是指该对象不能存储到未来），这两种特性意味着无形成本对象无处归集其费用，而物流企业的物流服务正是一种无形的成本对象，只能人为安装一个“容器”以归集费用，这是物流企业进行成本核算必须解决的问题。物流企业提供物流服务方式，主要是通过与客户签订物流服务合同实现的，同时物流企业与客户签订合同具有唯一性，几乎没有两份完全一样的服务合同，因为每个购买者要求的服务内容不同。每一个合同的服务内容都是按照客户的要求“量身定做”的，客户个性化的需要决定了物流企业提供服务的内容、水平、复杂程度均有不同，并且提供者因工作经验、情绪等影响而生产出不同质量的服务。由此分析，物流服务合同相当于特殊产品，随客户的不同而变化，服务合同是明确的、可辨认的，完全可以取代物流服务这种无形的成本对象，作为归集物流费用的“容器”。因此，将物流企业与客户签订的每项服务合同作为物流企业成本核算对象不仅有理论依据，而且实务操作上也是可行的。

2. 成本核算期间。物流企业提供的物流服务是合同导向的物流服务，合同签订的时间随物流企业与客户之间的依赖关系而有长短之分，如与客户之间建立战略联盟关系所签定的契约型合同，有的长达 5 ~ 6 年，合同的营运周期出现跨会计期间的情形，若以营运周期作为成本核算期，也就是要等到该项合同履行完之后才能提供其成本信息，不符合财务会计的及时性原则。物流企业有的服务合同是短期“门到门”的“运输 + 仓储 + 配送”业务流程，甚至不到一个月就履行完合同，特别是当物流企业提供适时制配送，或者自动补货则是即时完成的，在这种情况下，若以营运周期作为成本核算期，实务中是很难达到这个即时成本信息要求的。鉴于上述分析，物流企业应看成是服务业，与会计期间一致，按公历月份作为成本核算期，至于时间跨度长于会计期间的合同，可以采用完工百分比法来确定其当期的成本。

三、物流企业物流业务成本核算的作业成本法

1. 作业成本法的框架。作业成本法的核算原理可总结为“产品或劳务耗费作业，作业耗费资源”，这里的资源即各种耗费，包括材料费、人工费等，产品或劳务成本与资源耗费是通过作业联系起来的。假设物流企业同时承做两项物流业务，在营运成本法下，物流企业的成本核算思路是：找到应计入某一物流业务成本的直接费用，同时将不能直接计入各项物流业务的间接费用选择合适的数量分配标准分配计入两项物流业务的成本。由此，某一物流业务的成本包括直接费用和分配计入的间接费用。但是在作业成本法下间接费用的分配工作做得很细，需要很细致的成本核算基础工作。其成本核算思路是：将整个物流业务运作过程细分为多个作业，如运输作业或仓储作业等；根据运输资源的耗费和运输作业量计算单位作业成本；确定不同物流项目实际耗用不同作业的数量；根据单位作业成本和物流项目耗用的作业量即得物流项目的作业成本。见图8－2。

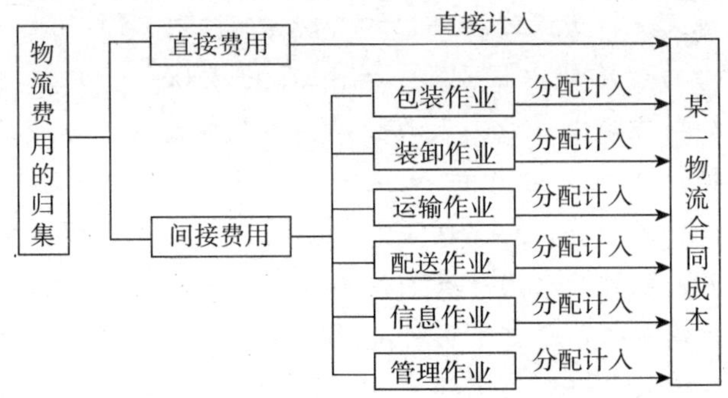

图8－2 物流企业成本ABC流程图

2. 作业成本法的核算程序。（1）成本核算步骤。物流作业成本计算大致需要经过以下几个阶段：分析和确定资源，建立资源库；分析和确定作业，建立作业成本库；确定资源动因，分配资源

耗费至作业成本库；确定成本动因，分配作业成本至成本对象。作业成本法把物流业务成本的核算深入到作业层次，以作业为单位归集成本，并把“作业”或“作业成本池”的成本按作业动因分配到各个物流业务。应用作业成本法核算物流业务成本分为四个步骤：①界定企业物流系统中涉及的各项作业。②确认企业物流系统中涉及的资源。资源的界定是在作业界定的基础上进行的，每项作业必定涉及相关的资源，与作业无关的资源应从物流成本核算中剔除。③划分作业成本库。如果企业系统中涉及的作业数量相对较少，就可以对逐项作业进行动因分析。若物流企业涉及的作业数量很多，那么则需要将作业按照一定的原则合并，建立作业中心，若干个作业中心还可以按照一般规则归并为一个作业成本库。④确认动因。从作业成本库多个作业中心中选择出恰当的作业动因作为该成本库的代表成本动因并计算成本动因分配率。(2) 业务凭证。物流企业业务凭证应是符合需要的简明实用的内部凭证，应该保证各项数据记录完整、准确。凭证可以首先在作业中心内部进行传递，也可以从几个作业中心传递到某一作业中心。对于不同作业中心或人员使用的凭证，为保证经济信息及时传达，可设置多联凭证，每一联由不同的颜色加以区别。①资料原始凭证一式两联，一联留存，作为编制作业中心成本表的数据，另一联交企业各物流环节的成本员，据此编制转账凭证和成本核算单，登记资源成本账簿。②作业凭证一式两联，都交送企业成本员，其中一联据以编制成本核算单，另一联作为动因计算的依据。③成本核算单一式两联，一联留存据此编制转账凭证，另一联作为编制产品成本的依据。④直接材料等凭证设置一联，据以登记直接材料等成本账簿。⑤转账凭证一式两联作为登记不同成本账簿的依据。(3) 会计科目。物流企业应用作业成本法核算物流成本可以设置“物流作业成本”科目，再根据企业成本管理需要可以设置相应的明细科目，如“物流作业成本——××合同”。三级科目可设置运输作业成本、仓储作业成本、装卸作业成本、包装作业成本、订单处理作业成本、系统设计作业成本等。各个企业可以根据自身的特点和经营的范围相应调整会计科目的设置，或者将会计科目作进一步的细化。在以物流作业为基本科目的前提下还可以根据作业本身的不同类别再作进一步细分，如以作业层次分类法为基础，相应设置四个作业账户：单元作业账户、批别作业账户、产品作业账户与支持作业账户。根据管理与核算的需要，各作业账户可以继续细分。作业账户不仅是核算物流成本的需要，同时也为作业化管理提供依据，可用于对作业成本进行有效管理、控制与监督。对于自营物流直接费用，应根据运输、仓储或装卸等物流作业的直接费用在费用发生时直接计入“物流作业成本”账户的借方；对于自营物流间接费用，根据运输、仓储或装卸等物流作业的原始单证判断其是为自营物流间接费用后，先行归集，然后分配记入“物流作业成本”账户的借方。期末根据物流业务订单的完成情况结转相应的完工物流费用，即将相应的金额从“物流作业成本”账户的贷方转入“主营业务成本”账户的借方，期末未完工订单的成本明细账所归集的物流费用即为物流企业期末未完成物流业务的成本。(4) 成本账簿。物流企业可以根据作业中心的凭证以及相应的账户所反映的经济内容，设计物流作业成本账簿。作业成本账簿反映各作业中心作业消耗资源的情况，它以物流成本账户的内容为基础填制。借方表示作业消耗资源产生的作业成本的增加，贷方表示作业成本转入主营业务成本而产生的作业成本的减少。

四、我国物流企业物流成本核算方法的现实选择

我国物流企业选择物流成本的核算方法，主要应考虑企业战略目标的定位、物流业务成本特征与物流企业人员素质和管理信息系统三方面因素。

1. 物流企业战略目标的定位。物流企业自身的发展战略是其物流业务成本核算方法选择的决定性因素。物流企业的发展战略决定了其对物流业务成本信息的重视程度，物流业务成本信息的重视程度决定了物流企业对物流业务可靠成本信息的需求程度。在物流

企业的起步阶段，其发展战略通常确定为如何抢占物流业务市场，如何展现自身的业务品牌。在这一阶段的物流企业将目标锁定在物流业务市场份额上，至于承接某一项物流业务以后这项业务是盈利还是亏损则是考虑的次要问题。为了抢占市场，即使是亏损的业务也会承接。我国物流企业绝大多数还停留在起步阶段。此时，鉴于物流企业发展战略中物流业务的盈利能力并非首要目标，由此影响了物流业务成本信息决策有用性的充分体现，决定了该阶段的物流企业可以暂时放松对物流业务成本信息的准确性要求。在这样的环境条件下，物流企业没有必要选择能够提供相对准确成本信息但核算代价大的作业成本法而应选择营运成本法。但是，当物流企业处于稳步发展阶段或者说在物流企业抢占的物流业务市场基本饱和时，物流企业的战略目标会发生重大的变化。物流企业是追逐盈利的，起步阶段的亏损期待发展阶段盈利的弥补，从而扭亏为盈。这一战略目标的改变表明物流企业开始关注其承做的物流业务的盈利状况了，由此物流业务成本信息的决策有用性得以充分体现。物流业务的盈利能力取决于物流业务收入和物流业务成本两大因素。当物流业务收入上升的空间不大时，物流企业会将管理的重心落到如何降低物流业务成本上。此时，作业成本法的选择显示了营运成本法所不能比拟的两大优势，即作业成本核算信息的相对准确性和作业成本管理的相对科学性。在这样的环境条件下，物流企业可以考虑选择作业成本法核算物流业务的成本。

2. 物流企业的物流业务成本特征。物流企业的物流业务成本的特征与物流企业采用何种业务运作模式直接相关。如果物流企业的业务运作模式选择的是全程外包模式，此时物流企业履行某一份物流业务合同所发生的费用绝大多数为直接费用，但仍有一部分费用应作为间接费用分配计入物流业务成本，例如物流企业如果设置物流中心作为具体执行物流业务的作业管理部门，可能同时服务于多项物流业务，其发生的业务机构费用应作为间接费用；又如物流管理信息系统的相关费用中也可能会存在着间接费用需要分配计入不同物流业务的成本。如果物流企业发生的这些间接费用的比重较低，根据成本效益原则和重要性原则，物流企业可以考虑选择营运成本法来核算物流业务成本，选择某一物流作业量分配间接费用即可，无需选择作业成本法进行核算。如果物流企业的业务运作模式选择的是自营模式，此时物流企业履行某一份物流业务合同所发生的费用属性相对复杂。自营模式下特别是全程自营模式下，“运输共同费用”、“仓储共同费用”和“营运间接费用”等科目所核算的间接费用的金额占物流业务总成本的比重较高，而归属于物流业务直接费用的比重较低的情形下，考虑到作业成本法下物流业务成本信息相对准确性特征，物流企业可以考虑选择作业成本法核算其物流业务成本。但需注意，物流业务间接费用占物流业务总成本较高比重这一业务成本特征是物流企业选择作业成本法的前提条件，这并不意味着物流企业必须选择作业成本法进行成本核算。

3. 物流企业的人员素质和物流管理信息系统。物流企业如果处于物流业务的发展阶段而开始关注物流业务成本，并且物流企业的物流业务成本构成中间接费用所占比重较高时，物流企业可以考虑选择作业成本法核算，以获取物流业务决策所需的相对准确的物流业务成本信息。但是，作业成本法能否在物流企业有效实施有赖于物流企业的软硬件条件的完善程度，其中，关键的软硬件条件是物流企业人员的素质和物流管理信息系统。作业成本法的实施首先要求成本核算观念上的重大改变，要求物流企业上到董事会、管理层，下到现场物流业务人员均能改变成本核算观念，充分认识到作业成本法核算的必要性和重要性。作业成本法的有效实施对物流企业的团队合作精神提出了挑战。作业成本法在作业数据的收集、整理和传递程序上有着严格的要求，缺乏合作精神的团队很难做到作业数据收集、整理和传递程序不出纰漏，进而影响作业成本法的实施。另外，作业成本法的作业数据收集、整理和传递程序凭手工操作是很不现实的，毕竟作业数据的传递要求准确性和及时性，这就对物流企业物流管理信息系统提出了挑战。开发一套作业成本物流管理信息系统是实施作业成本法的必要条件，没有适合物流企业业务运作特色的作业成本物流管理信息系统，就不可能在物流企业中实施作业成本法。

本章小结

与制造业企业相比，运输企业的生产经营过程具有较显著的特点：不会产生新的实物形态的产品；当运输过程结束时，满足了运输对象的要求，也就完成了其消费过程；生产过程具有分散性和流动性，由于不同的运输方式存在着不同的特点和优势，因此会产生大量的国内和国际结算业务。

为了与生产经营特点相匹配，交通运输企业在产品成本核算对象方面也应具有多样性。应以运输工具及其运行情况等作为成本核算对象，这是运输企业成本核算对象上的特点。应根据成本核算和成本控制的需要，综合考虑来确定成本核算对象。除核算旅客周转量成本、货物周转量成本、装卸成本之外，尚需核算货种运输成本、航线运输成本、航次运输成本、单车（或单船、单机）运输成本、分作业过程运输成本、分货种装卸成本等。

第九章　信息传输企业产品成本核算

★★ 小案例 ★★

喜看广播电视网、互联网和电信网三网融合之国家战略落地①

三网融合，既是国家发展战略又是信息产业经济发展的现实选择，是一项不可逆转的政治任务。在2010年1月13日国务院“1号文”中，明确提出了推进三网融合的阶段性目标。2008年1月1日，国务院办公厅转发发展改革委、科技部、财政部、信息产业部、税务总局、广电总局六部委《关于鼓励数字电视产业发展若干政策的通知》（国办发［2008］1号），提出“以有线电视数字化为切入点，加快推广和普及数字电视广播，加强宽带通信网、数字电视网和下一代互联网等信息基础设施建设，推进‘三网融合’，形成较为完整的数字电视产业链，实现数字电视技术研发、产品制造、传输与接入、用户服务相关产业协调发展”。2009年1月，中国移动、中国电信、中国联通分别获得TD－SCDMA、CDMA2000和WCDMA的3张3G牌照，三家新运营商进入电信全业务竞争时代。2009年5月19日，国务院批转发改委《关于2009年深化经济体制改革工作的意见》（国发［2009］26号），文件要求落实国家相关规定，实现广电和电信企业的双向进入，推动“三网融合”取得实质性进展（工业和信息化部、广电总局、发展改革委、财政部

---

① 选自袁超伟、张金波、姚建波：“三网融合的现状与发展”，《北京邮电大学学报》，2010年第6期；王厚芹、车士义：“推进我国三网融合势在必行”，《电视技术》，2010年第6期。

负责)。2009年8月，广电总局印发《关于加快广播电视有线网络发展的若干意见》，提出加快落实有线网络的整合，加快推进向数字化整转演进；2010年9月，广电总局印发《关于进一步促进和规范高清电视发展的通知》，提出2011年9月28日达到全程高清播出的目标。三网融合已上升为国家战略的高度，其所涉及的广电业、电信业和互联网产业都是技术和知识密集型产业，我国在三产业领域均已有良好的应用基础，产业体量巨大，是中国电子信息产业的重要组成部分。三网融合是推进落实文化产业振兴政策的必然选择，为实现三网融合，必须实施行业网络整合、加快发展高清等关键工程。三网融合指电信网、广播电视网、互联网在向宽带通信网、数字电视网、下一代互联网演进过程中，三大网络通过技术改造，其技术功能趋于一致，业务范围趋于相同，网络互联互通、资源共享，能为用户提供语音、数据和广播电视等多种服务。统一的TCP/IP协议的普遍采用，使得各种以IP为基础的业务都能在不同的网上实现互通。三合并不意味着三大网络的物理合一，而主要是指高层业务应用的融合。三网融合应用广泛，遍及智能交通、环境保护、政府工作、公共安全、平安家居等多个领域。手机可以看电视、上网，电视可以打电话、上网，电脑也可以打电话、看电视，三者间相互交叉，形成你中有我、我中有你的格局。信息服务由单一业务转向文字、话音、数据、图像、视频等多媒体综合业务。将极大地减少基础建设投入，并简化网络管理，降低维护成本，把多个产业整合成一个庞大的产业，成为我国经济新的增长点。将使网络从各自独立的专业网络向综合性网络转变，网络性能得以提升，资源利用水平进一步提高。三网融合是业务的整合，它不仅继承了原有的话音、数据和视频业务，而且通过网络的整合，衍生出了更加丰富的增值业务类型，如图文电视、VOIP、视频邮件和网络游戏等，极大地拓展业务提供的范围。三网融合将打破电信与广电运营商在视频传输领域长期的恶性竞争状态，各大运营商将在一口锅里抢饭吃。三网融合，是我国发展新兴战略产业的重要步骤，也是国民经济转型升级的重要着力点，对繁荣文化产业、提高国家信息化水平、促进工业化与信息化融合具有战略意义，在经济转型和产业结构调整中正发挥着重要作用。三网融合将加快有线电视数字化、双向化、互联网化的进程，促进广电的互联网化进程，以新的服务手段开展更多新业态服务，在未来数字家庭和物联网中发挥更大作用。从整体上会增强有线网络的竞争实力，化散乱为统一，产生规模效益。三网融合工作是重大政治性民生工程。对受众而言，看电视、上网、打电话资费可能打包下调。低成本地给消费者带来更加新鲜精彩的娱乐体验和享受，用户可通过电视上网、通过电脑打电话、通过手机看电视，真正实现三屏合一。欧美等发达国家纷纷将三网融合上升为国家战略，作为推进信息产业发展和经济增长的新引擎，通过管制机构调整、立法等手段打破了电信网、有线电视网的壁垒，在新世纪初就已基本实现了三网融合。

第一节　电信企业成本核算对象

信息传输企业是运用电子技术在不同的地点之间传递信息以达到通信目的的物质生产部门，它包括电信和其他信息传输服务业。其他信息传输服务业又包括互联网信息服务业、广播电视传输服务业、卫星传输服务业。从物质生产和非物质生产两大领域来说，信息传输业属于物质生产部门；从一、二、三产业来说，信息传输业属于第三产业；从信息产业和非信息产业来说，信息传输业属于信息产业。

信息传输的生产活动主要是利用电信网络为用户提供各类媒体信息的传递条件，通过迅速可靠地传送信息来完成对用户的服务。信息传输与一般制造企业相比较为特殊，它有如下一些特点：（1）它不生产实物产品，只通过传递信息产生有益效用；（2）信息传输的生产过程就是用户的消费过程，一般工业生产品的生产和消费在时间和空间上并不一致，表现为生产—交换—消费，而信息传输业则把生产过程、消费过程密切结合在一起；（3）信息传输业实行全程全网联合作业，一个信息通常要经过两个或两个以上企业进行联合作业才能全部完成，每个企业只能完成全部生产过程的一个阶段，但又都是不可缺少的。

信息传输部门是国民经济的神经中枢系统。尽管它不生产实物产品，但它是一个物质生产部门，同时它又是一个社会服务部门，属第三产业。信息传递的任务是满足国家、国民经济各部门以及人民群众的信息需要，也就是通过提供优质、高效、低消耗的通信手段，加快各种信息传递过程，加快社会生产过程、流通过程，节约社会劳动时间。在不断提高社会效益的同时，应努力提高信息传输部门的经济效益，促进信息传输业的发展，实现信息传输的现代化。

本章主要以电信业为例介绍信息传输行业的成本核算。电信业在现代社会中占有至关重要的地位，它的发展可以大大地加速信息的流动，缩短空间距离，提高社会经济的运行效率，从而创造巨大的社会效益。电信行业具有服务性、网络性、技术密集性等特点。电信网络是电信业所拥有的特殊资源，电信业务的运营也有其独特的规律。特别是近年来，电信技术发展迅速，电信新业务层出不穷，电信行业的内外环境也发生了巨大的变化，电信企业面临着激烈的市场竞争，其经营管理工作变得更为复杂。

电信业成本即电信企业在向消费者提供信息传递等服务过程中，耗费的各种资源的货币表现。电信业一般以基础电信业务、增值电信业务、其他电信业务为成本核算对象。

其中，基础电信业务，是指提供公共网络基础设施、公共数据传送和基本话音通信服务的业务。具体包括以下 9 种：（1）固定网络国内长途及本地电话业务；（2）移动网络电话和数据业务；（3）卫星通信及卫星移动通信业务；（4）互联网及其他公共数据传送业务；（5）带宽、波长、光纤、光缆、管道及其他网络元素出租、出售业务；（6）网络承载、接入及网络外包等业务；（7）国际通信基础设施、国际电信业务；（8）无线寻呼业务；（9）转售的基础电信业务。

电信增值业务，是指凭借公用电信网的资源和其他通信设备而开发的附加通信业务，其实现的价值使原有网络的经济效益或功能价值增高，有时称之为增强型业务。增值业务广义上分成两大类：一是以增值网（VAN）方式出现的业务，例如，租用高速信息组成的传真存储转发网、会议电视网、专用分组交换网、虚拟专用网（VPN）等；二是以增值业务方式出现的业务，如数据检索、数据处理、电子数据互换、电子信箱、电子查号、电子文件传输等业务。

电信业务经营范围已涵盖固网语音、移动、宽带、增值业务、综合信息服务等，客户包括政企客户和公众客户等。不同业务和客户可以组合成不同的套餐，即使对于同类客户使用同种服务，有的客户需要大量标准服务而很少特殊要求，有的客户则需要定制差异化的服务，由此构成复杂的业务、客户和需求组合，需要制定多种定价策略，因此，需要多元化的成本信息，在成本核算方面体现出多样化的特点。电信企业自身的具体经营特点，决定了电信企业的成本核算特点，这些特点主要体现在以下几个方面：

（1）没有原材料耗费项目。电信企业并不进行实物产品的生产，因此，其成本构成中不存在原材料成本项目。

（2）固定成本比重大。电信企业在市场上属于较为典型的自然垄断类型，是资本投入规模大、技术程度要求高、固定资产占总资产比例高的技术密集型行业，因而具有固定成本比重大的特点。在一定的网络规模范围内，单位业务量的边际成本极低，单位业务量的平均成本随业务量的增加而不断下降，电信企业具有明显的规模经济特征。

（3）成本对象的多样化。对于复杂的业务、客户和需求组合，需制定多种定价策略，因此核算体系需要提供详细的成本信息。

第二节 电信企业产品成本核算项目和范围

与制造企业相比，信息传输企业的成本项目和范围的特点是基本没有原材料耗费项目、固定成本相对比重较大。从消耗的主要资源类型上看，除了与制造企业一样都涉及人力、设备、无形资产等方面的消耗外，还会发生行业特有的支出，如电路及网元租赁费等特定支出。

一、电信企业营业成本的构成

电信企业设置“主营业务成本”科目，核算企业各项主营业务成本，计算通信生产过程中发生的成本支出。

“主营业务成本”科目设置以下 7 个二级科目：固定本地电话网业务成本；长途电话网业务成本；数据通信网业务成本；移动通信网业务成本；卫星通信网业务成本；无线寻呼网业务成本；专用通信网业务成本。

按成本项目设置的三级明细科目及其核算内容包括：

（1）工资：生产人员工资。

（2）职工福利费：按规定支付的职工福利费。

（3）折旧费：固定资产按规定计提的折旧费。

（4）修理费：企业在用的固定资产（包括租入固定资产）发生的各种维护费、修理费，以及固定资产进行大修理发生的支出。

（5）低值易耗品摊销：在用的各种低值易耗品的购置、摊销额和修理费等。

（6）业务费：支付通信生产的各种业务费用。包括：频率占用费，卫星测控费，安全保卫费，码号资源费，设备耗用的外购电力费，自有电源设备耗用的燃料和润料费，水电取暖费，劳动保护费，保险费，交换机用电池费，业务材料、单式和用品费，因公使用名章刻制费，差旅费，图书数据费，委托代办手续费，物业管理费，车辆的养路费、燃料油料费、保险费、停车费、过桥费、过路费以及由“共同费用”科目按比例分摊到主营业务成本中的业务费。

(7) 电路及网元租赁费：支付给其他电信企业的电路及网元等传输系统及设备的租赁费用。

二、电信企业营业成本的核算

企业计提工资时，按照“工资计算表”所列数据，借记“主营业务成本——××网业务成本——工资”科目，贷记“应付职工薪酬”科目。

企业支付福利费时，借记“主营业务成本——××网业务成本——职工福利费”科目，贷记“库存现金”、“银行存款”等科目。

企业每月按照“折旧费计算表”所列各通信网应计提折旧额提取的固定资产的折旧费，借记“主营业务成本——××网业务成本——折旧费”科目，贷记“累计折旧”科目。

企业发生的与固定资产有关的后续支出，如果不能使流入企业的经济利益超过原先的估计，应当确认为费用，借记“主营业务成本——××网业务成本”科目、“管理费用”等科目，贷记“银行存款”等科目。

企业发生的修理费、低值易耗品摊销、业务费、电路及网元租赁费等项开支，凡能直接计入各通信网业务成本的，应直接计入，借记“主营业务成本——××网业务成本”科目，贷记“库存材料”、“低值易耗品”、“库存现金”、“银行存款”等科目；其中不能直接计入相关通信网业务成本的修理费和业务费，先归集计入“共同费用”科目，月份终了再按确定的分摊标准，分摊计入相关通信网业务成本，借记“主营业务成本——××网业务成本”科目，贷记“共同费用”科目。

期末，应将“主营业务成本”科目的余额转入“本年利润”科目，结转后本科目应无余额。

三、共同费用的构成和核算

类似于制造企业的“制造费用”科目，电信企业设置了“共同费用”科目，以核算应由各通信网业务成本和管理费用、其他业务支出等共同承担的修理费、动力费、房屋租赁费和业务费等各项开支。凡能直接计入各通信网业务成本或相关费用、支出的，不通过本科目核算。“共同费用”科目设置以下六个明细科目或账内专栏，其具体核算内容如下：

（1）修理费：企业支付共同使用的房屋和设备修理所发生的工、料费等。

（2）动力费：企业支付共同耗用的外购电力费和自供电源设备消耗的燃料、润料等费用。

（3）水电取暖费：企业耗用的水费、照明费、照明设备的材料消耗和添置费用，冬季取暖耗用的燃料、用具、运杂费、煤炭清理费等。

（4）劳动保护费：企业按规定支付的劳保用品，如工作服、标志服、防寒防雨服、清凉饮料、劳动安全标志、安全手册及操作规程印制费等。

（5）房屋租赁费：企业共同使用房屋的租赁费。

（6）其他：不属于以上各科目的共同费用。

发生共同费用时，先在“共同费用”科目归集，借记“共同费用”科目相关明细科目，贷记“库存现金”、“银行存款”、“库存材料”、“库存商品”、“低值易耗品”、“其他应收款”、“其他应付款”等科目。月终按规定方法和标准，分摊本月发生的共同费用。分摊修理费时，借记“主营业务成本——××网业务成本——修理费”、“管理费用”、“其他业务支出”、“在建工程”等科目，贷记“共同费用”科目相关明细科目；分摊其他各项共同费用时，借记“主营业务成本——××网业务成本——业务费”、“管理费用”、“其他业务支出”、“在建工程”等科目，贷记“共同费用”科目相关明细科目。“共同费用”科目月末结转后应无余额。

第三节 电信企业费用的归集、分配与结转

一、费用的分配原则和依据

企业需要分配的费用，应按照“谁受益、谁承担”的原则，根据所发生的费用和各通信网之间的因果关系，将所发生的各项费用，凡能明确归属于哪个通信网的耗费，就直接计入与其相关通信网的成本项目中；凡是关系到两个或两个以上通信网成本的，或者通信网与管理等部门共同发生的费用，应按照规定的成本费用分配方法，分摊计入相关通信网的成本、管理费用。

企业各项成本费用分配标准，可依据上年实际发生的与各项成本费用相关的数据，计算出应分配比例，据以分配本年的成本费用并作为记账凭证的附件。分配比例一经确定，应保持一年不变。

对于当年的新增业务，可在次年统一调整分配比例。

二、费用的归集、分配与结转方法

1. 工资的归集与分配。企业应支付给职工的工资总额，在“应付职工薪酬”科目归集，能够明确相关通信网和营业、管理工作的人员工资可直接计入相关通信网的成本和有关的费用支出；不能直接计入相关通信网成本的人员工资，按以下方法计算分配：

（1）电信支局（所、营业网点）一个营业员受理几种业务的，其工资可按上年作业量及工时定额计算办理某种业务的工时，占办理几种业务总工时的比例或按各通信网业务收入比例，分配计入相关通信网的成本。

（2）电力维护人员工资，按通信网耗电量比例，分配计入相关通信网的成本。

（3）其他兼职人员的工资可按其从事办理几种业务的作业量比例、工时比例或按各通信网业务收入比例，分配计入相关通信网成本。

2. 职工福利费的分配。企业发生的职工福利费，凡能明确由哪个通信网、部门承担的，就直接计入相关通信网成本和有关部门的费用支出；不能直接计入相关通信网或部门成本费用的职工福利费，按工资的分配比例，分配计入相关通信网成本和管理费用。

3. 折旧费的分配。折旧费每月按月初应计折旧固定资产总值和规定的分类折旧率计提，填制“折旧费计算表”，按以下分配方法或直接计入相关通信网成本和管理费用：

(1) 各通信网共享或与管理等部门共享的房屋及建筑物的折旧费，按各占用房屋面积比例分配计入各相关通信网成本和管理费用。

(2) 电力室用房的折旧费，按耗电量比例分配计入相关通信网成本。

(3) 共同使用的电源设备，其折旧费按耗电量比例分配计入相关通信网成本。

(4) 两个或两个以上通信网共享的运输设备，其折旧费按各通信网使用运输设备的行程公里或工作量所占比例分配计入相关通信网成本。

(5) 其他共享设备的折旧费，按通信网使用量等相关因素的比例分配计入相关通信网成本。

4. 修理费的归集与分配。修理费凡能直接计入的直接计入；不能直接计入的，先在“共同费用”科目归集，月终，再按确定的分配方法，分配计入相关通信网成本。

5. 低值易耗品摊销的分配。凡能明确归属于哪个通信网的低值易耗品摊销，就直接计入与其相关通信网成本；在两个及两个以上通信网共同使用的低值易耗品，按以下方法计算分配：

(1) 各通信网共享的低值易耗品，按各通信网收入的比例分配计入相关通信网成本。

(2) 各通信网共享的运输设备所使用的低值易耗品，按相关通信网使用运输设备的行程公里或工作量所占比例分配计入相关通信网成本。

（3）共同使用的电力设备所使用的低值易耗品，按各通信网的耗电量比例，分配计入相关通信网成本。

6. 业务费的归集与分配。业务费凡能直接计入的直接计入；不能直接计入的，先在“共同费用”科目归集，月终，再按确定的分配方法，分配计入相关通信网成本。

7. 电路及网元租赁费的分配。电路及网元租赁费凡能直接计入的直接计入；不能直接计入的，按各通信网使用的业务量所占比例，分配计入各通信网成本。

8. 共同费用的归集与分配。根据“谁受益，谁承担”的原则，确定分配方法如下：

（1）修理费的分配。几个通信网共享的房屋及建筑物的修理费，按各通信网收益面积比例，分配计入相关通信网成本；各通信网与管理等部门共享的房屋及建筑物的修理费，按受益面积比例，分配计入相关通信网成本和管理费用。

几个通信网共享的电力室用房及电源设备的修理费，按耗电量比例，分配计入各相关通信网成本。

几个通信网共享的运输设备或与管理等部门共享的运输设备的修理费，按各相关通信网和管理等部门的行程公里或工作量的比例，分配计入相关通信网成本和管理费用。

几个通信网共享的其他设备的修理费，按各通信网使用量等相关因素的比例，分配计入各通信网成本。

（2）动力费的分配。自供动力燃料费和外购电力费，按通信网的各种设备用电量的比重确定比例，据以分配计入相关通信网成本的业务费。

（3）水电取暖费的分配。水费：按各通信网和管理等部门人员人数确定分配比例，分配计入相关通信网成本的业务费和管理费用。

电费：按各通信网和管理等部门使用的房屋面积确定分配比例，分配计入相关通信网成本的业务费和管理费用。

取暖费：按各通信网和管理等部门的建筑面积或取暖面积确定分配比例，分配计入各通信网成本的业务费和管理费用。

（4）劳动保护费的分配。按各通信网和管理等部门享受劳动保护用品的人数确定比例，分配计入各通信网成本的业务费和管理费用。

（5）房屋租赁费的分配。按各通信网和管理等部门受益面积的比例，分配计入相关通信网成本的业务费和管理费用。

（6）物业管理费的分配。按各通信网和管理等部门的人员人数确定分配比例，分配计入相关通信网成本的业务费和管理费用。

（7）其他共同费用的分配。按各通信网和管理等部门相关因素确定分配比例，分配计入通信网成本和管理费用。

9. 期间费用的归集与分配。企业日常发生的销售费用、管理费用和财务费用，先分别在“销售费用”、“管理费用”和“财务费用”科目核算。年末编制“分部报表（按通信网分类）”时采用表分法，按各通信网成本占总成本的比例分配后，分别填入各通信网相关栏目。

本章小结

间接成本占比大、全程全网联合作业是电信企业经营的主要特点，间接成本占有相当高的比例，只有少数的直接费用可以指向业务（或客户），其他费用都需要根据设定的规则，经过分摊分配处理后，才能归集到业务（或客户）。鉴于企业的成本构成特点，电信企业所发生的费用，能够确定由某一成本对象负担的，都应当按照所对应的产品成本项目类别，直接计入产品成本核算对象的生产成本；由几个成本核算对象共同负担的，应当选择合理的分配标准分配计入。企业在进行生产时会涉及共同费用的场合，这时我们采用的分配标准要注重合理性和简便性原则。所谓合理性，即所选择的分配标准与分配费用之间会存在一定的联系，我们应该根据联系的密切度的多少进行成本费用分配；简便性是指易于取得分配标准的资料，方便计算。

第十章　软件及信息技术服务企业产品成本核算

★★ 小案例 ★★

软件产业——缓中趋稳　转型压力加大①

2014年我国软件产业将面临由于国际市场需求不振而导致的持续出口低迷，软件企业由于云计算、移动互联网等新技术、新模式迅速发展而面临巨大的转型压力，产业链垂直整合浪潮下我国软件企业资源整合能力不足问题凸显，软件人才结构性短缺导致企业对人才的争夺日益激烈，这些均对软件产业发展带来重大挑战。2014年我国软件产业发展的政策环境将得到优化，网络化、平台化、融合化等新技术将加速推进技术创新和产品创新。(1) 产业发展政策环境持续优化。2013年，一系列产业发展利好政策密集出台。国务院下发《关于促进信息消费扩大内需的若干意见》，加速信息消费成为拉动内需的经济增长热点和促进经济结构调整的着力点。中共中央政治局以"实施创新驱动发展战略"为题举行第九次集体学习，提出"紧紧抓住和用好新一轮科技革命和产业变革的机遇"，将创新驱动发展提升为面向未来的一项重大战略。此外，《软件企业认定管理办法》、《关于印发〈国家规划布局内重点软件企业和集成电路设计企业认定管理试行办法〉的通知》等产业管理办法和实施细则相继出台。2014年，促进信息消费政策和创新驱动战略将加速落地实施，为软件产业发展带来新动力。软件企业所得

① 资料来源：《中国电子报》、电子信息产业网，2014年2月11日。

税优惠政策、软件企业认定管理办法等配套政策和实施细则的实施，将加快“4号文”的落实。(2) 市场规模不断扩大，应用持续拓展。随着全球经济开始触底企稳，全球IT市场走势将出现好转。IDC预计，2014年，全球IT支出将增长5.1%，达到2.14万亿美元。中国IT市场在各种有利政策因素推动下呈现较好的增长态势。“十二五”规划进入攻坚阶段，医疗改革、西部大开发、战略性新兴产业、节能环保、城镇化、智慧城市等重要政策加速推进，加上信息消费、物联网、宽带中国、电子商务、4G牌照发放等，都为2014年市场增长提供重要依据。IDC预计，2014年中国IT市场增长率为14.1%，高于2013年8.9%的增长率，在全球IT支出增长中所占比例持续提高。从细分领域看，医疗、金融、电信等领域信息化投资正值高峰，给相关的软件厂商带来重要的市场机遇。随着4G牌照的发放，IT投资的总体规模还将保持稳定增长，预计到2017年这一市场规模将达到227.6亿元，年复合增长率为10.4%。(3) 技术创新和产品创新加速推进。随着云计算、大数据、移动互联网等新技术、新模式迅速兴起并向各个领域的加速渗透，软件产业技术创新不断加快，网络化、平台化、融合化成为重要技术趋势。一是网络化成为软件技术发展的基本方向。计算技术的重心正在从计算机转向互联网，互联网成为软件开发、部署与运行的平台，将推动整个产业全面转型。二是平台化成为软件技术和产品发展的新引擎。操作系统、数据库、中间件和应用软件相互渗透，向一体化软件平台的新体系演变。硬件与操作系统等软件整合集成，可降低IT应用的复杂度，适应用户需求。软件的竞争从单一产品的竞争发展为平台间的竞争，未来软件产业将围绕主流软件平台构造产业链。三是融合化成为软件技术和产业发展的新空间。软件技术和产业正步入高度分化基础上的高度融合阶段。一方面，软件的技术体系、业务领域越来越专业化；另一方面，软件与硬件、软件与网络、产品与服务、软件产业与其他产业之间相互融合并不断深化。融合化趋势催生了大量新技术、新模式、新业态，创造了巨大的市场需求。(4)产业整体延续缓中趋稳态势。2013年1~11月,受经济增长放缓、市场需求不振影响,我国软件和信息技术服务业发展呈现放缓态势,共实现软件业务收入2.84万亿元,同比增长24.8%,增速低于上年同期2.5个百分点,低于年初0.6个百分点。2014年,全球经济进入深度转型调整阶段,国际形势复杂性和不确定性并存;国内经济进入中长期经济潜在增长放缓和短周期经济弱势复苏交织的阶段,经济平稳增长面临较大压力。外部经济的不景气将直接导致内外需市场萎缩,使软件企业订单减少,但国内信息化投资加速、个人级和企业级信息消费需求快速增长、中国经济转型调整的加速以及两化深度融合进程的加快,将释放出巨大需求,拓宽产业发展空间。加上云计算、大数据等新技术加速落地等推动,软件产业运行将在2013年稳中有落的基础上延续缓中趋稳态势,预计全年增速在22%到25%之间,产业规模达到3.5万亿元。

一、产业发展面临重大挑战

2014年我国软件产业将面临由于国际市场需求不振导致的持续出口低迷,软件产业发展面临挑战。

(一)软件出口低迷态势短期内难以逆转

2013年,世界经济仍处于深刻调整与变革中,在转型中延续低速增长。其中,发达国家经济开始企稳,新兴市场经济则增速回落。美国、欧盟、日本是全球前三大软件产业体,2014年宏观经济均没有出现大幅回升迹象。在国际市场需求无明显扩大的条件下,预计我国软件出口将延续低增长态势,短期内难以出现大幅回升。预计2014年,市场总体需求不旺、人民币升值、企业经营成本上升等问题将使我国软件产业出口受到一定影响,本土软件企业的国际市场拓展面临更大挑战。

(二)软件企业面临着较大转型压力

近年来,软件与网络深度耦合,软件与硬件、应用和服务紧密融合,网络化、服务化、体系化和融合化趋势日益明显。同时,云计算等新技术、新模式迅速兴起,并加速渗透到经济和社会生活的各个领域，成为产业发展的新增长点。产业技术创新加速，商业模式、服务模式变革方兴未艾，推动产业转型调整，在给企业提供赶超机遇同时，也带来巨大的转型压力。这种转型的压力来自于核心技术缺乏、市场经验不足和核心竞争力不强。由于我国软件企业关键核心技术掌握度较低，向新兴商业模式的转型仍在起步阶段，与各行业、领域的应用融合尚显不够，特别是在面向行业应用和面向企业级用户的云服务及其系统解决方案提供，以及物联网系统市场化应用等方面经验不足，使得软件企业在适应产业发展新形势、新需要方面面临较大压力。转型成为很多企业面临的重要课题，成功的转型将带领企业进入新一轮快速增长。

（三）产业链整合能力有待进一步加强

在新技术、新业态和新模式快速产业化的推动下，软件网络化、服务化、体系化和融合化趋势愈发深入，产业竞争已从企业竞争演进到产业链竞争，IT 跨国公司纷纷加快垂直一体化整合，率先确立起以产业生态体系竞争为特征的新格局，并呈现愈演愈烈趋势。尽管百度、谷歌、腾讯、阿里巴巴等一批龙头企业已开始整合资源，但核心技术研发能力与产业链整合能力仍显不足。例如，阿里云加紧布局云生态圈，以“飞天”平台为基石，通过“生态扶持 + 平台升级 + 大规模降价”的策略，整合云计算生态链上的各方力量，为开发者提供其创新所需的资金、产品、服务到云计算应用的全方位资源。对于企业，只做软件没有数据和用户，只做硬件没有赢利模式，产业链垂直整合成为未来发展的重要趋势，不具备垂直整合能力、不具备合作共赢的企业将被淘汰。

（四）企业对软件人才争夺日益激烈

随着企业对软件人才的需求迅速增长和高校软件人才供给的减少，软件人才结构性短缺问题日益突出，人才流失、人才争夺日益激烈。软件人才的结构性紧缺给企业带来人工成本上升的压力，影响企业利润率的改善。当前，软件人才供给的不足不仅体现在规模上，更体现在结构上。我国软件产业人才大部分集中在开发与测试环节，技术支持、数据处理和数据运营方面的人才匮乏。同时，软件产业发展还缺少系统分析、软件架构、项目管理等高级人才，云计算、大数据、物联网等新技术相关高端人才，以及具备高端架构设计研发能力、精通现代企业经营管理和资本运作的领军人才。软件人才结构不合理的原因主要有：一是我国软件人才培养目标、内容、方式与软件技术发展变化快的现状不相适应，产教融合需进一步加强；二是软件企业内部普遍缺乏系统的人才培养体系，特别是广大中小型企业不能对新就业的学生提供更多的学习和培训的机会；三是政策、知识产权保护、竞争环境等软件人才发展环境不完善，不能有效地吸引人、留住人。

二、关注热点

（一）信息消费政策推动软件、内容、服务一体化发展

《关于促进信息消费扩大内需的若干意见》（以下简称《意见》）发布后，信息消费将成为新一轮消费热点，成为当前拉动国内有效需求、推动经济转型升级的重要突破口。软件作为信息生产、流通、消费的核心引擎，促进信息消费政策将加快新业态培育，推动本土软件的应用推广，给传统软件公司、软件产业转型提供更多的市场机会。《意见》提出，要鼓励智能终端、智能语音、信息安全等关键软件的开发应用，面向企业需求，突破核心业务信息系统、大型应用系统等的关键技术，开发基于开放标准的嵌入式软件和应用软件，加快产品生命周期管理（PLM）、制造执行管理系统（MES）等工业软件产业化。这些政策的实施将推动本土软件的应用普及，提升传统软件企业和产品的用户认知度、认可度，发挥软件产业在促进信息消费中的支撑引领作用。《意见》还指出，要培育新兴信息消费需求，推动网络信息技术与服务模式融合创新，这给传统软件公司、软件产业转型提供了更多的市场机会。当前，软件服务领域正不断培育出新的消费热点，孕育出云计算服务、物联网服务、动漫游戏等新的消费需求。据估计，到2015年，我国云计算产业链市场规模将达7 500亿至10 000亿元，物联网整

体市场规模将达到 7 500 亿元，动漫产业产值将达到 1 775 亿元。

（二）开源软件快速发展为软件产业创新发展提供“弯道超车”机会

我国的软件发展与创新需要更多地从开源模式中获得创新思路和创新技术，开源软件的新发展、新趋势为我国软件企业发展提供赶超的机遇，京东、网易等越来越多的国内企业开始支持开源。当前，开源的潮流正在席卷全球的软件产业，除了谷歌、红帽等开源企业，甲骨文、IBM、微软等传统的软件巨头都选择用各种各样的方式“拥抱”开源。开源软件在取得突破性进展的同时，也呈现出新的发展趋势。一是从完整的基础设施的软件堆栈到应用解决方案，开源软件普及率大幅提高。开源技术将要普及的重大基础设施领域包括应用服务器、信息和数据库，尤其是基于 Java 应用程序的堆栈，因为它们易于迁移到开源解决方案上。在应用层，我们将会看到开源商业智能（BI）、企业内容管理（ECM）和企业资源管理（ERP）解决方案的普及率大大增加。二是 SaaS 和云计算解决方案拉动开源技术的发展。云计算可能是让面向开源软件的企业实现赢利的最佳方式。云计算可以降低开源软件的风险。SaaS、云计算和开源产品的强有力融合将使企业用户即使在经济衰退的条件下实施 IT 项目，所需的成本也会大大减少。三是开源软件将被混合化。混源业务在增长，并很可能成为主流的商业模式。开源软件厂商销售衍生软件，同时闭源厂商提供更多的开源软件。所有的软件表面上看起来都是开源的，使用一种复合许可证，用户可以像使用开源软件一样使用它，但是要向底层开发者支付一些费用。

（三）新技术、新模式推动平台软件快速发展

平台指计算机硬件或软件的操作环境，包括技术平台、业务平台和应用平台。平台软件是指支持这些平台得以正常运转的软件。长期以来，平台软件核心技术缺乏一直是中国软件产业的软肋，国外软件巨头过去几十年的积累在平台软件领域形成了独有的技术与市场壁垒，使作为跟随者的中国企业很难有更大的作为。随着移动

互联网、大数据、云计算、社交网络的迅猛发展及其对各领域的加速渗透，软件支撑平台发展面临新的要求，基础软件支撑平台正在发生新的深刻变化，甚至是颠覆性的变化。在这样的背景下，中国的基础软件企业有机会透过需求的演变、透过基础平台架构巅峰性变化的机会加速创新，在未来赢得基础平台核心技术的新话语权。

第一节　软件及信息技术服务企业成本核算对象

一、软件及信息技术服务企业的生产经营与管理特点

按照国际惯例，软件产业包括软件产品和软件服务两大部分。计算机软件产品是能被计算机存储和读入并指示计算机从事特定工作的编码程序，主要包括系统软件、支撑软件、应用软件等；计算机软件服务是指与计算机软件相关的服务内容，主要包括信息系统集成、动态服务器页面、信息系统运行与维护服务、数据中心与资源外包服务、资料加工与处理服务、信息系统咨询与评估服务、信息系统工程监理、软件与信息系统管理人才工程化培训等。软件及信息技术服务企业通常分为以下两种业务模式：

（一）自行开发软件产品

自行开发的软件产品是指拥有自主知识产权，无差异化、可批量复制，无需根据用户需求进行定制的软件产品。

自行开发软件产品的特殊性主要表现为：一方面，软件产品工作流程的关键是母版的研制过程，通常具有以下特点：开发成本很高、产品复制的边际成本很低，沉没成本很高、付现成本很低，人工成本很高、材料成本很低；另一方面，软件产品的子版批量复制过程周期短、工艺简单，类似于制造企业的批量生产过程。

自行开发软件产品包括以下步骤：（1）可行性调查，包括市场可行性调查、经济可行性和技术可行性调查等前期工作；（2）系统分析，主要任务是给出系统说明书，确定软件的主要功能等事项；（3）系统设计，其主要任务是决定系统的模块结构，确定模块的功

能、接口和实现方法；(4) 程序设计，即由程序员编写程序，建立相应文档；(5) 系统测试，即检查和揭露程序的错漏偏差以便修正和排除；(6) 撰写系统说明书及指导书、申请专利、维护等。

(二) 按客户需求开发软件产品或提供软件服务

按客户需求开发软件产品或提供软件服务是指根据与客户签订的技术开发、技术转让合同，对用户的业务进行充分实地调查，并根据用户的实际需求进行专门的软件设计与开发或提供的软件服务，由此开发出来的软件不具有通用性。

按客户需求开发软件产品或提供软件服务在很多时候不仅是必要的，而且是必需的。按客户需求开发软件产品或提供软件服务的特殊性主要表现为：(1) 针对性强。按客户需求开发软件因为是量身定做的，所以针对性非常强，这也是按客户需求开发软件最大的优点。因为每一款定制软件的开发都要经过细致的系统分析，同时需要针对不同企业的情况，开发最适合该企业使用的程序。在开发软件的过程中，需要将管理者的最新管理思路或者最科学的管理模式融入软件的数学模型中，这样可以大大提高软件的科学价值，给企业带来巨大的经济效益。(2) 使用方便。使用方便是按客户需求开发软件的又一大优点。因为按客户需求开发软件完全是根据企业现有的工作流程来编制程序，所以用户通常只需要具备基本的计算机操作知识，就可以使用该软件，不必进行复杂的指导培训。(3) 服务周到。按客户需求开发软件在使用过程中出现任何问题，由软件开发商全权负责解决，而且必要的时候会上门处理。对于在调试期内的软件，可以根据实际应用作一些小范围的调整，这些都是完全没有任何问题的。同时软件定制完成后，软件开发商会给客户提供培训，详细介绍软件如何操作以及使用注意事项，确保需要用到该软件的工作人员都能熟练操作和使用。

总体来说，按客户需求开发软件产品包括以下几个步骤：

(1) 客户提供详细的功能需求。明确客户需求可以说是软件开发的前提，同时也是非常重要的一个环节，简单来说就是客户要定制的软件要能够实现哪些功能，甚至于你要用这个软件来做什么，都必须说得足够详细和明确，很简单的道理，如果客户不说明需求，软件开发人员就不知道你要实现的功能，当然就不知道该如何来设计这个软件。

（2）对需求进行评估并反馈。评估也是一个非常重要的环节，只有经过评估软件企业才知道自己是否有能力开发这样的一款软件、开发该软件需要多长时间、是否能排出工期、是否能在用户要求的周期内完工等等。

（3）进行开发并测试。接下来就进入了实质性的软件开发阶段，这时软件企业一般会制定一个开发方案，内容包括功能分析、项目负责人指定、实施人员安排等等，并将该方案报送给客户，客户无异议之后进行开发，期间需要与用户进行沟通，让用户了解开发的进度，然后进行内部测试，测试完成之后给用户进行试用。

（4）客户验收与服务。客户试用中存在的问题需要及时反馈给软件企业，软件企业在第一时间进行修改，确认无误后进行正式验收。软件企业上门提供软件使用培训，并交付使用说明书等相关资料给客户。

二、软件及信息技术服务企业的成本核算对象

根据软件及信息技术服务企业的业务不同，自行开发软件产品业务一般以自行开发的软件项目为成本核算对象，而按客户需求开发软件产品或提供软件服务业务则一般按照科研课题、承接的单项合同项目、开发项目、技术服务客户等确定成本核算对象。

第二节　软件及信息技术服务企业产品成本核算项目和范围

一、软件及信息技术服务企业项目成本的构成

项目成本是指为开发某项软件项目而发生的相关费用，项目成本包括从项目开始至项目完成所发生的、与执行项目有关的直接费

用和间接费用。这里所说的“直接费用”是指为完成项目所发生的、可以直接计入项目成本核算对象的各项费用支出；“间接费用”是指为完成项目所发生的、不宜直接归属于项目成本核算对象而应分配计入有关项目成本核算对象的各项费用支出。实务中，间接费用的分配方法主要有人工费用比例法、直接费用比例法等。

（一）直接费用的组成

（1）单个项目开发所需人员的工资、奖金（包括年终奖金）。

（2）单个项目开发所需人员按工资比例计提的福利费、工会经费、教育经费、劳动保护费及各种补贴和津贴。

（3）单个项目开发所需硬件设备的折旧费。这里的硬件设备是指计算机完成其功能所借助的一系列部件和设备，主要包括采集设备、处理设备、存储设备和输出设备。

（4）单个项目开发租用设备的租赁费。

（5）单个项目开发所需的低值易耗品摊销费。

（6）单个项目测试费用。

（7）分配计入项目开发的间接费用。

（8）单个项目无形资产（一次性购入的用于该项软件开发的操作系统或软件）摊销费用。这里的操作系统或软件是指企业开发软件系统所需软件成本总和，包括系统软件成本和应用软件成本。系统软件主要包括操作系统和计算机语言系统，一般由计算机厂商免费负责提供，这时系统软件没有成本。若企业根据信息系统还需购置一些其他系统软件，则其系统软件成本由软件价款、邮费、税金等组成。

（9）单个项目开发所需的其他费用。

（二）间接费用的组成

（1）多个项目开发有关人员的工资、奖金（包括年终奖）。

（2）多个项目开发有关人员按工资比例计提的福利费、工会经费、教育经费、劳动保护费及各种补贴和津贴。

（3）多个项目开发所需硬件设备的折旧费。

(4) 用于多个项目开发的设备租赁费。

(5) 多个项目开发所需的低值易耗品摊销费。

(6) 用于多个项目的测试费用。

(7) 用于多个项目的无形资产（购入用于多个项目开发的操作系统或软件）摊销费用。

(8) 废品成本、停工损失。

(9) 系统使用和维护费用。系统使用和维护费用是指使系统得以正常运行的日常开支，包括系统操作运行人员及管理人员工资、系统每项具体应用所耗用的辅助材料费用（如打印纸、色带、软盘、磁带等）和电费等。系统维护分为环境维护、意外事故维护和软件系统维护。这三种维护过程中发生的费用统称为维护成本。它包括维护人员的工资、维护所用的工具费用和材料费用。对于人员工资，按人数和各自的工资标准相乘计算求得；对于材料费用和所用工具费用，按其领用的数量与其单位成本相乘计算求得；对于电费，按其数量与其单价相乘计算求得。

(10) 人才培训费用。人才培训费用是指对系统分析人员、设计人员、程序人员、使用与维护人员和管理人员等的培训费用，包括上述人员在培训期间的工资及支付给培训单位的培训费。

(11) 准备费用。准备费用是指为使系统开发、设计和使用得以正常进行而发生的准备费用，包括机房建设或改造费用、机器（非硬件设备中的机器）安装及调试费用和空调、电源及 UPS 设备等的费用，这些费用按其实际支付的金额计算。

(12) 生产用水电费、修理费、电话费及其他费用。

（三）因订立项目合同而发生的费用

软件公司为订立项目合同而发生的差旅费、投标费等，能够单独区分和可靠计量且项目合同很可能订立的，应当予以归集，待取得项目合同时计入项目成本；未满足上述条件的，应当计入当期损益。

（四）不计入项目成本的各项费用

下列各项费用属于期间费用，应在发生时计入当期损益，不计入项目合同成本：（1）中心管理部门人员的工资、奖金（包括年终奖）。（2）中心管理部门人员按工资比例计提的福利费、工会经费、教育经费、劳动保护费及各种补贴和津贴。（3）中心管理部门人员的差旅费。（4）中心管理部门使用设备的折旧费。（5）中心的车船燃料费、电话费、宣教费、邮电费、安全防范费、非生产用水电费、修理费、租赁费、外事费、印刷及用品费。（6）物业管理费。（7）中心管理部门低值易耗品摊销费。（8）按总费用的百分比计提的科技发展和研究基金。（9）未立项软件产品的前期准备支出的摊销或预提。（10）其他费用。

二、软件及信息技术服务企业项目成本的核算

因为软件及信息技术服务企业有两种业务模式，所以企业的成本核算也分成两种不同的核算情况。

（一）自行开发软件产品

通常情况下，企业自行开发软件产品，成功后并取得专利权，由于该软件产品符合无形资产的定义和相关特征（例如可辨认性）、能够为企业产生预期未来经济利益，以及成本能够可靠地计量，能够确定为一项无形资产。

按照《企业会计准则第6号——无形资产》的规定：企业内部研究开发项目的支出，应当区分研究阶段支出与开发阶段支出，其研究阶段的支出，应当于发生时计入当期损益；即使在开发阶段，判断可以将有关支出资本化确认为无形资产，必须同时满足下列条件：

1. 完成该无形资产以使其能够使用或出售在技术上具有可行性。判断无形资产的开发在技术上是否具有可行性，应当以目前阶段的成果为基础，并提供相关证据和材料，证明企业进行开发所需的技术条件等已经具备，不存在技术上的障碍或其他不确定性。比如，企业已经完成了全部计划、设计和测试活动，这些活动是使资

产能够达到设计规划书中的功能、特征和技术所必需的活动或经过专家鉴定等。

2. 无形资产产生经济利益的方式，包括能够证明运用该无形资产生产的产品存在市场或无形资产自身存在市场，无形资产将在内部使用的，应当证明其有用性。开发支出资本化作为无形资产确认，其基本条件是能够为企业带来未来经济利益。如果有关的无形资产在形成以后，主要是用于形成新产品或新工艺，企业应对运用该无形资产生产的产品市场情况进行估计，应能够证明所生产的产品存在市场，能够带来经济利益的流入；如果有关的无形资产开发以后主要是用于对外出售，则企业应能够证明市场上存在对该类无形资产的需求，开发以后存在外在的市场可以出售并带来经济利益的流入；如果无形资产开发以后不是用于生产产品，也不是用于对外出售，而是在企业内部使用的，则企业应能够证明在企业内部使用时对企业的有用性。

3. 具有完成该无形资产并使用或出售的意图。开发某项产品或专利技术产品等，通常是根据管理当局决定该项研发活动的目的或者意图加以确定，也就是说，研发项目形成成果以后，是为出售还是为自己使用并从使用中获得经济利益，应当依管理当局的决定为依据。因此，企业的管理当局应当明确表明其持有拟开发无形资产的目的，并具有完成该项无形资产开发并使其能够使用或出售的可能性。

4. 有足够的技术、财务资源和其他资源支持，以完成该无形资产的开发，并有能力使用或出售该无形资产。这一条件主要包括：（1）为完成该项无形资产开发具有技术上的可靠性。开发无形资产并使其形成成果在技术上的可靠性是继续开发活动的关键。因此，必须有确凿的证据证明企业继续开发该项无形资产有足够的技术支持和技术能力。（2）财务资源和其他资源支持。财务和其他资源支持是能够完成该项无形资产开发的经济基础。因此，企业必须能够说明为完成该项无形资产的开发所需的财务和其他资源，是否能够足以支持完成该项无形资产的开发。(3) 能够证明企业获取在开发过程中所需的技术、财务和其他资源，以及企业获得这些资源的相关计划等。如在企业自有资金不足以提供支持的情况下，是否存在外部其他方面的资金支持，如银行等借款机构愿意为该无形资产的开发提供所需资金的声明等。(4) 有能力使用或出售该无形资产以取得收益。

5. 归属于该无形资产开发阶段的支出能够可靠地计量。企业对于研究开发活动发生的支出应单独核算，如发生的研究开发人员的工资、材料费等，在企业同时从事多项研究开发活动的情况下，所发生的支出同时用于支持多项研究开发活动的，应按照一定的标准在各项研究开发活动之间进行分配，无法明确分配的，应予费用化计入当期损益，不计入开发活动的成本。

在实务中，软件企业经常根据准则的上述规定，将“技术可行性”作为资本化和费用化的划分标准或时点。即：(1) 对于计算机软件开发成本，一旦技术可行性得以确认，就应该确认为资产。(2) 软件产品销售给用户后发生的软件支持、维护及培训费用，一般应计入当期的销售费用；但是，值得注意的是，后续提供的支持和维护费若可以辨认并单独确认为收入时，其相应的支出应计入营业成本。(3) 产品的计划费用、设计费用及技术可行性确立以前的编译及测试费用，应计入当期的管理费用。值得注意的是，技术可行性确立的时点不是指系统规划阶段的技术可行性研究的完成，而是指系统分析活动结束后的具体逻辑设计方案与物理设计方案的建立，以此作为技术可行性确立的标志，将从系统设计阶段开始发生的开发成本予以资本化。

企业自行开发软件发生的研发支出，不满足资本化条件的，借记“研发支出——费用化支出”科目，满足资本化条件的，借记“研发支出——资本化支出”科目，贷记“累计折旧”、“累计摊销”、“银行存款”、“应付职工薪酬”等科目。

研究开发项目达到预定用途形成无形资产的，应按“研发支出——资本化支出”科目的余额，借记“无形资产”科目，贷记“研发支出——资本化支出”科目。

【例 10-1】 2×14 年 1 月 1 日，甲公司经董事会批准研发某项通用 ERP 软件，该公司董事会认为，研究项目具有可靠的技术和财务等资源的支持，并且一旦研发成功将给公司带来可观的经济收益。该公司在研究开发工程中发生人工工资 5 000 万元、硬件设备折旧 1 000 万元以及其他费用 4 000 万元，总计 10 000 万元，其中，符合资本化条件的支出为 6 000 万元。2×14 年 12 月 31 日，该 ERP 软件已经达到了预定用途。甲公司的账务处理为：

（1）发生研发支出：

借：研发支出——费用化支出　　40 000 000
　　　　　　——资本化支出　　60 000 000
　贷：应付职工薪酬　　50 000 000
　　　累计折旧　　10 000 000
　　　银行存款　　40 000 000

（2）2×14 年 12 月 31 日，该 ERP 软件已经达到预定用途：

借：管理费用　　40 000 000
　　无形资产　　60 000 000
　贷：研发支出——费用化支出　　40 000 000
　　　　　　　——资本化支出　　60 000 000

【例 10-2】 假设例 10-1 的研究项目在 2×14 年 12 月 31 日开发失败，那么 2×14 年 12 月 31 日的会计处理为：

借：管理费用　　100 000 000
　贷：研发支出——费用化支出　　40 000 000
　　　　　　　——资本化支出　　60 000 000

（二）按客户需求开发软件产品或提供软件服务

按客户需求开发软件产品或提供软件服务业务实质上是提供劳务，公司按照劳务收入确认原则进行确认：

1. 软件项目在同一会计年度内开始并完成的，在软件成果的使用权已经提供，收到价款或取得收取款项的证据时，确认收入。

2. 软件项目的开始和完成分属不同的会计年度的，在合同的总收入、项目的完成程度能够可靠地确定，与项目有关的价款能够流入，已经发生的成本和完成该项软件将要发生的成本能够可靠地计量时，在资产负债表日按完工百分比法（工程完工进度）确认软件收入。

3. 对在资产负债表日软件开发劳务成果不能可靠估计的定制软件项目，如果已经发生的成本预计能够得到补偿，应按能够得到补偿的收入金额确认收入，并按相同的金额结转成本；如果已经发生的成本预计不能全部得到补偿，应按能够得到补偿的收入金额确认收入，并按已发生的成本结转成本，确认的收入金额小于已经发生的成本的差额，确认为损失；如果已发生的成本全部不能得到补偿，则不应确认收入，但应将已发生的成本确认为费用。

上述所述的完工百分比法，是指按照提供劳务交易的完工进度确认收入和费用的方法。在这种方法下，确认的提供劳务收入金额能够提供各个会计期间关于提供劳务交易及其业绩的有用信息。

企业应当在资产负债表日按照提供劳务收入总额乘以完工进度扣除以前会计期间累计已确认提供劳务收入后的金额，确认当期提供劳务收入；同时，按照提供劳务估计总成本乘以完工进度扣除以前会计期间累计已确认劳务成本后的金额，结转当期劳务成本。用公式表示如下：

本期确认的提供劳务收入＝提供劳务收入总额×本期末止劳务的完工进度－以前会计期间累计已确认提供劳务收入

本期确认的提供劳务成本＝提供劳务预计成本总额×本期末止劳务的完工进度－以前会计期间累计已确认提供劳务成本

企业采用完工百分比法确认提供劳务收入时，应按计算确定的提供劳务收入金额，借记“应收账款”、“银行存款”等科目，贷记“主营业务收入”科目。结转提供劳务成本时，借记“主营业务成本”科目，贷记“劳务成本”科目。

【**例 10－3**】甲公司于 2×14 年 11 月 1 日与丙公司签订合同，为丙公司订制一项软件，工期大约 5 个月，合同总收入 4 000 000 元。至 2×14 年 12 月 31 日，甲公司已发生成本 2 200 000 元（假定均为开发人员薪酬），预收账款 2 500 000 元。甲公司预计开发该软件还将发生成本 800 000 元。2×14 年 12 月 31 日，经专业测量师测量，该软件的完工进度为 60%。假定甲公司按季度编制财务报表，不考虑其他因素。甲公司的账务处理如下：

2×14 年 12 月 31 日确认提供劳务收入＝4 000 000×60%－0＝2 400 000（元）

2×14 年 12 月 31 日确认提供劳务成本＝（2 200 000＋800 000）×60%－0＝1 800 000（元）

（1）实际发生劳务成本：

借：劳务成本——订制软件——丙公司　　2 200 000

　　贷：应付职工薪酬　　2 200 000

（2）预收劳务款项：

借：银行存款　　2 500 000

　　贷：预收账款——丙公司　　2 500 000

（3）2×14 年 12 月 31 日确认提供劳务收入并结转劳务成本：

借：预收账款——丙公司　　2 400 000

　　贷：主营业务收入——软件开发　　2 400 000

借：主营业务成本——软件开发　　1 800 000

　　贷：劳务成本——订制软件　　1 800 000

【**例 10－4**】甲公司于 2×12 年 4 月 1 日与乙公司签订一项信息系统咨询合同，并于当日生效。合同约定，咨询期为 2 年，咨询费为 300 000 元；乙公司分三次等额支付咨询费，第一次在项目开始时支付，第二次在项目中期支付，第三次在项目结束时支付。甲公司估计咨询劳务总成本为 180 000 元（均为咨询人员薪酬）。假定甲公司每月提供的劳务量均相同，可以按时间比例确定完工进度，按年度编制财务报表，不考虑其他因素。甲公司各年度发生的劳务成本资料如表 10 - 1 所示。

表 10 - 1　　　　甲公司各年度发生的劳务成本资料

单位：元

年份	2 × 12	2 × 13	2 × 14	合计
发生的成本	70 000	90 000	20 000	180 000

甲公司的账务处理如下：

(1) 2 × 12 年：

① 实际发生劳务成本：

借：劳务成本——咨询成本　　70 000

　　贷：应付职工薪酬　　70 000

② 预收劳务款项：

借：银行存款　　100 000

　　贷：预收账款——乙公司　　100 000

③ 确认提供劳务收入并结转劳务成本：

提供劳务的完工进度 = 9 ÷ 24 × 100% = 37.5%

确认提供劳务收入 = 300 000 × 37.5% - 0 = 112 500（元）

确认提供劳务成本 = 180 000 × 37.5% - 0 = 67 500（元）

借：预收账款——乙公司　　112 500

　　贷：主营业务收入——咨询收入　　112 500

借：主营业务成本——咨询成本　　67 500

　　贷：劳务成本——咨询成本　　67 500

(2) 2 × 13 年：

① 实际发生劳务成本：

借：劳务成本——咨询成本　　90 000

　　贷：应付职工薪酬　　90 000

② 预收劳务款项：

借：银行存款　　100 000

贷：预收账款——乙公司 100 000

③ 确认提供劳务收入并结转劳务成本：

提供劳务的完工进度 = 21 ÷ 24 × 100% = 87.5%

确认提供劳务收入 = 300 000 × 87.5% - 112 500 = 150 000（元）

确认提供劳务成本 = 180 000 × 87.5% - 67 500 = 90 000（元）

借：预收账款——乙公司 150 000

贷：主营业务收入——咨询收入 150 000

借：主营业务成本——咨询成本 90 000

贷：劳务成本——咨询成本 90 000

（3）2 × 14 年：

① 实际发生劳务成本：

借：劳务成本——咨询成本 20 000

贷：应付职工薪酬 20 000

② 预收劳务款项：

借：银行存款 100 000

贷：预收账款——乙公司 100 000

③ 确认提供劳务收入并结转劳务成本：

确认提供劳务收入 = 300 000 - 112 500 - 150 000 = 37 500（元）

确认提供劳务成本 = 180 000 - 67 500 - 90 000 = 22 500（元）

借：预收账款——乙公司 37 500

贷：主营业务收入——咨询收入 37 500

借：主营业务成本——咨询成本 22 500

贷：劳务成本——咨询成本 22 500

三、制造费用的构成和核算

与制造企业的“制造费用”科目相同的是，软件及信息技术服务企业也设置了“制造费用”科目，以核算应由多个项目共同承担的水电取暖费、劳动保护费、房屋租赁费和业务费等各项开支。但凡能直接计入各项目成本或相关费用、支出的，不通过本科目核算。“制造费用”科目设置以下六个明细科目或账内专栏，其具体核算内容如下：

(1) 系统使用和维护费用：是指使系统得以正常进行的日常开支，包括系统操作运行人员及管理人员工资、系统每项具体应用所耗用的辅助材料费用（如打印纸、色带、软盘、磁带等）和电费等。

(2) 水电取暖费：企业耗用的水费、照明费、照明设备的材料消耗和添置费用，冬季取暖耗用的燃料、用具、运杂费、煤炭清理费等。

(3) 劳动保护费：企业按规定支付的劳保用品，如工作服、标志服、防寒防雨服、清凉饮料、劳动安全标志、安全手册及操作规程印制费等。

(4) 房屋租赁费：企业共同使用房屋的租赁费。

(5) 无形资产摊销费用：购入用于项目开发的操作系统或软件的摊销费用。

(6) 其他制造费用：不属于以上各科目的制造费用。

发生制造费用时，先在“制造费用”科目归集，借记“制造费用”科目相关明细科目，贷记“库存现金”、“银行存款”、“库存材料”、“库存商品”、“低值易耗品”、“其他应收款”、“其他应付款”等科目。月终按规定方法和标准，分摊本月发生的制造费用。分摊系统使用和维护费用时，借记“主营业务成本——××项目成本——系统使用和维护费用”等科目，贷记“制造费用”科目相关明细科目；分摊其他各项制造费用时，借记“主营业务成本——××项目成本——其他费用”，贷记“制造费用”科目相关明细科目。“制造费用”科目月末结转后应无余额。

第三节　软件及信息技术服务企业费用的归集与分配

一、工资的归集与分配

企业应支付给职工的工资总额，在“应付职工薪酬”科目归集，能够明确研发部门和营业、管理工作的人员工资可直接计入相关项目的成本和有关的费用支出；不能直接计入相关项目成本的人员工资，按相关比例方法计算分配。

二、职工福利费、工会经费、教育经费、劳动保护费及各种补贴和津贴的分配

企业发生的职工福利费、工会经费、教育经费、劳动保护费及各种补贴和津贴，凡能明确由哪个项目承担的，就直接计入相关项目成本和有关部门的费用支出；不能直接计入相关项目或部门成本费用的职工福利费、工会经费、教育经费、劳动保护费及各种补贴和津贴，按工资的分配比例，分配计入相关项目和期间费用。

三、折旧费的分配

折旧费每月按月初应计折旧固定资产总值和规定的分类折旧率计提，填制“折旧费计算表”，按以下分配方法或直接计入相关项目成本和期间费用：

（1）各项目共享或与管理等部门共享的房屋及建筑物的折旧费，按各占用房屋面积比例分配计入各相关项目成本和期间费用。

（2）共同使用的电源设备，其折旧费按耗电量比例分配计入相关项目成本。

（3）其他共享设备的折旧费，按项目使用量等相关因素的比例分配计入相关项目成本。

四、低值易耗品摊销的分配

凡能明确归属于哪个项目的低值易耗品摊销，就直接计入相关项目成本；在两个及两个以上项目共同使用的低值易耗品，按以下方法计算分配：

(1) 各项目共享的低值易耗品，按各项目收入的比例分配计入相关项目成本。

(2) 共同使用的电力设备所使用的低值易耗品，按各项目的耗电量比例，分配计入相关项目成本。

五、制造费用的归集与分配

根据“谁受益，谁承担”的原则，确定分配方法如下：

(1) 水电取暖费的分配。

水费：按各项目和管理等部门人员人数确定分配比例，分配计入相关项目成本和期间费用。

电费：按各项目和管理等部门使用的房屋面积确定分配比例，分配计入相关项目成本和期间费用。

取暖费：按各项目和管理等部门的建筑面积或取暖面积确定分配比例，分配计入各项目成本和期间费用。

(2) 劳动保护费的分配。按各项目和管理等部门享受劳动保护用品的人数确定比例，分配计入各项目成本和期间费用。

(3) 房屋租赁费的分配。按研发部门使用的房屋面积的比例分配计入相关项目成本和期间费用。

(4) 系统使用和维护成本的分配。按各项目使用量等相关因素的比例分配计入相关项目成本和期间费用。

(5) 无形资产摊销费用的分配。按各项目使用量等相关因素的比例分配计入相关项目成本和期间费用。

(6) 其他制造费用的分配。按各项目相关因素确定分配比例，分配计入相关项目成本和期间费用。

本章小结

确认、计量软件及信息技术服务企业产品成本应根据软件及信息技术服务行业特点和生产企业自身特点。软件及信息技术服务企业成本核算既要满足企业综合管理的需要，提供汇总成本核算资料，又要适应多种行业生产经营的特点，计算企业的费用成本和各项非生产性支出。成本核算既要反映出多种形式、多种层次、多种承包下的成本信息，又要为宏观管理提供服务。

软件及信息技术服务企业自行开发软件发生的研发支出，不满足资本化条件的，借记“研发支出——费用化支出”科目，满足资本化条件的，借记“研发支出——资本化支出”科目，贷记“累计折旧”、“累计摊销”、“银行存款”、“应付职工薪酬”等科目。

研究开发项目达到预定用途形成无形资产的，应按“研发支出——资本化支出”科目的余额，借记“无形资产”科目，贷记“研发支出——资本化支出”科目。

软件及信息技术服务企业按客户需求开发软件产品或提供软件服务所发生的费用，能够确定由某一项目对象负担的，都应当按照所对应的产品成本项目类别，直接计入产品成本核算对象的生产成本；由几个项目核算对象共同负担的，应当选择合理的分配标准分配计入。

第十一章　酒店、住宿及餐饮企业产品成本核算

★★ 小案例 ★★

酒店行业面对转型，宜回归市场本原、做好成本控制[①]

2014 年伊始，行业内似乎一派“转型”景象：有的高星级酒店在重新进行市场定位后，瞄准大众群体另辟平价餐饮超市，做“亲民产品”，高、中、低档市场同时开发；有的开拓多种途径、细分多种市场，除调整原有产品外，还把做外卖或在别的商场开美食店面作为新的增收渠道；房地产公司试图卖掉酒店资产；有的酒店想转型做养老院……如果酒店“转型”之后仍然从事酒店行业，只是服务的目标市场有变，产品定位和价格有变，似乎更应该称作“回归”。酒店的本质属性就是为顾客提供一个住宿、餐饮的场所。此前部分酒店建设了大面积的高端包房，各级城市超量建设规模庞大的“国际会议中心”等，不转做其他行业生存根本无望。当前市场形势下，酒店是到了回归市场本原的时候了。回归市场本原，应该根据目标市场和目标客源去提供合适的产品，做好营销和服务。在 CPI 上涨、劳动力成本红利消失的当下，对酒店经营管理者如何在行业回归市场本原的时期做好成本和费用的控制，提出几点可操作的建议：(1) 组织架构转型，去行政化，减少人员，提高效率。有的酒店按照其他行业设定行政编制，甚至一个总经理配有四到六个副总经理，亟须改革行政编制；有的酒店部门分工过细，如前台

① 袁学娅：“回归市场本源，做好成本控制”，《中国旅游报》，2014 年 3 月 24 日。

设有电话机房，财务设有电脑机房，会议场所专门配备音响师，工程部有弱电小组，建议合并同类项，成立弱电中心，减少重复工种人员。此外，专业外包也是国外成熟酒店行业的通常做法，我国酒店行业也可借鉴。但和其他国家相比，目前尚缺乏专业的外包队伍，相关职业院校应该发挥应有的作用。(2) 传统行业应接轨大数据时代，利用先进科技手段，调整传统管理思路，降低劳动力成本和原材料成本。多数单体酒店多年不在网络信息技术上投入，目前在网络营销上完全处于弱势，只能付高额的佣金请 OTA 代为销售。其官网形同虚设，且根本没有将 OTA 客源转换为直销客源的能力。大型酒店基本上仍设立多个厨房对原材料进行分散操作，建议相关企业引进中心厨房的理念，合并厨师同类项，集中粗加工、集中冷菜、集中面点，各厨房最后上灶可根据菜肴特色分开进行，这样可以提高标准化和原材料的使用率，同时减少同类工种、重复人工的浪费。目前，单体酒店餐饮原材料成本控制仍处于手工大厨把控阶段，这和采用成本控制软件的国际品牌酒店集团相比，原材料成本相差5%。国际品牌酒店集团的成本控制软件都是投资方出钱购买的，但国内很多自管酒店却不舍得出资购买。管理软件使用水平不高是自管酒店的普遍现象，严重影响了管理者对经营管理的深度分析和决策。(3) 注重节能环保，把一次性供应用品的浪费从垃圾桶里“捡”回来。近年来，高端酒店对一次性供应用品过度包装，花了大量的印刷包装费。其实，顾客更关注的是酒店用品的品牌、质量，精致的包装最终都被扔到了垃圾桶。酒店应更多地关注这些用品的质量和使用的舒适度。但有些酒店把拖鞋的档次提高到成本10元/双，“一次性”拖鞋变成了“收藏版”拖鞋，并不值得借鉴。(4) 培养多技能员工，减少员工数量，提高小时报酬。在酒店内部，往往以管理能力和业绩来确定管理者的薪酬及职位，以技能高低和劳动量的多少来决定员工待遇。其实，客房清洁员同时还可以掌握餐饮服务技能，可以比单一技能的员工小时工资高一些，可以鼓励员工多学技能、多劳多得。(5) 争取政府和有关部门的支持，改造设备设施，提高节能效率。酒店的设备设施到一定的年份都趋于老化，能耗增加，经营不佳的酒店确实无力改造。因此，这方面的确需要政府和有关部门的支持，给予酒店持续发展的动力。总之，酒店行业的经营管理者到了需要回归市场本原的时候了，不要因为漫无目的"追风"而轻易改变目标客户群和产品。

第一节　酒店、住宿及餐饮企业成本核算对象

一、酒店、住宿及餐饮企业成本核算的定义

酒店、住宿业是为目标顾客提供合适场所供其暂时性居住的行业，针对住宿业企业的成本核算主要是对企业提供住宿服务过程中必要的能耗、物耗、维修消耗和人工消耗的计量核算。

餐饮企业在生产产品时所耗费的原料费用及经营费用即餐饮企业成本。用于制作单位或单个产品的原料价值、人工费用、机器折旧称为单位成本，如单个菜品或者单个生日蛋糕的成本。用于制造整批产品所耗用的原材料价值和劳动量价值称为总成本，如办60桌宴席菜点的总成本、做6万斤月饼的总成本。因此，对餐饮企业的生产和经营所耗费的费用成本进行计算，称为餐饮企业成本核算。

二、酒店、住宿及餐饮企业成本核算的特点

（一）需要每天进行核算，从分步核算到全程核算

酒店、住宿及餐饮企业的生产经营特点是每天都需要购进原材料，经生产加工制成产品后，销售出去；购进的烹饪原料品种多，价格不一样；加工人员的技术水平存在差异，出成率不一样，售价也不一样。因此，酒店、住宿及餐饮企业成本核算具有从分步核算到全程核算的特点。

（二）资金周转快、见效快

酒店、住宿及餐饮企业需天天购进原料，经加工制成成品，当天销售出去，经过成本核算，是亏本是盈利，立竿见影，易见分

晓，故具有资金周转快、见效快的特点。

（三）区别于其他企业的成本核算

酒店、住宿及餐饮企业长期以来形成了与初步核算不同的特点，即生产时只算成品成本，经营管理费用则列入毛利率项目，店方一般要求日清月结，具有与其他行业核算不同的特殊性和长期性核算特点。

三、酒店、住宿及餐饮企业成本核算的意义

（一）有利于合理确定产品销售价格，提高经济效益

不管是对于专门提供住宿服务的企业还是对于大型酒店中的客房部来说，住宿服务收入都是其主要的收入来源，进行科学合理的成本核算将有利于加强对其的成本控制，进而可以有效提高经济效益，增加利润。

酒店、住宿及餐饮企业需要购置原料、燃料，然后加工、烹制、调味，最后实现销售。其中的每一个环节都需要成本核算，只有整个生产过程都核算准确，才能为合理确定产品售价奠定基础。

（二）为配料操作、生产的规范化提供标准，可强化作业管理

住宿业的主要职能是为顾客提供住宿服务，因此酒店及其他住宿业企业通常由两大营业部门构成：一是客房部，二是餐饮部。客房部负责提供舒适、优雅的客房住宿环境；餐饮部负责提供美味可口的饭菜饮食。餐饮部和客房部一样，都要努力做到操作规范化、科学化，力争以合理的消耗取得最佳的经济效益。正确进行酒店等住宿业企业的成本核算，有助于促进服务的规范化，确保客房产品与服务既达到满足客人要求的高质量、又能逐步降低相关产品与服务成本的目的。

而餐饮行业企业在对原料的初加工、细加工过程中，原料的净料率总会发生相应的变化，需要成本会计通过计算，求出准确的配料数据；而在进行配料时，又需要按核算准确的分量进行科学配置，逐步实现配料与操作的标准化。

（三）促进技术提高、降低成本、增强满意度

对酒店、住宿业企业而言，加强成本的核算与控制意在强调避免浪费、舞弊等不当的开支，而非减少合乎企业正常营运所必需的支出；同时，也绝非单纯追求控制成本数字，而应重视绩效的达成。加强客房的成本核算与控制，可以降低客房的总体成本费用水平，使住宿的价格更合理、更具竞争力，或在保持现有成本水平的前提下，努力提供更为完善的客房服务，逐步提升顾客的满意程度。因此，科学进行客房的成本核算，有利于使酒店、住宿业的客房管理工作更加有条理地进行，起到提高住宿业企业经营运转效率的作用。

就餐饮行业而言，向顾客提供餐饮产品是餐饮企业的主营业务和社会职能，餐饮业是专门从事烹饪原料加工、烹制调料、出售餐饮制成品，并提供消费场所、设备和服务性劳动，以满足饮食就餐客户需求的行业。通过分步核算和全程核算，揭示餐饮产品成本升降的原因，从而及时解决问题，促进技术提高、加强管理，达到控制成本、降低成本、提高经济效益的目的。

第二节　酒店、住宿及餐饮企业产品成本核算范围和项目

一、酒店、住宿企业产品成本范围与项目

企业成本范围，通常是指成本费用要素，即企业生产经营中所耗费的资源；企业产品成本核算项目，通常是指将成本费用要素按照特定原则进行分类组合。住宿业企业主要向顾客提供住宿服务，住宿业企业的成本核算对象应该是提供的住宿服务，在提供住宿的过程中必定有相应的资源耗费，为方便起见，可将客房成本分为直接成本和间接费用两类。其中，直接成本包括客房能源费、物品消耗费、客房职工薪酬等；间接费用主要包括客房固定资产的折旧费、租金摊销以及其他应分摊到客房的应计费用等。

（一）能源费用

能源费用指客房的供热系统、供水系统、供电系统和空调系统的耗费。

（二）物品消耗费

物品消耗费指客房中棉织品（床上用品、卫生用品、装饰用品统称为酒店布草，如客房放置的毛巾、台布、床单、枕头等。）、洗漱用品和速食食物等的耗费。

（三）固定资产折旧费

固定资产折旧费指客房中固定资产的折旧费用，客房固定资产主要包括卫浴器材、家具、电器等。

（四）租金费用

租金费用指客房应分摊的企业的租金，一般按照客房占企业面积的比例分摊。

（五）客房服务人员薪酬

客房服务人员薪酬指隶属于客房的相关服务人员的薪酬，包括工资、福利费等。

（六）其他应计费用

其他应计费用指其他由客房部与其他部门共同承担的费用中应由客房承担的部分，例如应由客房部承担的一部分后勤部门费用。

二、餐饮企业产品成本核算范围与项目

餐饮企业的成本核算主要是针对餐饮产品的成本核算，首要步骤就是确认成本核算的对象；餐饮企业制作餐饮产品时，有批量生产和单件生产两种主要形式，与之相对应餐饮企业一般按照每批或每件产品确定成本核算对象。具体而言，餐饮产品可以大致分为餐饮主食、点心和菜肴，可以按批次或者单件产品核算餐饮产品成本。

依据《企业产品成本核算制度》（试行），企业应当根据生产经营特点和管理要求，按照成本的经济用途和生产要素内容相结合的原则或者成本性态等设置成本项目。由于新成本会计核算制度没

有针对餐饮企业提出具体核算标准，参照与之相似的制造业，一般将餐饮企业主要成本项目分为直接人工、直接材料、燃料和制造费用。核算项目的内容包括：

（一）直接人工

直接人工是指餐饮企业在生产产品和提供劳务过程中，直接从事产品的生产的工人的工资、津贴、补贴和福利费等。

（二）直接材料

直接材料可进一步分为主料、配料、调料费用，烹饪主料成本、配料成本是构成餐饮产品的主要组成部分，要准确核算产品成本必须首先从核算主料、配料成本做起，要对烹饪主料、配料进行成本核算，必须首先弄清楚毛料和净料的概念。烹饪毛料是指刚从市场上购进的，还没有经过加工处理的原料，而烹饪净料是指购进原料经过加工，可以直接用来配置成品的原料，净料又可进一步细分为生料、半制品、熟品三类。烹饪调料可分为调味料、调色料、调香料、调质料。调味料体现出咸味、鲜味、甜味、香味、辣味、苦味、酸味，统称为调料；调色料包括食品添加剂、天然配色料；调香料包括食用香精、食用香菜等；调质料包括食用油、蛋液、合成料等。

（三）燃料

燃料是指制造菜肴、面点的过程中，加热过程中使用的燃料，主要包括煤炭、液化气、天然气、电等。随着燃料价格不断攀升，燃料费用在餐饮产品成本中占的比例越来越大，因此准确核算燃料成本对于计算餐饮产品成本具有十分重要的实际意义。

（四）制造费用

制造费用是企业为生产产品和提供劳务而发生的各项间接成本，包括产品生产成本中除直接材料、直接人工和燃料以外的其余一切生产成本，例如厨房的照明费用、清洁费用，厨房管理人员的薪酬等。由于制造费用发生时一般无法直接判定它所归属的成本计算对象，因而不能直接计入所生产的产品成本中去，而须按费用发生的时间先行归集，月终时再采用一定的方法在各成本计算对象间进行分配，计入各成本计算对象的成本中。

第三节 酒店、住宿及餐饮企业产品成本归集、分配和结转

企业产品成本的归集、分配和结转，既存在共同的规律和原则，又体现了较大的差异。《企业产品成本核算制度（试行）》要求企业根据生产经营特点，以正常生产能力水平为基础，按照资源耗费方式合理确定分配标准，以及根据产品生产特点和管理要求结转成本。具体到餐饮行业，企业既要遵循企业产品成本的归集、分配和结转基本原则，又要根据自身特点制定合理的分配标准。其中企业产品成本归集、分配和结转的基本原则包括：(1) 企业所发生的费用，能确定由某一成本对象承担的，都应当按照所对应的产品成本项目分类，直接计入产品成本核算对象生产成本，由几个成本核算对象承担的，应当合理选择分配标准分配计入。(2) 企业应该根据生产经营特点，以正常生产能力为基础，按照资源耗费方式确定合理的分配标准。实务中，一般按照以下原则确认分配标准：受益性原则、及时性原则、成本效益性原则、基础性原则、管理性原则。类比制造企业的成本归集、结转方法，本节将具体举例说明酒店、住宿及餐饮企业如何归集、分配和结转产品成本。

一、酒店、住宿企业产品成本归集、分配和结转

（一）能源费用成本核算

1. 水费成本核算

(1) 对于已安装部门分水表或者业务相对单一的企业，即只提供住宿服务的企业来说，住宿服务的用水耗费可以直接计算获得，其计算公式如下：

当月用水耗费 = 当月用水量 × 当月企业水费单价

(2) 对于未安装分水表，或者企业涉及多业务，例如除提供住

宿服务外还提供餐饮服务、洗涤服务等，那么企业的用水耗费必须在不同部门间分摊。客房的水耗量受许多因素影响，主要因素分为三类：外界因素，如气候；设备因素，如水龙头的口径、水压等；住宿服务的规模，如客房出租率等。但是在分摊水费时，一般只考虑客房出租率、餐饮翻台数、员工数、洗涤部门洗涤量等。

客房部客人耗水量 = 每位客人一天的平均耗水量（约 1 ~ 1.2 立方米）× 当月可出租房夜数 × 当期平均客房出租率

客房部分摊水费 = 客房部耗水量 × 当月企业水费单价

【例 11 - 1】 某酒店当月耗费 10 000 立方米水，单价为 1 元/立方米，假设这部分水费应由客房部与餐饮部分摊，其中客房部有单人房 100 间，月出租率为 70%，计算客房部应分摊的水费。

当月客房部应分摊水费 = 每位客人平均耗水量 × 可出租天数 × 每天出租客房数 × 水费单价 = 1 × 30 × 100 × 70% × 1 = 2 100（元）

2. 电费成本核算

（1）对于已安装部门分电表或者业务相对单一的企业，即只提供住宿服务的企业来说，住宿服务的用电耗费可以直接计算获得，其计算公式如下：

当月用电耗费 = 当月用电量 × 当月企业电费单价

（2）对于未安装分电表，或者企业涉及多业务，例如除提供住宿服务外还提供餐饮服务、洗涤服务等，那么企业的用电耗费必须在不同部门间分摊。客房的电耗量受许多因素影响，如设备容量、设备的使用时间等，在进行耗电量的分摊时需要综合考虑这些因素。

客房部耗电量 = 平均每间客房每天耗电量 × 每月可出租房夜数 × 当期平均客房出租率

（二）物品消耗费成本核算

物品消耗是住宿成本中的主要组成部分，做好物耗费的成本核算对于做好住宿成本核算至关重要，而在众多客房消耗品中，棉织品是占比最大的，因此本书以棉织品（也称布草）为重点，展开棉织品的成本核算。棉织品主要指床单、毛毯、棉被、被套、面巾、手巾、浴巾等，客房棉织品的成本主要包括棉织品的摊销成本和洗涤成本。所谓摊销成本，是将棉织品视为类似固定资产对其进行成本核算，由于客房棉织品可循环使用，虽然使用期限较长但又一般低于一般固定资产的使用年限，因此将棉织品的成本合理地分摊到使用期限中，以达到利润与费用配比的效果，其计算公式如下：

当月棉织品分摊费用 = 客房棉织品总值 ÷ 全新棉织品的使用期限 × 当月使用该批棉织品的时间

【例 11－2】 某客房内棉织品总值 500 元，该批棉织品计划使用 90 天，本月 15 号开始启用该批棉织品，计算本月应分摊的该批棉织品成本。

本月应分摊该批棉织品成本 = 该批棉织品总值 ÷ 该批棉织品的使用期限 × 当月使用该批棉织品的时间 = 500 ÷ 90 × 15 = 83.3（元）

此外，棉织品的洗涤成本是指棉织品在循环使用的过程中因洗涤而耗费的成本。如果核算企业外包洗涤业务，则洗涤成本为支付承包洗涤业务企业的款项。如果核算企业自身开展洗涤业务，则洗涤成本以洗涤部门计算的费用为准。

（三）固定资产折旧费成本核算

客房的固定资产一般包括淋浴设备、电吹风、电视机、空调、台灯等，客房对固定资产计提折旧应参照一般制造业企业的计提方式，计提的方法主要有年限平均法、工作量法、加速折旧法等，一般住宿企业可使用年限平均法，企业应根据资产的使用状况合理估计使用期限，在资产使用期限内合理计提固定资产折旧。

【例 11－3】 某客房有电视机、空调等电气设备，账面价值为 5 000元，预计剩余可使用年限为 10 年，计算该客房一年需计提多少固定资产折旧。

该客房每年应计提折旧 = 5 000 ÷ 10 = 500（元）

（四）租金费用成本核算

租金费用是指客房部应承担的住宿企业总租金的那一部分。由于企业经营场所的租金费用是企业经营费用中的重要组成部分，在租金可合理分摊的情况下，客房部应承担其应该承担的场地租金。一般情况下租金的数额较大，因此将租金费用纳入成本核算中来对准确合理进行成本核算显得尤为重要。租金的分摊一般按照客房部占经营场所总面积比例进行分摊，其计算公式如下：

客房应承担租金费用 = 企业总租金 ÷ 总面积 × 客房部面积

【例 11 - 4】 某酒店每年支付租金 1 000 万元，总占地面积为 500 平方米，其中客房部占地面积 300 平方米，计算每年客房应承担的租金费用。

每年客房部应承担的租金费用 = 酒店总租金 ÷ 总面积 × 客房部面积 = 1 000 ÷ 500 × 300 = 600（元）

（五）人工费用成本核算

住宿行业的人工费用核算主要指客房部服务人员的工资、福利费用，服务人员包括日常的保洁人员、前台人员、保安、设备维修工等一切与客房相关的人员。

（六）其他应计费用

其他应计费用包括除上述列出外的所有与客房部经营相关的成本费用项目，一般主要包括分摊的部分后勤费用。考虑到此类成本一般相比较其他成本项目金额较小，企业可以选择忽略此类成本，只关注重要的核心成本项目。但是当此类成本数额较大时，忽略它们显然不利于企业成本核算的准确性，在这种情况下，应该准确合理计量其他应计费用，不得随意忽略。

对于其他应计费用的分配，可类比制造企业对于制造费用分摊的一般办法（生产工时比例、定额工时比例、机器工时比例、直接人工工资比例等），住宿行业可以根据自身特点使用类似的分配方式分配其他待分配费用。

【例 11 - 5】 某酒店设置有客房部和餐饮部，餐饮部每天负责为客房部的职员和客户提供早餐，当月餐饮部提供早餐成本为 100 000元，其中提供早餐份数预计为 20 000 份，客房部占其中的

30%左右，计算客房部应承担餐饮部早餐成本的金额。

客房部应承担餐饮部早餐成本的金额 = 100 000 ÷ 20 000 × 20 000 × 30% = 30 000（元）

二、餐饮企业产品成本归集、分配和结转

（一）直接人工成本核算

职工薪酬，分为职工工资和按照工资一定比例提取的其他职工薪酬的部分。职工薪酬的分配要划清计入产品成本、期间费用和不计入产品成本、期间费用的界限。凡是厨房直接从事产品生产人员的职工薪酬，计入产品成本的直接人工成本项目，厨房的管理人员、保洁人员等不直接从事生产工作的其薪酬计入制造费用，非厨房员工的薪酬则不计入成本项目，而应计入管理费用、销售费用等。

如果某一员工只从事单一产品的生产，那么其薪酬直接计入其生产产品的成本项目，如果某一员工生产多种产品，则其薪酬应在多种产品之间进行分配，其计算公式如下：

$$分配率 = \frac{该工人的工资总额}{该工人生产各种产品的实际工时之和}$$

某种产品应承担的该工人的工资费用 = 分配率 × 该工人花费在该产品的实际工时

【例 11-6】 厨房有一工人其月工资 1 000 元，主要从事饺子和面条的生产，其中耗费在饺子上的工时为 30 小时，耗费在面条上的工时为 20 小时，请计算当月饺子和面条要承担的该工人的工资费用。

分配率 = 该工人的工资 ÷ 总工时 = 1 000 ÷ 50 = 20

饺子承担的工资费用 = 20 × 30 = 600（元）

面条承担的工资费用 = 20 × 20 = 400（元）

（二）直接材料成本核算

1. 烹饪生净料成本核算

生净料的成本核算公式如下：

$$生净料成本=\frac{(毛料总值-下脚料总值-可作价用料总值)}{生净料重量}$$

【例 11-7】 餐馆购进半边猪肉 30 千克，20 元/千克。经过分档取料后，得：肉皮 2 千克，8 元/千克；骨头 2 千克，10 元/千克；排骨 1 千克，20 元/千克；肥肉加板油 5 千克，20 元/千克；净瘦肉 20 千克。求净瘦肉生料成本是多少？

半边猪总值 = 20 × 30 = 600（元）

下脚料总值 = 8 × 2 + 10 × 2 + 20 × 1 + 20 × 5 = 156（元）

生净料成本 =（毛料总值 - 下脚料总值）÷ 生净料重量 =（600 - 156）÷（30 - 2 - 2 - 1 - 5）= 22.2（元）

2. 纯净料成本核算

纯净料是指购进原料不需要经过粗加工就可以作为食品的原料，其成本应该包括原料进价和运杂费、包装费、运输途中的合理损耗等，计算公式如下：

$$纯净料成本=\frac{(原料进价+运费+损耗+包装费)}{纯净料重量}$$

应当注意的是，运输途中的合理损耗一般采取“变单价、不变总金额”的方式将其包含在成本中。

【例 11-8】 购进特级面粉 250 千克，用款 1 700 元，运杂费 20 元，请计算每千克面粉成本。

面粉成本 =（面粉进价 + 运杂费）÷ 面粉重量 =（1 700 + 20）÷ 250 = 6.88（元）

3. 半制品成本核算

净料在经过腌制或者初熟处理后，但还没有完全烹饪调味的净料，称为半制品，其计算公式如下：

$$半制品成本=\frac{(生料总值-下脚料总值+燃料总值)}{半制品重量}$$

【例 11-9】 现有生五花肉 3 千克，单价 20 元，煮熟后损耗 25%，用去燃料费 2 元，请计算每千克熟五花肉的成本。

熟五花肉成本 =（生料总值 + 燃料费）÷ 熟五花肉净重 = 60 +

2 ÷2.25 =27.56（元）

4. 熟净料成本核算

熟净料是指经过烹制而成熟的食品，例如卤制品、烤制品，其计算公式如下：

$$熟制品成本=\frac{（生料总值-下脚料总值+调料总值+燃料总值）}{熟制品重量}$$

【例 11 -10】 现有一条草鱼 2 千克，单价 14 元，宰杀后，鱼头尾做汤菜作价 8 元，鱼块经过油炸后得 1.2 千克，耗费食用油及调料 1.4 元，燃料 0.6 元，计算油炸鱼块成本。

油炸鱼块成本 =（生料总值 - 下脚料总值 + 调料总值 + 燃料总值）÷熟制品重量 =（14 ×2 -8 +1.4 +0.6）÷1.2 =18.33（元）

5. 单一调味品成本核算

单一调味品是指由一种物质构成的，只有一种味道的调味品，例如花生油、精盐等，其计算公式如下：

单一调味品成本 =（购进价 + 运杂费）÷数量

【例 11 -11】 现购进白糖 200 千克，花费 1 590 元，运杂费 10 元，请计算每千克白糖的成本。

白糖的单价 =（1 590 +10）÷200 =8（元）

6. 复合调味品成本核算

复合调味品是指把两种或者两种以上单一调味品按比例配合加工制作而成的调味品，其计算公式如下：

$$复合调味品的成本=\frac{（各种调味品的成本之和+燃料成本）}{调味品重量}$$

【例 11 -12】 厨房自制糖醋汁 5 千克，用去调料如下：米醋 3.2 千克，单价 2 元；白糖 1.8 千克，单价 8 元；精盐 0.1 千克，酱油 0.1 千克，两者共耗费 0.6 元；燃料费 1.4 元。请计算这批糖醋汁的每千克成本。

糖醋汁成本 =（2 ×3.2 +8 ×1.8 +0.6 +1.4）÷5 =4.56（元）

7. 调色料、调香料和调质料成本核算

该类材料与单一调味料成本核算相似，可比照处理，在此不再赘述。

（三）燃料成本核算

近年来，燃料费用价格不断攀升，燃料费用在餐饮产品成本中占了一定的比例，甚至在一些餐饮产品中占据了相当高比重，因此，计算燃料成本具有十分重要的实际意义。在燃料成本占产品成本比重较大的情况下，燃料费用适合单列为成本项目的，单独核算；在燃料成本比重较小时，也可将总的燃料费用计入制造费用中，到月末再分配到产品中。

1. 直接耗用燃料成本核算

直接耗用燃料费用是指能够归集于某一单一产品（包括半制品、熟制品、菜肴等，下同）或者单一批次的产品的燃料费用总和。假设企业采用加权平均法计算燃料单价，其计算公式如下：

某一产品耗用燃料成本 =（库存燃料期初成本 + 本期购入新燃料成本 - 期末燃料库存）÷当月总使用时间×产品实际耗费时间

企业也可使用先进先出法或者移动加权平均法计算燃料单位成本。

【例 11 - 13】 厨房购回一罐液化石油气，进价 115 元，运费 3 元，预计可使用 120 小时，假设当月使用完，且期初没有库存燃料。现为制作一桌宴席，使用液化气 6 小时，计算该桌宴席的燃料费用。

宴席燃料费用 =（115 + 3）÷120×6 = 5.90（元）

2. 间接燃料成本核算

在燃料成本占产品总成本比重较小时，可以将燃料费用归集到制造费用中，月末再按经济合理的方式分配到产品成本中。

（四）制造费用成本核算

制造费用是指企业各生产单位为组织和管理生产而发生的各项间接费用，包括工资费和福利费、折旧费、修理费、水电费、租赁费、排污费等。具体到餐饮企业，主要的制造费用包括厨房的租金、厨房管理人员和保洁人员的薪酬、厨房水电费以及其他不能归结于某一特定产品的生产费用。制造费用分配计入产品成本的方法多种多样，常用的有按生产工时、定额工时、机器工时、直接人工费用等比例分配。考虑到餐饮企业的生产特点，生产工时是主要成本动因，因此可以考虑使用生产工时或者直接人工费用作为分配标准，其计算公式如下：

$$\text{制造费用分配率}=\frac{\text{制造费用总和}}{\text{各种产品生产工时之和或者所有直接人工费用之和}}$$

$$\text{某种产品承担的制造费用}=\text{分配率}\times\text{该产品耗费工时或者直接人工费用}$$

【例 11－14】 某厨房生产饺子和面条两种产品，生产饺子耗费工时 100 小时，生产面条耗费 50 工时，本月制造费用 3 000 元，计算应计入饺子和面条的制造费用。

制造费用分配率＝3 000 ÷ 150＝20

饺子承担的制造费用＝100 × 20＝2 000（元）

面条承担的制造费用＝50 × 20＝1 000（元）

财政部《企业产品成本核算制度（试行）》（2014）中还提及期末完工产品与期末在产品的成本分配问题，但是考虑到餐饮企业一般不存在期末在产品，因此在此不对此问题加以赘述。

（五）发出的材料成本计价

依据新制度规定，企业在生产过程中发出的材料成本，可以根据实物流转方式、管理要求、实物性质等实际情况，采用先进先出法、加权平均法、个别计价法等方法计算。依据餐饮企业的特点，企业存货一般包括半成品、调料、燃料等，因此一般可用移动加权平均法、先进先出法等对发出材料进行计价。下面针对这两种方法举例说明。

1. 先进先出法，是以“先购进或制成的材料先发出”这样一种材料实物流转假设为前提，对发出的材料进行计价的一种方法。

【例 11－15】 某厨房 1 月份分两次购入燃料，1 月 10 日购入 2 罐液化气，单价 110 元；20 日又购入 3 罐液化气，单价 120 元；本月使用液化气 3.5 罐。假设企业使用先进先出法，计算使用燃料的总耗费。

使用的燃料耗费 = 110 × 2 + 120 × 1.5 = 400（元）

2. 移动加权平均法，是指本次收到材料的成本加上原库存材料的成本，除以本次材料加上原有材料的数量，据以计算加权单价，并对发出材料进行计价的一种方法，计算公式如下：

移动加权平均单价 = 总成本 ÷ 总数量 =（本批购入前结转成本 + 本批购入成本）÷（本批购入前结存量 + 本批购入量）

由于移动加权平均法的工作量较大，实务中，有些企业采用月末一次加权平均法。月末一次加权平均法，是指以本月全部收货数加月初材料数量作为权数，去除本月全部收料成本加上本月材料成本，计算出存货的加权平均成本，从而确定存货的发出和库存成本，计算公式如下：

月末一次加权平均单价 = 总成本 ÷ 总数量 =（期初库存成本 + 本期购入成本）÷（期初库存量 + 本期购入量）

【例 11－16】某厨房 1 月份分两次购入燃料，1 月 10 日购入 2 罐液化气，单价 110 元；20 日又购入 3 罐液化气，单价 120 元；本月使用液化气 3.5 罐。假设企业使用移动加权平均法，计算使用燃料的总耗费。

液化石油气均价 =（110 × 2 + 120 × 3）÷ 5 = 116（元）

本月燃料费用 = 116 × 3.5 = 406（元）

延伸阅读：酒店业如何进行餐饮成本控制[①]

餐饮成本控制是餐饮经营管理的重要内容，由于餐饮的成本结构制约着餐饮产品的价格，而餐饮的价格又影响着餐厅的经营和上座率，因此，餐饮成本控制是餐饮经营的关键。在餐饮经营中，保持或降低餐饮成本中的原材料成本和经营费用，尽量提高食品原材

① 任艳青："浅析酒店业如何进行餐饮成本控制"，《会计之友》（上旬刊），2010 年第 11 期。

料成本的比例，使餐饮产品的价格和质量更符合市场要求、更有竞争力，是保证餐饮经营效益、增强竞争能力的具体措施。餐饮和客房是酒店营业的两大支柱。经销餐饮远比经销客房潜力大、效益好，因为餐饮不但面向酒店的住客，而且还面向当地的企业、机关、居民等。一家餐饮经销比较好的酒店，其餐饮收入往往赶上甚至超过客房营业收入。科学地组织餐饮成本控制可以提高餐厅的经营与管理水平，减少物质和劳动消耗，使餐厅获得较大的经济效益。餐饮成本控制关系到餐饮产品的质量和价格，关系到餐厅营业收入和利润，同时也关系到顾客的利益及满足顾客对餐饮质量和价格的需求，从而促进餐饮产品的销售，因此餐饮成本控制在酒店经营和管理中有着举足轻重的作用。餐饮成本控制是指在餐饮生产经营中，管理人员按照餐厅规定的成本标准，对餐饮产品的各成本因素进行严格地监督和调节，及时揭示偏差并采取措施加以纠正，以将餐饮实际成本控制在计划范围之内，保证实现酒店的成本目标。餐饮业的成本结构，可分为直接成本和间接成本两大类。所谓直接成本，是指餐企在一定时期内耗用的原材料、调料和配料总成本，也是餐饮业务中最主要的支出。原材料是加工制作各种餐饮产品的主料，如面粉、大米、鸡、鸭、鱼、肉、海产品等；配料是指加工制作各种餐饮产品必要的辅助材料，以各种蔬菜为主；调料是指加工制作各种餐饮产品过程中附加的各种调味品，如油、盐、酱油、味精等。所谓间接成本，是指在产品加工制作过程中耗费的人工费、固定资产折旧费、管理费用等不计入产品成本的期间费用。由此可知，餐饮成本控制的范围，包括了直接成本和间接成本的控制，从财务分析上看，餐企的日常经营消耗主要集中在菜品的原材料、调料和配料上，如何有效地降低原材料的成本和损耗是餐饮成本控制的关键。

1. 制定严格规范的采购制度以控制采购成本。原材料购入关系到饮食制品的成本大小以及质量的好坏，必须对其加强管理。既要保证生产服务的正常需要，又要保证不造成积压，尤其是容易腐烂和不宜长期储存的原材料，更应根据生产的需要和原材料本身的特点，有计划地组织采购，以防止损失和浪费。餐饮企业应制定以下采购制度：(1) 建立原材料采购计划和审批流程。①厨师长或厨房部的负责人每天晚上根据本部门的需求、物资储备情况确定物资采购量，并填制“请购单”报送采购部门。②仓库部门在各种物品库存量到达最低界线时填写“请购单”。库存量最低界线也称采购线，是酒店为保证供应、减少资金积压而确定的再订货点的库存量，它主要根据各种物品的每日消耗数量、保存期限、进货难易程度以及从订货到进货入库的间隔天数等因素一一确定。采购计划由采购部门制订，报送财务部经理并呈报总经理批准后，以书面方式通知供货商。(2) 建立严格的采购询价报价体系。财务部设立专门的物价稽核员，定期对日常消耗的原辅料进行广泛的市场价格咨询，坚持货比三家的原则，对物资采购的报价进行分析反馈，发现有差异及时督促纠正。对于每天使用的蔬菜、肉、禽、蛋、水果等原材料，根据市场行情每半个月公开报价一次，并召开定价例会，定价人员由使用部门负责人、采购员、财务部经理、物价稽核员、库管人员组成，对供应商所提供物品的质量和价格两方面进行公开、公平的选择；对新增物资及大宗物资、零星紧急采购的物资，须附有经批准的采购单才能报账。(3) 建立严格的采购验货制度。①设置专门的验收区域，包括验收办公室、检验测试装置和临时贮藏场地。另外，酒店应设置一种在验收时使用的印戳或标记以防重复点算。②验收人员一般从仓库、厨房及成本核算人员中选用，选用的人员必须具有酒店物品的基本知识，鉴别购进物品与订货单上的质量要求是否一致的能力和兢兢业业、踏踏实实的工作态度；必须熟悉酒店所规定的验收制度和验收标准，有权拒收质量低劣、规格不符的货品，有权拒收任何未经批准的物品采购。③货品到后，验收人员根据订货单的内容做好两项工作：盘点数量和检查质量。盘点数量时应注意，如果是密封的容器，应逐个检查是否有启封的痕迹，并逐个过称，以防短缺；如果是袋装货品，应通过点数或称重，检查袋上印刷的重量是否与实际一致。全部货品的测试、检验、过磅、清点等工作应尽量在送货人在场时做完，以便一旦发现数量或质量的差错，有第三者在场认可。库存管理员对物资采购实际执行过程中的数量、质量、标准与计划以及报价，通过严格的验收制度进行把关。对于不需要的超量进货、质量低劣、规格不符及未经批准采购的物品有权拒收，对于价格和数量与采购单上不一致的及时进行纠正。验货结束后库管员要填制验收单据，验收单通常有两种形式：一种是验收人员根据点收的货品自制一份验收清单；另一种是验收人员直接在送货人或供货商带来的一式三联的送货单据上盖章收讫。无论采取哪种形式的验收单据，都应做到收货单据清楚、明确、整洁，便于审核，防止字迹潦草，模糊不清，乱涂乱改。验收工作完成后，将收货单和发票订在一起，送交财务部负责核准付款的人员。(4) 建立严格的出入库及领用制度。制定严格的库存管理出入库手续，以及各部门原辅料的领用制度，餐企经营所需购入的物资均须办理验收入库手续，所有的出库须先填制领料单，由部门负责人签字后生效，严禁无单领料或白条领料，严禁涂改领料单，由于领用不当或安排使用不当造成霉变、过期等浪费现象，一律追究相关人员责任。(5) 建立严格的报损报丢和存货清查制度。对于餐企经常遇到的原材料、烟酒的变质、损坏、丢失，应该制定严格的报损报丢制度，并制定合理的报损率，报损由部门主管上报财务、库管，按品名、规格、称斤两填写报损单，报损品种需由采购部经理鉴定分析后，签字报损；报损单汇总每天报总经理，对于超过规定报损率的要说明原因。每月末，财务部要对存货进行清查，这样一方面可以查清账实不符的原因，及时发现存货管理中存在的问题，并采取相应措施，建立和完善必要的手续和审核制度，保证存货的安全和完整；另一方面可以了解库存的各种存货数量，检查分析企业各种存货有无超储积压现象，检查存货有无因储存时间太长而发生损坏变质现象，有利于及时处理上述现象，加快资金周转速度，提高流动资金周转率。

2. 利用先进的酒店管理系统，实现标准化的餐饮成本核算体系。(1) 制定切实可行的成本核算和成本控制制度。餐饮产品多为现做现卖，并且品种多、用料复杂，故很难对每一品种实际耗用原材料进行准确核算，客观上需要对各种饭菜制定一个合理的投料标准，即配料定额成本。配料定额成本是指单位饮食制品耗用原材料实物数量定额的货币价值，是由投料数量定额与投料单价组成，投料数量定额一般是按每道菜试制结果，考虑不同地区饮食习惯、风味特点并结合厨师经验，经过分析研究确定，财务部门要根据投料数量定额与投料单价制作出标准成本卡，以此作为衡量饮食产品用料，检查其质量，核算、监督并控制其成本水平的依据，并要经常地、不定期地对厨房部考核定额的执行情况，检查各菜品、主食的定额成本与实际成本有无差异，有无跑冒漏滴及因保管不善而发生原材料残损或变质现象。把厨师的奖金与出品业绩和成本控制挂钩，以提高厨师的节约积极性，从而提高酒店的经济效益。(2) 合理制订本酒店的毛利率。餐饮产品是一种特殊的商品，其价格的制定与毛利率的高低密切相关，毛利率合理与否直接影响酒店及消费者的切身利益。酒店要根据自身的规格档次以及市场行情合理制订毛利率，并分档口制订毛利率以及上下浮动比例（比如热菜、凉菜、酒水的毛利率是不一样的）。制定毛利率时既要认真研究客人的消费心理，考虑顾客对付出价格需要获取更多价值的要求，同时也要满足酒店获取合理利润的愿望。(3) 定期进行科学而准确的成本分析。财务部每月末要召开成本分析会，分析每一菜品、每一台、每一宴会、每一个档口的成本率，将各档口的成本与实现的收入进行对比，及时分析滞销菜品情况，对成本率高的项目进行统计分析，并编制成本日报表和成本分析报告书，还可以通过成熟的酒店管理系统实现成本分解、进销核对，通过销售的菜品数量计算出主辅材料的理论成本，并自动核减库存量，期末与库存管理系统提供的实际盘点报表进行比较分析，从而发现实际成本与标准成本之间的差距。此外，对于投入生产过程的原材料，在当月未全部消耗的情况下，正确计算月末厨房已领未用或未销售原材料的结存额，其计算的正确与否，直接影响本期已销餐饮产品成本计算的正确性，对酒店当期财务成果有着重要影响。

3. 其他影响餐饮直接成本的因素分析。除上面介绍的原材料的采购和餐饮成本的计算方法外，影响餐饮直接成本的还有菜单的设计、制作的过程和服务的方法，每一阶段都与直接成本息息相关，自然应严加督导。(1) 菜单的设计。菜单作为一种餐饮销售的信息传播媒介，在餐厅与顾客间起着重要的中介作用，它既是餐饮生产和服务的计划书，对餐厅的经营效益高低具有极其重要的影响，又是顾客进入餐厅后对餐厅认知的介绍书，直接提供顾客对菜品进行选择。所以设计菜单时不仅要考虑到菜品销售情况，更要考虑其盈利能力，如果菜的价格过高，顾客可能接受不了；如果菜的价格过低，又会影响毛利，甚至可能出现亏损。因此，设计菜单时，应适当降低高成本菜的毛利而提高低成本菜的毛利，以保证总体达到规定的毛利率。(2) 餐饮的制作。制作人员一时疏忽，或温度、时间掌握不当，或份量计算错误，或处理方式失当，往往会造成食物的浪费而增加成本。因此要鼓励使用标准食谱和标准份量来严密地控制食物的充分利用。(3) 服务的方法。没有标准器具提供使用，对于剩余的食物没有适当加以处理，对于食物卖出量与厨房出货量没有详细记录，延迟送食物给客人引起退单，都会造成食物的浪费和损耗、影响成本，所以预先规划妥善的服务流程，将有助于控制成本。

餐饮成本控制需要所有与成本相关人员的参与，每位员工都要提高成本控制意识，充分认识到成本控制与增加餐饮销售额同等重要，认识到菜点加工的成本控制不仅关系到餐厅目前的利益，而且决定着酒店长期的稳定发展，与员工的切身利益息息相关。只有这样，全体员工才能积极主动地按要求的成本控制方法进行工作。此外，餐饮成本控制不能建立在人人自觉的美好愿望之上，应当有一套贯穿于所有环节的成本控制流程和制度，以提高经营管理水平，降低餐饮经营成本，实现经济效益与社会效益双丰收的酒店经营目标。餐饮成本控制，除保持成本不上升外，可能更多的是希望成本每年都有一定的降低幅度，但成本降低总有一个限度，成本降低到一定程度后，餐企只有从创新着手来降低成本。从技术创新上降低原料用量或寻找新的、价格低的菜品原料替代原有的、价格较高的原料；从工艺创新上提高原料利用率，降低原料的损耗量，提高成品率或一级品率；从工作流程和管理方式创新上提高劳动生产率、设备利用率以降低单位产品的人工成本与固定成本含量；从营销方式创新上增加销量，降低单位产品的营销成本。只有不断创新，用有效的激励方式来鼓励创新，才是餐企不断降低成本的根本出路。

本章小结

对住宿业企业进行科学严谨的成本核算，有利于提高客房的经济效益，加强客房的科学管理，增加顾客的满意程度。住宿业企业包含的成本核算项目主要有能源成本、物品消耗成本、固定资产折旧、租金费用、人工费用、其他应计费用等。本章主要针对物品消耗中占比较大的棉织品（布草）展开讲解。棉织品是指床单、毛毯、棉被、被套、面巾、手巾、浴巾等，客房棉织品（统称为“酒店布草”）的成本主要包括棉织品的摊销成本和洗涤成本。在本章中，我们也对餐饮企业的成本核算进行了简要的介绍。餐饮企业成本核算具有以下特点：需要每天进行核算，从分步核算到全程核算；企业资金周转快，见效快。搞好餐饮企业成本核算将有利于合理确定产品销售价格；为生产操作规范配料提供标准；起到促进技术提高、加强管理、降低成本的作用。掌握餐饮企业成本核算需要主要关注直接人工、直接材料、燃料还有制造费用的核算问题，鉴于餐饮企业特有的行业特征，直接材料较为复杂，可进一步细分为烹饪生净料、纯净料、半制品、熟净料、单一调味品、复合调味品、调色料、调香料和调质料等，不同材料对应不同的成本核算方法。此外还应关注发出材料的计价方式，可针对企业的不同情况使用先进先出法、加权平均法等。

第十二章　文化传媒业企业产品成本核算

★★ 小案例 ★★

关注中小文化传媒类企业的改制上市——以华谊兄弟为例[①]

华谊兄弟传媒集团（以下简称华谊兄弟）是中国大陆一家知名综合性娱乐集团，由王中军、王中磊兄弟在1994年创立。开始时是由投资冯小刚、姜文的电影而进入电影行业，尤其是每年投资冯小刚的贺岁片而声名鹊起，随后全面投入传媒产业，投资及运营电影、电视剧、艺人经纪、唱片、娱乐营销等领域，在这些领域都取得了不错的成绩，并且在2005年成立华谊兄弟传媒集团。2008年华谊兄弟并购经纪公司中乾龙德和影视公司金泽太和后，实力进一步增强。2004年11月19日，浙江华谊兄弟影视文化有限公司成立。2006年8月14日，公司名称由"浙江华谊兄弟影视文化有限公司"变更为"华谊兄弟传媒有限公司"（以下简称华谊有限）。2007年9月18日，华谊有限实收资本变更为5 000万元。2007年11月22日，华谊有限注册资本增至5 264万元。华谊兄弟在中国的主要竞争对手有海润、橙天娱乐、保利博纳等公司。华谊兄弟传媒集团旗下有华谊兄弟时代文化经纪有限公司、华谊兄弟影业投资有限公司、华谊兄弟电视节目事业有限公司、华谊兄弟音乐有限公司、环球热力兄弟影音文化传播有限公司、华谊兄弟广告有限公司、华谊兄弟国际发行有限公司等。

① 张燕："中国传媒上市公司投融资问题研究"，武汉大学博士学位论文打印稿，2009年。

2008年1月21日，华谊有限依法整体变更为华谊传媒，以截至2007年11月30日公司经审计的净资产116 645 916.07元按照1∶0.857981的比例折成10 008万股，每股面值为人民币1.00元，注册资本为10 008万元，溢价部分计入资本公积金。2008年3月12日，公司注册资本由10 008万元增至12 600万元。华谊兄弟副总裁、董事局秘书胡明指出，公司的股权激励导致有众多明星持股，75位股东里面除了有冯小刚、张纪中、黄晓明、李冰冰等一堆当红影视明星，而且在里面甚至能够找到《非诚勿扰》里面女主角梁笑笑的名字，还有马云、江南春等一批耀眼的商业明星，招股书一出，便受到了外界各方面的关注。“上市准备工作是在2008年上半年开始的。”她说，2008年6月公司向中小板递交了申请，而后来改上创业板的原因，是因为影视传媒产业化的历史比较短，而创业板带有新模式的概念，认同度会高一些。招股书显示，华谊兄弟拟发行4 200万股，发行后总股本为16 800万股。公司预计募集资金数额为6.2亿元，将用于补充影视剧业务营运资金。华谊兄弟目前主营电影、电视以及经纪业务，而其中电影的收入是最高的。有数据显示，2006年，华谊兄弟电影业务在主营收入里面占到了49.53%，2007年与2008年则分别为48.94%和56.40%，成为其收益的核心支柱。据招股书称，华谊兄弟在电影行业找到了一个较为成熟的营利模式，在产品的生产方面是联合摄制模式，减少资金压力，规避投资风险；在销售方面，采取“院线+电影院”模式，而电影发行公司、院线公司以及影院通常按照40∶10∶50的比例对票房收入进行分配。2009年9月27日晚，证监会宣布华谊兄弟传媒股份有限公司通过第七批创业板拟上市企业审核，拟发行4 200万股A股，发行后总股本约为16 800万股，发行前每股净资产为2.22元。2009年10月30日，正式在创业板上市交易。公司主要从事电影和电视剧的制作、发行及衍生业务以及艺人经纪服务及相关服务业务。主要产品包括电影、电视剧，主要服务包括艺人经纪服务及相关服务。主要业务收入来自于电影票房收入、音像和电视播映版权收入、衍生产品（贴片广告等）收入；电视剧播放权收入、音像版权收入、衍生产品（公关活动等）收入；艺人经纪佣金收入、企业客户艺人服务收入等。公司成立后，先从联合投资电影、电视剧，从事电影衍生业务（贴片广告等）、电视剧发行业务等入手进入广播电影电视行业。2004 年，公司成立伊始即与影业投资联合投资电影《天下无贼》，年末公映后，实现了 1.2 亿元的票房，位列年度票房三甲。之后，公司相继出品了《宝贝计划》、《心中有鬼》、《天堂口》、《集结号》、《功夫之王》、《非诚勿扰》等影片，均取得了不错的票房业绩，继《集结号》取得 2.5 亿元的票房佳绩后，《非诚勿扰》再创逾 3 亿元的票房辉煌。2005 年，公司取得《广播电视节目制作经营许可证》后加大了对电视剧的制作投资，先后摄制了《少年杨家将》、《士兵突击》、《鹿鼎记》等优秀电视剧。其中，《士兵突击》卫星频道累计播出 21 次，排名 2007 年第一位（数据来源：CSM 媒介研究）。艺人经纪服务方面，公司旗下目前签约艺人 77 人，李冰冰、周迅、黄晓明、张涵予、陆毅、王宝强等一大批国内市场当红的艺人均与公司签订了独家演艺经纪合约。至 2010 年 3 月底，华谊兄弟市值达 104.12 亿元。

2009 年，国务院发布了《文化产业振兴规划》，支持有条件的文化企业进入主板、创业板上市；首次明确提出创意产业，并把它置于优化文化产业结构、需较快发展的重点文化产业门类之首。2010 年 3 月，九部委发布了《关于金融支持文化产业振兴和发展繁荣的指导意见》，提到大力发展多层次资本市场，扩大文化企业的直接融资规模，主要指上市。A 股市场文化传媒产业类上市公司仅有 40 多家，占 A 股上市总数的 2%。故从宏观的政策而言，从国家战略到各部委的执行层面以及证交所现实层面来看，文化创意企业上市面临一个难得的政治机遇。截至 2010 年 3 月 29 日，文化传播类公司占 A 股总市值的比重为 0.7%，而 2008 年为 0.5%。值得注意的是：(1) 中小文化传媒企业由于规模偏小、资金紧张，导致了企业发展初期对单一业务、单一资源、单一渠道的依赖风险。(2) 企业的税收优惠属于地方政府的暂时性优惠，拟上市公司对该类税收优惠的依赖可能影响到公司的持续盈利能力。(3) 传媒类企业具有轻资产的特点，而目前创业板对募集资金总额无限制，企业存在为扩大融资规模而虚增募集资金。(4) 对人力资源、专利技术、知识产权、商标等无形资产进行评估作价占资产比重较高。(5) 一些特殊问题，如划拨土地需交纳土地出让金，权属不清的房产需补办产权证，关键环节是制定初步方案，决定了企业要花多大的代价上市。在上市过程中，第一要真实披露信息，第二要选择好的券商作为保荐机构，并与其沟通好企业的发展战略。

第一节　文化传媒业企业成本核算对象

本章主要以出版企业和电影企业为例，分析《企业产品成本核算制度（试行)》下文化传媒业的成本核算。

文化传媒业主要包括：新闻出版业，广播、电视电影和音像业，文化艺术业、文化娱乐业[①]等。本章主要以出版企业和电影企业为例，分析《企业产品成本核算制度（试行)》下文化传媒业的成本核算。

文化企业现行会计核算规范包括：《新闻出版业会计核算办法》(财政部，2004)、《电影企业会计核算办法》等，本章主要以2013年财政部颁发的《企业产品成本核算制度（试行)》为依据，对文化传媒业企业相关成本项目进行较为详细的解释和说明，以期为相关企业准确进行成本核算奠定基础。

《企业产品成本核算制度（试行)》规定，文化企业一般应按照制作产品的种类、批次、印次、刊次等确定成本核算对象。

一、出版企业成本核算对象

（一）出版企业概述

出版企业指进行图书、图画、杂志、报纸和电子物品等有版权

① 文化娱乐业主要是指各类演出剧团（如交响乐队、各剧种演出团、杂技、音乐会）以及各类球馆（如高尔夫球馆、保龄球场、网球场）等；其成本费用的计算期应从剧目、节目的策划、计划开始计算，一直到剧目、节目正式上演为止。

物品的出版活动的组织。印刷、复制企业主要指报纸印刷企业、书刊印刷企业、音像电子出版物复制企业。在我国，出版社中只有少数有自己的印刷厂等印刷、复制企业，出版社一般只负责编辑和出版，其具体内容包括：制定选题，确定作者，组织稿件，审阅稿件，编辑加工，定稿发稿（包括插图和版面、封面的装帧设计），校对付印等。

一般图书出版流程如图 12－1 所示。

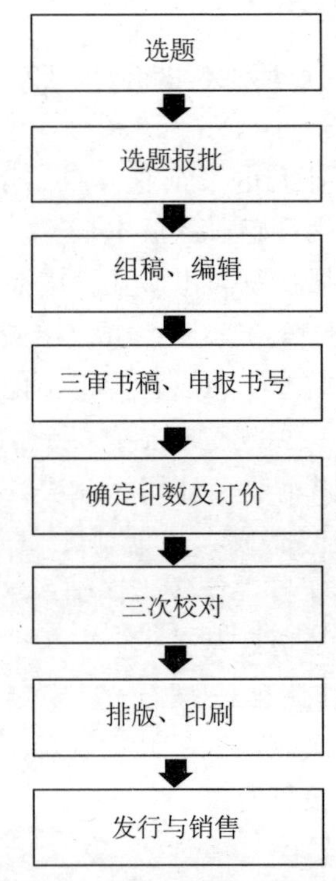

图 12－1　一般图书出版流程

（二）出版企业产品成本核算对象

出版企业的产品主要是出版物，包括图书、期刊、音像制品、电子出版物和互联网出版物。

出版物作为一种特殊商品，具有品种繁多、生产周期短、重复生产品种少及成本项目复杂的特征。出版企业可以根据出版物的不同分别确定成本核算对象如下：

（1）图书：按种类分版次、印次核算；

（2）期刊：按单一品种分期次核算；

（3）音像制品：按种类分批次核算；

（4）电子出版物及投影片（含缩微制品）：按品种分批次核算。

在确定成本核算对象时，有几种特殊情况需要妥善处理：

（1）发生书配盘（带）或盘（带）配书时，以有定价的一方作为成本核算对象，无定价的一方视为另一方的成本组成部分。书或盘都有定价的，应分别核算。

（2）正在制作过程中的同音（期、批）次出版物需要增加制作数量时，如果能同印（期、批）次制作，应当增加的数量、成本并入本印（期、批）次出版物；如果不能同印（期、批）次制作，应按新的印（期）、批次核算。

（3）出版物为刊登广告而加版、加页、加时的生产成本，可按广告成本单独核算，不计入生产成本。

（4）由一个以上部门共同完成一种出版物时，因涉及出版单位的内部部门核算及费用分摊，应确定成本核算的归属部门，非归属部门发生的，应计入该出版物成本的间接费用（包括内部），可以采取内部转账的办法，作为直接成本计入该出版物。

（5）与其他出版单位共同出资、由本单位出版的出版物，应纳入本单位成本核算范围。

二、报业单位的成本核算对象

目前，报业基本上实行“一报带多报（刊）”，即除一家综合性党报或政府机关报外，还有晚报、都市报以及经济、社会、文化等专业性的报刊，形成了报业经营品种的多样化。此外，报业中以文化为主的产业经营项目也正在拓展开发，加之信息技术对报业的冲击影响，报业多建立以采编与经营为主线的报业集团式组织结构，实行采编与经营分别管理。党报保留事业单位性质，执行《事业单位会计准则》（财政部，2012），保留党报采编人员以及党政管理人员的事业属性，其他经营性项目则应实行企业化管理。

报业单位的成本费用主要是指为报纸的生产、销售及广告的刊登等生产经营活动所发生的各项成本费用。

报业单位的产品是报纸，报纸在生产过程中耗费的主要材料是新闻纸，同时还需要版子及软片等材料，其成本项目的构成为纸张、材料费、排版费、印刷费、采编费用、记者站经费等。报纸生产一般是以销定产，产品当期发生的费用都能确认为当期成本，并全部转入库存商品中，报纸通常没有在产品。

报业单位生产成本是指为报纸的生产及广告的制作而发生的耗费，其生产成本按照报纸生产成本、广告成本等成本对象设置二级科目归集费用进行核算。报纸生产成本又可设置纸张费、排版费、印刷费、采编费用、编录经费以及应当包含在报纸生产成本中的其他直接费用。

其中，采编费用是报业单位采编部门开展新闻采访、报纸编辑业务所发生的费用，如采编部门的人员工资福利、稿费、美术摄影费、图书资料费、通讯费、外事经费等。其中，稿费包括出版稿件支付的稿费、内部采编人员非职务撰稿及非采编人员撰稿的稿酬、按规定支付的审稿费，以及对来稿摘编、向投稿者支付的信息费等；通讯费包括采编部门组织大型读者活动，以及为作者、通讯员组织大型业务交流、培训活动的各项费用；编录经费指出版单位编录部门所发生的、无法直接计入某一种出版物成本的各项间接生产费用，如人员工资、办公费、编录用品、记者站经费等费用；记者站经费是报业单位驻外记者站或新闻机构所发生的各项费用，如人员工资福利费、差旅费、图书资料费、水电费、修理费、其他费用等，期末转入“生产成本——编录经费”成本项目。编录经费中能直接确定为某种出版物费用的，直接计入其生产成本；不能直接确定为某种出版物费用的，按编录部门归集分摊。期末，归集当期完工产品生产成本时，应按总印张或总定价、总初版字数、盒数、总印数等一种方法或多种方法组合进行分配。年度内，出版数量不均衡，也可在本年度的1～11月份（或1～3季度）按计划定额分配，全年实际编录费用减去1～11月份（或1～3季度）累计已分配数后的余额，在12月份一次分配完毕。

广告成本是报业单位为取得广告收入而发生的各种耗费，其核算对象是在一定期间内刊登在报纸上的各类广告，其成本项目按费用内容（如工资福利、办公费、广告业务费、组稿费等）设置明细科目。

自报刊发行公司自办发行以来，报刊发行公司的主要业务是组织人员进行报刊的营销及投递，其主要成本费用包括人员工资及附加费、办公费、物业费、宣传促销费、站务开支费、运输修理费等。其中人员工资及附加费约占发行总费用的50%，宣传促销费占发行总费用的15%～20%，站务开支费占发行总费用的15%～20%，运输修理费及折旧费占发行总费用的10%。报刊发行公司的成本核算一般采取以数量为基础的成本费用分摊方法，核算发行公司某一种报刊的毛利润或总营业利润。

应当指出的是，报业单位发生的总编辑及总编室、设计、校对、绘图、印制、材料等人员工资、社会保险、职工福利、办公费、差旅费、会议费、图书资料等费用作为期间费用，列入“管理费用”科目；报业单位在报纸发行、销售业务过程中支付的各项费用应列入“销售费用”科目，其中宣传推广费是指报纸发行过程中为促进或扩大发行量，支付给其他媒体或协助报纸推广的部门的相关费用，以及为报纸发行、推介组织各类活动所支付的费用等，企业在进行成本核算时不得将各项期间费用计入产品成本。

三、印刷、复制企业的成本核算对象

（一）报纸、书刊印刷产品成本核算对象

印刷具有连续、多品种生产和分阶段结算产品的特点，要求印刷产品成本核算采用分类与分批相结合的方法。在实务中，一般按产品类别、订单、批量等作为成本核算对象。在分批核算成本的基础上，也可按“本”、“件”、“张”计算成本。企业在生产经营过程中发生的各项费用，按实际发生数计入本期成本、费用。如采用计划成本法或定额成本法等方法核算的，应在规定的成本核算期内调整为实际成本。

报业印刷企业一般应按照排字、制版、印刷、装订等工艺步骤分类归集费用确定成本计算对象，成本计算方法可根据情况采取品种法（简单法）；报纸印刷成本一般以报纸品种作为成本核算对象，其最后完工的产品（报纸）即为产成品，报纸印刷成本的计算方法也可将品种法与分步法相结合。报纸印刷产品分类一般按生产工序划分，如照排生产环节产品、制版生产环节产品，并明确各类产品的计量单位。

书刊印刷企业主要按照出版单位的要求进行来料（报纸）加工生产，其产品是构成图书和期刊的排字、印刷、装订等加工内容；其产品成本的核算一般按照产品类别、订单、批量或每种产品作为成本核算对象。其成本核算方法，一般采用分类法与分批法相结合。书刊印刷产品分类一般按加工工序进行产品划分，如制版生产环节产品（电脑排版、胶印制版等）、印刷生产环节产品、装订生产环节产品，并明确各类产品的计量单位。

（二）音像电子出版物成本核算对象

音像电子出版物复制是指将编辑好的母带、母盘上的音像信息进行批量转录的生产活动，可分为磁带复制和光盘复制两大类，具体产品还可细分为录音带复制、录像带复制、母盘（母带）制作以及各类光盘复制等。音像电子出版物复制成本核算是指将复制生产过程中发生的，应计入复制产品成本的生产费用，按照复制产品品

种等进行归集和分配，计算出各种复制产品的总成本和单位成本。

复制企业一般以复制产品品种作为成本核算对象，要求企业按产品载体形式（产品品种）归集产品生产费用，具体按母带、子带、CD 母盘、CD 子盘、DVD 母盘、DVD 子盘等品种作为产品成本计算对象，实行品种法核算。对于产品订单作为成本计算对象的复制企业，也可采用分批法。

四、电影企业成本核算对象

（一）电影企业概述及生产活动特点

电影企业是制作、拍摄电影电视节目的公司企业或部门，一般为大的影片厂或制作单位。

电影生产模式特点包括：

1. 联合摄制模式。电影单笔投资规模较大，大制作影片的投资预算通常上亿元。其次，为减少资金压力，规避投资风险，常由多个投资者联合投资一部影片，并根据投资协议来确定各方对影片版权收益的分配，这就是电影业的联合摄制模式。

2. 以剧组为主要生产单位。剧组是电影企业所特有的一种生产单位和组织形式，是在拍摄阶段为从事电影的具体拍摄工作所成立的临时工作团队。剧组由影片拍摄过程中所需的各种专业人员组成，并按照职能分工细分为若干工作小组。剧组是电影业务流程中拍摄环节的具体执行者，剧组所发生的费用构成电影业务营业成本的主要部分：剧组的工作成果是电影素材，素材经过后期制作就形成影片。拍摄工作结束后，剧组随之解散。

（二）电影企业产品成本核算对象

目前我国涉及电影制作的企业是大型传媒企业集团，还包括了音乐制作、影视节目制作等。本章主要以电影制作公司为主讲述其产品成本核算。由于电影制作成本大，我国电影制作规模尚处于发展阶段，成品产量不多。

一般来说，制片企业各片种影片成本（包括总成本和单位成本）的核算，均应以影视片剧目的片名为成本核算对象，如果为简化核算手续，采用彩色、黑白影片或者采用 35mm、16mm 影片毫别等其他划分成本核算对象的，仍应当按照片名进行成本考核。

洗印企业生产印刷发行拷贝属于单品种的批量生产，应当按照影片节目分批、分规格核算总成本，然后再计算每个拷贝的单位成本。对于单一的校正拷贝、标准拷贝、翻正、翻底、国际声带等素材，可以按照产品的品名和规格作为成本核算对象。

第二节　文化传媒业企业产品成本核算项目和范围

新产品成本核算制度规定，文化企业一般应设置开发成本和制作成本等成本项目。

开发成本，是指从选题策划开始到正式生产制作所经历的一系列过程，包括信息收集、策划、市场调研、选题论证、立项等阶段所发生的信息搜集费、调研交通费、通信费、组稿费、专题会议费、参与开发的职工薪酬等。

制作成本，是指产品内容制作成本和物质形态的制作成本，包括稿费、审稿费、校对费、录入费、编辑加工费、直接材料费、印刷费、固定资产折旧、参与制作的职工薪酬等。

电影企业的制作成本，是指企业在影片制片、译制、洗印等生产过程中所发生的各项费用，包括剧本费、演职员的薪酬、胶片及磁片磁带费、化妆费、道具费、布景费、场租费、剪接费、洗印费等。

一、出版企业产品成本核算项目和范围

（一）我国出版企业产品成本核算的特点

近年来，我国图书出版业的市场竞争越来越激烈，其中，电子图书、电子刊物的出现成为传统出版物的替代品，给出版社带来了巨大冲击，面对越来越激烈的市场竞争，出版社开始采用多品种、小批量的经营策略。我国出版企业成本核算的主要特点有：

1. 出版业产品成本核算与计算工作量大。从表 12 -1 中数据可

以看出，我国图书品种数量增长速度要高于图书总印数的增长。图书品种增长使出版会计核算量大大增加，出版社每年都需要根据读者需求编纂新的图书，加上再版图书，每个出版社每年的图书产品种类少则几百，多种几千种。除部分经典书籍外，大部分图书从策划到上市只需要几个月的时间，这是由图书消费的特点决定的，尤其是部分与社会热点、时事新闻密切联系的图书，一旦错过时机就没有了销路。由于多数图书仅仅印制一版，没法制定相应的成本分配标准，出版社多采用品种法核算每一种图书成本，每一种图书的成本卡片多达几十种，整个出版社的成本汇总明细成千上万条，要做好产品成本核算难度非常大。图书从策划到出版要经过多个环节，涉及的费用包括编审费、校对费、装订费、稿酬等，涉及的支出项目有几十项之多，这无疑增加了成本核算的工作量。

表 12－1　　　我国近年来图书品种的数量增长趋势

年份	图书种类（种）	增长率	总印数（亿册）	增长率
2005	199 321	11.14%	57	6.35%
2006	221 525	12.47%	60	4.24%
2007	246 425	11.24%	62.9	5.01%
2008	274 123	10.41%	68.7	9.22%
2009	301 719	10.07%	70.37	2.43%
2010	328 387	8.83%	74	5.15%
2011	371 000	12.5%	77.1	7.5%
2012	414 000	12%	79.3	2.9%

2. 出版业产品成本中的间接费用比重逐年增加。近年来由于科技进步和工艺改进，出版社生产面临的内外部因素都发生了显著变化。由于出版业广泛采用各种自动化设备，例如激光照排系统、胶印机等的应用大大增加了机器折旧费用，而纸张、人工工资等所占比例逐渐降低。同时，图书前期策划、设计、开发以及后期的销

售服务等费用大幅增加，甚至成为影响图书销量的决定性因素。这些情况都表明，现代出版企业的成本结构已经发生了显著变化，间接费用已经成为图书出版行业的主要成本。

3. 传统成本核算模式易导致库存图书严重积压。制造成本核算下，在一定产能范围内，固定成本保持不变，随着产量的增加，单位产品所负担的成本将会逐渐减少，只要提高图书的出版量就能够降低图书的固定成本，进而降低产品总成本。显然，印刷量越大，出版册数越多，企业核算的利润越高，因此，出版社管理层为了完成利润目标会热衷于提高图书印刷数量。由于忽视市场需求，片面追求图书出版数量极易导致图书大量积压，同时，也使企业资金滞留，造成资金使用效率的降低。

4. 传统成本核算模式下成本信息失真、内容偏窄。传统成本核算多以直接人工或者产量为依据进行间接成本的分配，在出版企业通常是按照采编室的总印发册数进行间接成本的分摊。由于生产技术的变化，直接人工成本在生产成本中所占的比例越来越小，而间接费用所占的比例大大增加，继续以传统成本计算方法计算会产生成本计算不合理的情况。例如内容新颖、设计巧妙、装潢精美的珍藏版图书，发行数量少，但花费的策划、设计、编辑等方面的费用高，以印张数量来分配间接费用就不再合理；以印张作为唯一分配要素，而忽视不同图书的实际消耗差异将会导致成本信息的扭曲。我国出版企业已经实现由生产型企业向经营型企业的深刻转变，将图书成本核算的内容仅局限于图书生产或图书制造的范围已经远远不够了。图书策划成本、营销成本比重上升，图书成本核算已经大大超出单纯制造成本的范畴。同时，企业自身的管理成本也是影响图书出版单位整体效益的重要因素。因此，现代出版企业的成本核算应该是开发成本、生产成本、营销成本、管理成本的综合。

（二）出版企业产品成本核算项目和范围

出版企业产品成本应按“稿酬及校订费”、“租型费用”、“原材料及辅助材料"、"制版费用"、"印装（制作）费用"、"出版损失"、"编录经费"、"其他直接费用"等设置成本项目，并据以设置"生产成本"及其明细科目进行产品成本的核算与计算。具体见图 12-2。

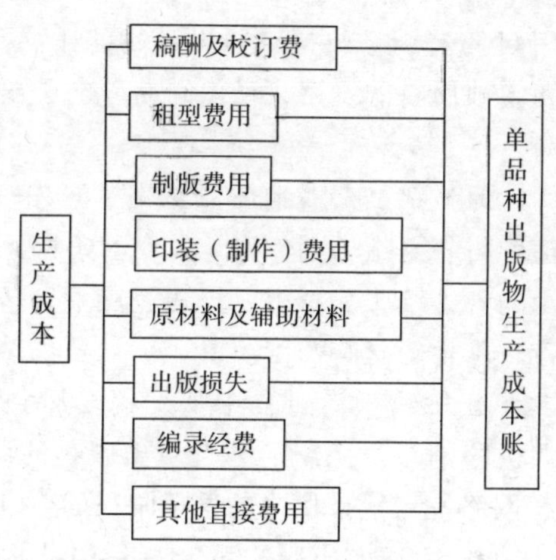

图 12-2　出版企业成本项目

1. 稿酬及校订费，指支付给著者、译者、校订者的报酬。可列入本项目的费用，一般是为创作性精神劳动支付的报酬，如基本稿酬、印数稿酬、版税、一次性稿酬和专门用于各种文字翻译核审的校订费用。

带有加工性质的报酬分为可以明确归属于某一出版物品种和不能明确归属于某一出版物品种的稿酬，前者反映在直接成本的其他直接费用项目，后者反映在编录经费或管理费用中。我国目前实行的稿酬制度是基本稿酬加印数稿酬制度，即元/每千字×字数（千字）+印数（以千册为单位）×基本稿费的1%。

【例 12-1】 如某书出版后，实际字数 30 万字，共印 5 000 册，合同签订的基本稿酬 30 元/千字。

出版社应向作者支付的稿酬 = 30 × 300 + 30 × 300 × 5 × 1% = 9 450（元）。

2. 租型费用。向其他出版单位租赁型版（胶片）来印制、发行出版物而需支付给出租单位的使用费。

3. 原材料及辅助材料费用。为生产某一出版物品种而消耗的原材料及辅助用料的费用。包括纸质出版物的正文、封面、扉页、环衬用纸费用和装帧用料的费用，音像制品、电子出版物的包装用料的费用，等等。

以书刊为例，原材料是指书刊正文以及同正文一起印刷的插页用的纸张费；辅助材料是指书刊封面、封套和不同正文一起印刷的插页以及装帧用的各种纸张、纸板、织物、皮革、塑料薄膜、电化铝、金箔、丝带、木板等材料费用。

4. 制版费用。出版物生产过程中从发稿之后到批量复制［即纸质出版物的上机印刷、音像制品和电子出版物的商品子盘（带）等的生产］或在网络上正式推出之前这个阶段的生产费用。

5. 印装（制作）费用。出版物生产过程中从批量复制开始到上市销售之前这个阶段的出版物加工费用。按生产工序可分为印刷（制作）费和装订（包装）费。

印刷（制作）费，包括纸质出版物从上机印刷开始到装订之前的费用，或音像制品、电子出版物从批量复制开始到包装之前的费用，如印刷费、复制费等。

装订（包装）费，包括将印刷完工的散页纸张组合为成册书刊并打包的费用，或将音像制品、电子出版物包装在盒（袋）内的费用。

6. 出版损失。某种出版物产品尚未完工之前出现废品而造成的报废净损失。包括：（1）由于出版单位的责任而造成的停工损失费、重新加工费、原材料和辅助材料损失费；（2）出版单位因故要求中止出版物的生产时，以前已支出的费用不能收回所造成的损失和为进行清理而付出的费用；（3）支付给作者的退稿费；（4）超校次清样费，因校样改动过多而支付的一些非正常开支；（5）管理原因造成的报废损失，等等。如果出版物停止出版，已经发生的各项支出应全部作为报废损失处理，不包括在出版损失之中。

7. 编录经费。出版单位策划、编辑部门所发生的、无法直接计入某一种出版物成本的各项间接生产成本。例如：编辑部门的工资、办公费、编录用品费等，不能进入单一出版物品种成本的审稿费、编选费、绘图费、装帧设计费、编辑加工费、记者站经费等。

8. 其他直接费用。除上述各项费用以外的其他直接成本。例如：明确为某一出版物品种支付的审稿费、编选费、资料费、绘图费、装帧设计费、编辑加工费等；为策划和编辑某一出版物品种而发生的开发、研究费用和专题会议费用；某一音像制品或电子出版物品种的实验费用；制作某种互联网出版物的人工费用，等等。

上述成本项目中，第 1 ~ 6 及第 8 项属于直接生产费用，可以直接计入出版物品种的生产成本；编录经费属于间接成本，无法直接计入某种出版物当中，需要按照一定方法分摊到每种出版物成本当中。

二、报业单位成本核算项目和范围

（一）报纸生产成本项目设置

报纸的生产成本可按纸张费、排版、传版费、印制费等成本项目进行核算，反映报纸编辑、印刷等过程中发生的费用。一般报纸的单位成本以千对开印张（简称千对开）为核算对象。其中：

1. 纸张费，是指报纸印刷全部用纸成本。

2. 排版、传版费，是指报纸照排费用、委托印刷所发生的版面传输费用。

3. 印制费，是指报业单位印刷机构和委托印刷等发生的费用。

（二）广告成本项目设置

广告成本项目主要有：职工薪酬、办公费、差旅费、设计制作费、组稿费、广告业务费、加张广告费、其他等项目。

1. 办公费：广告业务部门办公费用，包括办公用房折旧费、物业管理费、邮电通讯费、水电费等。

2. 设计制作费：委托广告业务部门以外的单位、个人从事广告设计、美工制作支付的费用。

3. 组稿费：为承办广告业务，支付给中介机构、广告业务部门外个人的业务费用及劳务费用。

4. 广告业务费：为开展广告业务所发生的会务费、业务招待费等。

5. 加张广告费：指报纸正常版面之外需要扩版刊登广告而增加的版面费用。

6. 其他：为开展广告业务而发生的其他直接费用。

三、印刷、复制企业产品成本核算项目和范围

（一）书刊报纸印刷成本核算项目

印刷产品生产成本核算，应设置以下成本项目：

1. 原材料，是指直接用于产品生产，虽不构成产品实体，但有助于产品形成的各种原材料及辅助材料，如制版用的软片和各种药水，印刷用的油墨、橡皮布、PS 版，装订用的热熔胶、线、布，压膜用的塑料薄膜、胶水等。

2. 印刷用纸，是指为委印单位代垫纸张进行产品加工时，该产品实际耗用的纸张成本。

3. 燃料和动力，是指直接用于产品生产的燃气和动力费用。

4. 工资及福利费，是指直接从事产品生产人员的工资、奖金、津贴以及其他各种属于工资性质的补贴和职工福利费。

5. 废品损失，是指在生产过程中发生的报废损失，包括纸张超伸放、产品缺交与补版和重制重印的损失。

6. 制造费用，是指生产车间为加工产品和提供劳务而发生的各项间接费用，包括车间管理人员工资和职工福利费、折旧费、租赁费、修理费、机物料消耗、水电费、办公费、差旅费、保险费、劳动保护费、季节性和修理期间的停工损失等。

7. 委托外加工，是指委托外加工时所发生的各项费用。

（二）音像电子出版物复制成本核算项目

音像电子出版物产品的复制成本，应设置以下成本项目：

1. 原材料，是指直接用于产品生产、构成产品实体的原料和主要材料，外购半成品，修理用备件，燃料及动力，以及有助于产品形成的辅助材料。如磁带复制企业的C－0外盒、印刷品（唱词等）、书型盒、饼带、AB贴、包装膜、“PP”盒、粘接带、封口胶、打包带、纸箱等，光盘复制企业的聚碳酸酯、银靶、硅靶、铝靶、镍靶、感光胶、胶水、油墨、网框、网布、包装盒、纸箱、打包带等。

2. 委托加工母盘，是指光盘复制企业委托外部加工制作的母盘。

3. 动力，是指直接用于产品生产的动力费用。

4. 工资及福利费，是指直接从事产品生产人员的工资、奖金、津贴以及其他各种属于工资性质的补贴和职工福利费。

5. 制造费用，是指直接用于产品生产但不便于直接计入产品成本，以及间接用于产品生产的各项费用。包括车间管理人员工资和职工福利费、折旧费、租赁费、修理费、机物料消耗、水电费和办公费、劳动保护费等。

四、电影企业产品成本核算项目和范围

（一）电影制片企业产品成本核算项目和范围

1. 剧本费及酬金：用于归集摄制组所用文学剧本的成本，以及分镜头剧本等所发生的有关费用和酬金。

2. 基本人员工资及劳务：用于归集摄制组支付给导演、翻译、摄影、制片、剧（场）务、录音、照明、置景、道具、服装、美术、化妆、烟火、剪接、会计（核算）等人员的工资、劳务费和酬金。

3. 演员劳务及酬金：用于归集摄制组支付给主、配角演员，以及其他临时、群众、特技、替身、武打、舞蹈、配音等演员的工资、劳务费和酬金。

4. 临时协助人员费：用于归集摄制组临时聘用的辅助工，以及向社会管理部门、场景提供单位临时外请协助人员所支付的各种津贴、报酬等。

5. 食宿费：用于归集摄制组在拍片期间，为演职人员提供的伙食，或者按规定办法和标准发放伙食费补贴、津贴和防暑防寒所需饮料，以及住宿等费用。

6. 差旅费：用于归集摄制组在拍片期间，演职人员因采景、体验生活、拍摄、送审等发生的各种交通、住宿、补贴等费用。

7. 胶片：用于归集摄制组拍片耗用的彩色与黑白底片、正片、声片等各类胶片费用。

8. 磁片及磁带：用于归集摄制组拍片及制作中耗用的各类磁片、磁带等费用。

9. 化妆费：用于归集摄制组直接购买或领用所消耗的化妆用材料、用品、工器具，以及造型作业等发生的费用。

10. 服装费：用于归集摄制组为拍片所需服装进行设计、加工、购置、租赁、损耗等发生的费用。

11. 道具费：用于归集摄制组为拍片所需，进行道具设计、制作、加工、维修、购置、租赁、损耗等所发生的费用。

12. 布景费：用于归集摄制组为拍片所需，进行布景和场景设计、搭置、加工、维修等所发生的各种费用。

13. 烟火枪械费：用于归集摄制组为拍片所需耗用的烟火材料与弹药以及租赁、维修、赔偿枪械等所发生的费用。

14. 车辆运输费：用于归集摄制组在拍片期间，因运输而发生的各种费用。

15. 场租费：用于归集摄制组为拍片所需，租（借）用各种场所、场地所发生的各种费用。

16. 摄影费：用于归集摄制组使用各类摄影专用的器材及消耗物品等所发生的各种费用。

17. 录音费：用于归集摄制组在摄制期间使用的录音场地和录

音用器材、设备、音频工作站、材料消耗物品等所发生的费用。

18. 剪接费：用于归集摄制组使用各类剪接器材、设备、材料、视频工作站、胶转磁设备和消耗物品等所发生的费用。

19. 照明费：用于归集摄制组在拍摄现场使用各类照明器材、设备、发电车、材料和消耗物品等所发生的费用。

20. 常规特技费：用于归集摄制组拍摄常规特技（非电脑数码制作）镜头而使用的有关摄影器材、设备、材料（不包括胶片、磁片和特技烟火材料）、场棚和消耗物品等所发生的费用。

21. 数码特技费：用于归集摄制组委托电脑数码制作单位加工影片数码特技镜头所支付的各种费用。

22. 音乐费：用于归集摄制组为影片作词作曲、配制音乐、聘请乐队、指挥、独奏演员、歌唱演员，以及取得音乐作品使用权等所发生的费用。

23. 放映费：用于归集摄制组因观摩学习和后期制作审查样片、双片、完成片放映所支付的放映费用。

24. 剧照费：用于归集摄制组为拍片选景和制作剧照所耗用的照相器材、设备、胶卷，以及冲印、放扩照片所发生的费用。

25. 字幕费：用于归集摄制组为所拍摄的影片加工、制作片头和片中字幕所发生的费用。

26. 洗印费：用于归集摄制组为洗印彩色和黑白的底片、正片、声片、中间片等发生的各种洗印加工费用。

27. 军事费：用于归集摄制组经申报批准，由军队、武警部队提供人员、武器、弹药、军车（舰、机）、军械、场地和器材设备等协助拍摄，按剧用军事预算所支付的费用。

28. 剧杂费：用于归集摄制组在拍片期间，所发生的文具用品、资料打印和复印、邮电通讯、书报杂志、学习观摩等各种费用。

29. 赔偿费：用于归集摄制组因影片拍摄需要，导致所租用的场所、场地、设备、器材、服装、道具、物品等发生毁损或失灭，经协商支付的各种赔（补）偿费用。

30. 其他费用：用于归集摄制组在拍片期间，所发生的不属于以上各明细科目核算的其他费用。

（二）电影洗印企业产品成本核算项目和范围

1. 工资及附加：用于归集支付给直接从事印制影片及其拷贝生产人员的工资、加班工资和津贴、职工福利费等工资性附加的各种费用（职工薪酬）。

2. 胶片及磁带：用于归集印制影片底片、正片、声片、发行拷贝等所耗用的各种彩色、黑白胶片，以及磁片、磁带等所发生的费用。

3. 药料：用于归集影片印制生产中耗用的各种化学药料所发生的费用（可采用分摊方法计入产品成本）。

4. 燃料及动力：用于归集影片印制生产中消耗的水、电和各种燃料、动力所发生的费用。

5. 制造费用：用于归集影片印制生产中消耗的清洁用具和物品、零配部件等各种辅助物料等，每月按规定分配方法计算后，转入应由产品成本承担的各种费用。

第三节　文化传媒业企业产品成本归集、分配和结转

《企业产品成本核算制度（试行）》规定，文化企业发生的有关成本项目费用，由某一成本核算对象负担的，应当直接计入成本核算对象成本；由几个成本核算对象共同负担的，应当选择人员比例、工时比例、材料耗用比例等合理的分配标准分配计入成本核算对象成本。

一、出版企业成本、费用的归集和分配

出版单位在编辑加工出版物时，稿酬及校订费、租型费用、制版费用、印装（制作）费用、原材料及辅助材料、出版损失、其他直接费用等7项费用属于直接生产费用，在费用发生时，直接计入

某种出版物的成本中，称直接成本；编录经费属于间接成本，需要通过特定的方法分摊到每种出版物的成本当中。

间接成本的分配一般在结算期（月、季）末按当期完工产品的总印张数或总定价，总初版字数、总盒数、总印数等进行分摊。分摊时，既可将其中一种数据作为依据，也可同时组合多种数据作为依据；既可以只按各个编辑部门分摊，也可以根据出版单位的管理需要，分别按编辑部门、出版项目、单一出版物品种等进行分摊。

编录经费是根据完工产品相关资料分摊到分版分印（批、期）次完工产品成本中。常用的计算方法有字数法、印张法、码价法、数量法和定额法（或计划成本法）。

（一）字数法

以本季度完工图书的版权页字数为依据，根据初版第1次印刷的图书为编录经费分摊的承担者，分摊本季度实际发生的编录经费，公式如下：

$$分配率=\frac{本季编录经费发生额}{本季完工产品初版1次印制版权页字数之和}\times 100\%$$

$$某出版物编录经费承担量=\frac{某出版物初版1次}{制作版权页字数}\times 分配率$$

（二）印张法

以本季度完工出版物版权页印张为依据，以本季度全部完工出版物为编录经费承担者，分摊本季度实际发生的编录经费，公式如下：

$$分配率=\frac{本季编录经费发生额}{本季完工出版物印张之和}$$

$$某书编录经费承担量=某出版物单位印张\times 印数\times 分配率$$

（三）码价法

以本季度完工出版物版权页定价为依据，以本季度全部完工出版物为编录经费承担者，分摊本季度实际发生的编录经费，公式如下：

$$分配率 = \frac{本季编录经费发生额}{本季完工出版物单品种码价之和}$$

$$某出版物编录经费承担量 = 某出版物定价 \times 印数 \times 分配率$$

（四）数量法

以本季度完工出版物全部生产数量为依据，以本季度全部完工出版物为编录经费承担者，分摊本季度实际发生的编录经费，公式如下：

$$分配率 = \frac{本季编录经费发生额}{本季完工出版物全部生产数量之和}$$

$$某出版物编录经费承担量 = 某出版物生产数量 \times 分配率$$

（五）定额法（或计划成本法）

定额法指不管编录经费实际支出额的多少，1～11 月份各完工产品按固定金额一定方法分摊，年终调整全年全部实际发生金额与固定分摊金额之间的差额，并在 12 月份的完工产品中一次性分摊，分摊后，编录经费应无余额。1～11 月份编制资产负债表“编录经费”有余额时，将余额列入资产负债表存货项下。

编录经费定额的制定分为总额法、数量法和码价法。

1. 总额法，指固定各结算期完工产品应承担的编录经费金额，可以分部门、分类确定编录经费定额，而后再分摊到每个当期完工产品中。也可以直接按产品制定编录经费定额。公式如下：

$$部门月份编录经费定额 = \frac{上年部门编录经费总额 \times （1 \pm 计划期增减变化值）}{12 月}$$

$$其品种编录经费承担量 = \frac{当月编录经费定额}{当月完工产品种数}$$

2. 数量法，指根据上年实际支付的编录经费预测计划期编录经费总额，以计划期预计完工图书印张（数量）为条件，确定计划期每印张（单位数量）编录经费定额。公式如下：

$$\text{部门计划期编录经费总额} = \text{部门上年编录经费总额} \times (1 \pm \text{计划期变化值})$$

$$\text{某品种编录经费承担量} = \text{当期完工产品总印张（数量）} \times \text{品种编录经费单位定额}$$

3. 码价法，指根据上年实际支付的编录经费预测计划期编录经费总额，以计划期预计完工图书码价为条件，确定计划期每元定价的编录经费定额。公式如下：

$$\text{品种编录经费单位定额} = \frac{\text{部门编录经费定额}}{\text{上年完工产品总印张（数量）} \times (1 \pm \text{计划期变化值})} \times 100\%$$

$$\text{某品种编录经费承担量} = \text{当期完工产品码价} \times \text{每元定价编录经费定额}$$

$$\text{每元定价编录经费定额} = \frac{\text{部门编录经费定额}}{\text{上年完工产品总定价} \times (1 \pm \text{计划期变化值})} \times 100\%$$

4. 定额法（或计划成本法）的调整。由于市场的波动和预测的主观性易造成定额的制定出现偏差，年终，应适当调整定额与实际支出的差异。为减少差额过大造成12月份的产品因分摊而形成成本变动剧烈，一般年中时须调整定额。公式如下：

$$\text{12 月份编录经费分摊额} = \text{全年编录经费支出总额} - \text{已分摊编录经费定额}$$

$$\text{12 月份完工产品编录经费分摊率} = \frac{\text{12 月份编录经费分摊额}}{\text{12 月份完工产品品种、数量、总印张、码价}}$$

$$\text{单品种编录经费承担量} = \text{12 月份完工产品总印张（数量、码价）} \times \text{分摊率}$$

编录经费的分摊可以本单位只采用一种分摊办法；也可以一个策划、编辑部门采用一种分摊办法，也可以按类别采用不同的分摊办法，还可以在一个部门内按类别采用不同的分摊办法，总之，不管所采用的分摊办法如何组合，一个原则不能违背，即“必须科学、合理”，能阐明这种组合分摊的理由，并且符合成本归集原则。

值得注意的是，当采用固定比例、计划成本、定额法时，年终必须将其调整为实际成本。

二、书刊、报纸印刷企业成本、费用归集与分配

报纸印刷产品、音像电子出版物复制产品的成本费用归集与分配与一般工业企业产品生产成本的核算相同。为便于按加工步骤计算分类产品的分段成本和总成本，对具有几个生产工段多生产步骤的基本生产车间，企业还可按各工段在生产中担负的任务划分为基本工段和辅助工段。(1) 基本工段，是指直接为各类印刷产品进行生产加工，并能按产品的批别分别统计工时消耗且工时所占比重较大的主要生产工段，如制版车间的电脑排版、电分，或 CTP 直接制版等工段，印刷车间的轮转胶印、平印、零件印刷、上光、贴塑、过油等工段，装订车间的骑马订、平装、精装、联动机等工段。(2) 辅助工段，是指为基本工段提供劳务或对基本工段的产品进行检验的附属工段或工序，如制版车间的整版、磨版等工段或工序，印刷车间的晒版、调墨、成品检查、文字检查等工段或工序，装订车间的烊胶、毛（光）本检查、磨刀等工段或工序。

报业企业进行印刷产品加工生产，应按生产过程中各项生产费用的用途予以归集。企业进行印刷产品加工生产，应按生产过程中各项生产费用的用途，分别设置“生产成本”、“制造费用”科目，及相应的“生产成本——基本生产成本”、“生产成本——辅助生产成本”和“制造费用”等明细账予以归集。(1) 基本生产明细账，应按各个基本生产车间及其所属各个基本工段和各类产品分别设置，按成本项目进行归集登记。对基本生产车间所属各辅助工段的生产费用，可以合并设置一个科目予以归集；辅助工段只设置工资及福利费一个成本项目，其他各项生产费用并入“制造费用”明细账进行核算。(2) 辅助生产明细账，应按各个辅助生产车间、部门，以及为受益部门提供的劳务或产品别由厂部统一设置，分别按成本项目进行归集登记。(3) 制造费用明细账，应按各个基本生产车间及所属工段分别设置，并按制造费用细目进行归集。

（一）要素费用的归集与分配

1. 原材料成本的归集与分配。企业生产过程中耗用的原材料，按车间、部门、工段和用途分别归集“材料耗用汇总表”，据以登记“生产成本”、“制造费用”等有关明细账。基本生产车间一个基本工段耗用同一种原材料生产两类或两类以上的产品，应尽力统计出各产品的原材料实耗数，按实耗数计入产品成本；如统计不出，可按实物产量、工时比例等进行分配，计入产品成本。

2. 人工成本的归集与分配。基本生产车间的工资及福利费，按车间、部门的“工资汇总表”，据以登记“生产成本——基本生产成本”、“生产成本——辅助生产成本”和“制造费用”等有关明细账。基本生产车间的一个基本工段生产两类或两类以上产品，各类产品的人工成本，可按该工段的实耗工时（或实物产量）工资率乘以各类产品的实耗工时数（或实物产量）计算后求得。计算公式如下：

$$\text{基本工段实耗工时（或实物产量）工资率}=\frac{\text{工资及福利费总额}}{\text{实耗工时（或实物产量）总数}}$$

基本生产车间的几个基本工段共同完成的同一类产品，其人工成本应按各工段的实耗工时（或实物产量）工资率乘以各工段实耗工时数（或实物产量），分段计算各个工段成本，经加总后计入该类产品成本。

基本生产车间辅助工段的工资及福利费，按各受益工段的受益程度采取定额法比例分配。

辅助工段发生对外供应劳务收入，不得直接冲减基本生产成本；对外供应劳务应负担的工资和福利费，可以根据实耗工时及工时工资率或定额成本进行分配。

3. 燃料和动力成本的归集与分配。基本生产车间生产耗用的燃料和动力，按仪表记录数的比例进行分配。没有记录的，燃气按所用设备每小时耗用量计算耗用数分配。基本生产车间的一个基本工段生产两类或以上的产品，其燃料和动力直接计入受益产品成本；如不能直接记入的，可按实物产量或工时比例进行分配。

4. 其他直接费用的归集与分配。企业生产过程中，为生产产品和提供劳务而发生的其他直接费用，直接计入产品成本。

（1）印刷，纸张和委托外加工发生费用，直接计入产品成本。

（2）固定资产折旧和低值易耗品摊销，分别按使用车间、部门编制的“应计折旧明细表”和“低值易耗品摊销明细表”，将各受益的车间、部门消耗数，分别记入“生产成本——辅助生产成本”、“制造费用”和“管理费用”等有关明细账；对应由基本生产车间负担的部分，还应按各受益的基本工段分别归集登记，尽可能直接计入受益产品成本。

（3）电和水，应按车间、部门的电表和水表的记录数进行分配。如果没有仪表记录，电按照使用千瓦数与小时数的比例分配，水按每小时耗用量或人员比例分配。

（4）机器和房屋租赁费，如果可以直接按使用车间、部门划分，应直接记入“制造费用”、“生产成本——辅助生产成本”和“管理费用”等有关明细账；不能划分的，应按受益车间、部门的使用工时或使用面积的比例进行分配。

（5）基本生产过程中发生的废品损失，应在同类产品已完工产成品之间进行分配。

5. 共同费用的归集与分配。企业生产过程中，为生产产品和提供劳务而发生的各项间接费用，按一定标准分配计入产品成本。

（二）月末成本计算与分配

企业应根据“生产成本——基本生产成本”、“生产成本——辅助生产成本”和“制造费用”等有关明细账和各种材料、费用分配表及其他有关的单据，进行成本核算与分配，计算出各种成本：（1）各辅助车间当月各项目成本和总成本；（2）各基本生产车间及其所属工段当月各项目成本和总成本；（3）各类产成品的各项目成本、总成本和单位成本；（4）各类在产品的各项目成本和总成本；（5）各批产品的分批成本和单位成本。

1. 完工产品与在产品成本的划分

报纸（包括代印报）和广告可不计算在产品成本。每月以各种报纸、广告为成本核算对象汇集的生产费用，即为当月印制报纸和刊登广告的产成品成本。定期出版的报纸，本月为下月出版的报纸所完成的排字、制版、印刷等生产量，应计算在产品成本，结转下月。报社印刷厂其他产品核算在产品成本与产成品成本的划分界限和办法为：（1）各类印刷排版产品已付型的计算产成品成本，未付型的计算在产品成本；电脑照排产品以出菲林片为产成品，未出菲林片为在产品；（2）各类胶印照相制版产品，已打样签证的计算产成品成本，未签证的计算在产品成本；（3）各类印刷产品，已按印制单规定的产量，印刷、检查完毕，可供销售或可转装订车间装订的计算产成品成本，在此以前的计算在产品成本；（4）各类装订产品已装订、检查、包扎完毕可供销售的计算产成品成本，在此以前的计算在产品成本；（5）其他产品已作为产品交库或已能分段对外计件收款或虽不能对外计件收款，但可以全部移交下道工序加工的计算产成品成本，在此以前的计算在产品成本；（6）各类产品的在产品成本，以工时法或约当产量法计算；（7）在产品数量很少或期初期末在产品数量基本相等的，可以不计算在产品成本。当期发生的生产费用，全部作为产成品的成本。

2. 完工产品与在产品成本的分配

（1）材料成本，凡能按产品批别建立用料记录的，均应分批记录计算产品的用料成本；如不能按批建立分批产品用料记录，可按实物产量、约当产量或产值比例进行分配。

（2）人工及费用成本，包括工资及福利费、燃料和动力、制造费用，按在产品与产成品所消耗的工时、产量比例或约当产量进行分配。

3. 完工产品与在产品成本的核算

书刊印刷产品成本费用的归集与分配和一般工业企业产品生产成本的核算基本相同。但是结合书刊印刷产品生产工艺的特点，对其完工产品与在产品成本核算上应关注以下几点：

（1）实行分段、分类与合并结算。对基本生产车间的几个基本工段、多步骤加工完成的分类产品，其在产品可以按工段计算，不再结算在产品的总成本；在核算各分类在产品和产成品应负担的单位生产成本时，应将上期结转在产品成本与本期各同类产品的生产费用发生额合并后计算。

（2）严格按照各类产品对其在产品和产成品的确认标准，正确核算产成品成本，如采用订单办法，计算完工产成品成本和在产品成本时，应按订单要求，将最终加工完毕可以单独向客户结价收款的为产成品，在此以前均作为在产品。

（3）合理分配完工产品与在产品成本。凡能按产品批别建立用料记录的，均分批记录计算产品的用料成本，如不能按次建立分批产品用料记录的，可按实物量、约当产量或产值比例进行分配。人工及费用成本一律按在产品与产成品所消耗的工时、产量比例或约当产量进行分配。

企业必须如实核算完工产品与在产品成本，对由基本生产车间的几个基本工段，多步骤加工完成的分类产品，可以按工段计算在产品成本。企业核算各分类在产品和产成品应负担的单位生产成本时，应将上期结转在产品成本与本期各同类产品的生产费用合并后计算。公式如下：

材料成本计算：

本期产成品和期末在产品应负担的单位生产成本（指实物产量或产值）=（期初在产品成本+本期生产费用发生额）÷（本期产成品实物产量或产值+期末在产品实物产量或产值或约当产量）

人工及费用成本计算：

本期产成品和期末在产品应负担的单位生产费用数（指实耗工时或实物产量）=（期初在产品成本+本期生产费用发生额）÷（期初在产品工时数或实物产量+本期发生工时数或实物产量）

三、作业成本法在印刷、出版企业的应用

按照作业成本法的核算方法和步骤，分为作业划分、动因分析、建立作业中心、归集分配四个步骤进行分配核算。

（一）作业划分

作业是作业成本法的基础，作业是成本计算的核心和基本对象，产品成本或服务成本是全部作业的成本总和。根据出版企业的特点，将企业的作业分为四大类。

（1）单位类作业，是指每一次出版图书都要发生的作业，比如图书采编、装订、印刷等作业，单位类作业对应的成本主要包括直接人工、直接材料等，在发生时可直接归入成本对象。

（2）批次类作业，是指为生产每组图书发生的作业，比如出版某一批批图书的采购、质量检验、配送等。

（3）产品类作业，是指图书出版发行而发生的作业，比如图书采稿、修订等。

（4）设备类作业，是为支持所有图书出版而发生的作业，主要包括保险、设备折旧、相关税费等。

（二）动因分析

成本动因是指导致成本发生的因素。成本动因通常以作业活动耗费的资源进行衡量，如质量检查次数、用电度数等。在作业成本法下，成本动因是成本分配的依据。成本动因又可以分为资源动因和作业动因。出版企业的资源动因包括材料消耗、稿费、印刷费等，作业动因包括装订费、编审费等。根据上述划分，将出版企业涉及的业务进行作业划分，并确定其成本动因。

（三）建立作业中心

根据出版企业的业务特点，考虑建立 5 个作业中心，即：策划设计中心、采稿编审中心、校订中心、印刷装订作业中心、配送销售作业中心。将出版企业发生成本划分为直接费用和间接费用，将间接费用在作业中心之间进行分配。

（1）直接费用：纸张费用、稿酬费用、版面设计费、校订费、油墨等辅助材料及其他直接费用。

（2）间接费用：编辑人员的工资、办公费、图书仓储费、销售费用、管理费用、资产折旧等。

（四）归集和分配费用

在确定作业中心之后，就可以按照成本动因进行作业成本的归集和分配，首先要确定各个作业中心的分配率，可参照公式：

$$Z_i = C_i / a_i \quad B_{ij} = Z_i \times a_{ij}$$

Z_i表示第 i 个作业中心成本分配率，C_i表示第 i 个中心作业成本合计数，a_i表示第 i 个作业中心的作业动因数，a_{ij}表示第 j 种产品在第 i 个作业中心的作业动因数，B_{ij}表示产品 j 分摊的 i 作业中心的成本。将各中心成本进行加总，计算出单个产品的总成本。

【例 12－2】某公司是一家印刷企业，该公司的产品包括甲产品和乙产品，生产过程分为印前、印中、印后 3 个工序。印刷生产是按订货单位需求的品种、规格分批进行的。印前包括：取得报社订单、印刷规划、采购原材料、运输和装卸原材料。印中包括：制版、校对、改样、付型、开白料、印正面、印反面以及点数。印后包括：装订（开、折、排、订、包、切、捆）、搬运和配送。根据印刷企业的特点，绘制出作业成本动因表，如表 12－2 所示。

表 12－2　作业成本动因表

作业中心	作业项目	作业动因
印前	订单作业	订单数
	印刷规划	印刷批次
	采购	采购量
印中	制版作业	尺寸
	校对	尺寸
	印刷作业	工时
印后	装订作业	对开
	发货作业	发货次数

根据作业成本法原理，将印刷过程各资源科目的资源耗费，按

资源动因计入有关作业成本科目，从而计算各项作业的成本。这一分配过程需要根据印刷企业的具体情况和资源耗费的特点而定。各类资源耗费的分配结果如表 12－3 所示。

表 12－3　　各类资源耗费的分配表　　单位：元

作业名称	工资费用	动力费用	折旧费用	业务费用	运输费用	其他费用	作业成本合计
订单作业	7 500	500	–	3 500	200	300	12 000
印刷作业	57 000	2 500	7 000	1 100	–	400	68 000

然后，将各作业成本科目归集的费用，按相应的作业动因分配到各批的产品成本中去。订单作业的作业动因是订单份数。如表 12－4。订单 8 份，费用总额为 12 000 元，则每份订单的成本为 1 500元。则产品负担的订单费用为：都市报 3 份订单，分配费用 4 500元；晚报 2 份订单，分配费用 3 000 元；早报 2 份订单，分配费用 3 000 元；法制报 1 份订单，分配费用 1 500 元，如表 12－5 所示。

表 12－4　　作业量及作业成本统计表

作业项目	作业动因	作业动因量	作业成本	作业成本分配率
订单作业	订单个数	8 个	12 000 元	1 500 元/个
印刷作业	工时	600 工时	68 000 元	113 元/工时

表 12－5　　订单作业成本

产品	订单数量（个）	成本分配率（元/个）	订单作业成本（元）
都市报	3	1 500	4 500
晚报	2	1 500	3 000
早报	2	1 500	3 000
法制报	1	1 500	1 500

四、音像电子出版物复制成本、费用归集和分配

音像电子出版复制企业生产过程中发生的各项生产费用，按照生产步骤进行归集，分别按成本项目设置专栏进行归集登记。生产步骤一般包括：母盘（带）制作、子盘（带）复制、盘面印刷、包装装潢等。

（一）原材料归集与分配

生产耗用的原材料，应根据各生产步骤的领料凭证和“材料耗用汇总表”直接计入该产品的生产成本；如果不能直接计入，可按分配标准，如产量、重量、定额消耗量，分配计入各有关产品成本。

（二）委托加工归集与分配

企业应根据委托加工实际成本，计入该产品的生产成本。

（三）动力费用归集与分配

根据仪表记录耗用数量及平均单价，将实际发生的动力费用直接计入该产品成本项目；如果没有仪表记录，可按实物产量和工时比例、机器功率时数（机器功率×机器时数）比例等分配标准，分配计入相关产品成本。

（四）人工费用归集与分配

如果是计件工资，应根据工资结算凭证和“工资分配表”，直接计入产品生产成本；如果是计时工资，则根据工种不同，按不同工种的生产工时比例，分配计入各生产步骤的有关生产成本。奖金、津贴、补贴和职工福利费及特殊情况下支付的工资等，应按计入的工资额比例或生产工时比例，分配计入各生产步骤的有关生产成本。

（五）制造费用归集与分配

根据车间、部门分别设立制造费用明细账进行归集与分配。坚持按车间、部门受益情况分别核算。月末，确定制造费用的分配方法。根据分配方法计算后将制造费用分配计入各有关产品成本。常用的分配方法有以下几种：生产工人工时比例分配法、生产工人工

资比例分配法、机器工时比例分配法和年度计划分配率法等。

（六）月末成本分配

企业根据“生产成本——基本生产成本”等有关明细账和费用分配表以及各类单据，进行复制成本的计算与分配。

（1）每个步骤产品完工经检验合格后，由车间填制完工产品转移通知单，作为财会部门成本计算的依据和下道工序或仓库接收的凭证，以及车间产品转移记录的备查单据。

（2）财会部门依据最终产品车间送来的完工产品转移通知单、仓库产品入库单、产品成本明细账和有关原始凭证资料，选用移动平均法等产品计价方法，编制产品成本计算表，据以计算产成品的单位成本和总成本。

（3）根据复制企业的特点，一般不计算各步骤在产品成本。月末，如有在产品及可回收废品，可按其约当产量，结合已完工产品产量，根据总生产成本，计算在产品成本和可回收废品的成本。

五、电影电视企业成本、费用归集和分配

【例 12－3】假设某电视台发生编录经费 675 000 元，儿童节目播出时间为 2 小时，外语节目播出 1 小时，广告节目播出 3 个小时。该编录经费可以按照各节目的播出时间进行分配：

儿童节目应分摊的编录经费：

675 000 ÷（1＋2＋3）×2＝225 000（元）

外语节目应分摊的编录经费：

675 000 ÷（1＋2＋3）×1＝112 500（元）

广告节目应分摊的编录经费：

675 000 ÷（1＋2＋3）×3＝337 500（元）

延伸阅读：决定出版社未来前途的六个关键问题[①]

出版社的命运是否已经注定了呢？并不一定是这样。我认为，最终的局面可能是：部分作者直接销售作品，其他作者利用一些服务实现自助出版，还有些作者与出版社合作以获得传统的出版服务。但是，出版社将必须应对新的竞争者以及新的竞争规则，他们需要重新思考自己的客户是谁，以及从客户的角度看，出版社能够提供什么样的独特价值。做如此思考的时机就在眼前，不要等到电子出版达到倾覆点。需要提出的问题是：

1. 谁是我的客户，作者还是图书购买者？现在多数出版社都会说，两者都是，还可能把书店也加入名单中。但是，这仅仅反映了印刷版图书出版的渠道结构。在电子出版世界里，出版社不能一概而论。可能有些出版社主要是与作者合作，对于读者来说，几乎是隐形的。也可能有些出版社专门活跃在读者眼前。关键是要理解你要做的出版社是什么类型的，并以此调整经营方式。

2. 从读者角度看，我的编辑服务价值几何？我看到有出版社认为，如果内容编排恰当，那么电子书消费者愿意为此支付更高的价格。如果你相信这一点，那么我得邀请你重新阅读前面关于 CD 对 MP3 的讨论。如果一本书编辑质量低下，那么人们只会责备作者。这意味着编辑实际上是为作者提供的一种服务，不是为读者提供的。由此引出下面的问题……

3. 从作者的角度看，我的编辑服务能够增值几何？很多作者都承认，他们的编辑为作品增加了巨大的价值。还有一些作者憎恨编辑。但是关键的问题是，作者是否可以雇用自由职业人士完成相同的工作呢？对出版社的问题是：如果你的编辑部刚刚裁掉的人与你的作者联系，以低价提供服务，那又如何呢？

4. 我们创造的需求到底有多少？在这个问题上，作者和出版

---

① 麦克尔·麦斯著，林成林译："决定出版社未来前途的六个关键问题，编辑必须得了解"，凤凰传媒网 http：//www. ppm. cn/Html/Article/7043。

社的观点明显不同。出版社会说，他们在创造图书需求上功劳显赫。作者一般会说，出版社不过是把图书用铲子扔到市场上，然后坐等销售结果。如果出版社不能创造需求，那么作者只要能获得更高的收入，就立刻转投电子出版。

5. 读者认哪个品牌？出版社对此的看法普遍不一致。在虚构类图书出版中，作者的名头基本上是读者认知的品牌。没有读者关心到底是哪家出版社出了斯蒂芬·金的最新小说，他们买的就是斯蒂芬·金这个名字。但是在其他领域，特别是非虚构类图书出版，出版社通常是品牌的承载体。通过“傻瓜图书系列”这个例子，或者日落出版社的“How - to 系列”，或者欧莱利出版社在技术类图书出版中的重要地位，就能知道。我认为，电子出版会让这些品牌更加强大。传统出版社能够通过幕后的运作，让书店为自己的图书使劲（将书摆放在店面前部的桌子上，摆放在书架的显著位置上，如此等等），有助于印刷版图书的销售。如此促销手段在网上书店中是不存在的。相反，你的作品仅仅投入各类产品的汪洋大海之中，随波逐流，成功与失败，全看自己的。在这样的世界里，普遍认知的品牌自然能浮出水面。这就是为什么 iPhone 的疯狂足球游戏卖 7 美元，而其他很多 iPhone 游戏只能卖 99 美分。

6. 我销售哪种类型的图书？作者/出版商克雷格·莫德写了一篇精彩的文章，讨论有形图书与无形图书的区别。有形的图书，其物理载体自身就具有一定的价值——也许是图文的独特编排能够产生某种独特印象，或者消费者对它们的需求仅仅是某种外在的东西（比如咖啡桌图书或者礼品图书）。这类图书不会轻易为电子出版所颠覆。另一方面，无形图书（那些物理载体不具有任何特殊价值的图书），是任由选择的。比如平装本和一般消费下的虚构类图书和非虚构类图书。

本文以克雷格对图书未来充满希望的图景作结：

“你已经很清楚潜在好处都是什么：内容上更加前卫、商业上更具风险的数字图书，由低门槛的出版中诞生。新的故事叙述方式，更小的环境危害，编辑重要性更加突出，以及的确自相矛盾的——印刷版图书质量显著提升。”

当我们面对着变化带来的全部失落，重要的是记住：变化还带来进步。如果出版效率大幅度提高，我们就能看到更加丰富多样的出版物，以及那些我们今天已经看不到了的旧书和旧故事大量地重见天日。这就是我们所期待的未来——只要你能想出办法，在大转型中保住自己的工作。

本章小结

文化企业发生的有关成本项目费用，应由某一成本核算对象直接负担的，直接计入该对象；需要在几个成本核算对象之间分配的，企业可按照自身特点选择合理的分配标准分配计入。随着时代的发展，传统的成本核算方法逐渐显现出局限性，无法为产品定价和企业决策提供准确及时的成本信息，作业成本法逐渐引起人们的重视，作业成本法以作业为成本核算对象，可以对生产成本进行更为有效的控制。在条件允许的情况下，企业可以选择作业成本法进行核算，提高企业成本核算以及管理水平。

主要参考文献

［1］财政部：《企业会计准则》，经济科学出版社 2006 年版。

［2］财政部：《企业会计准则——应用指南》，中国财政经济出版社 2006 年版。

［3］财政部会计司：《企业产品成本核算制度（试行）讲解》，中国财政经济出版社 2014 年版。

［4］李姝、梅丹：《房地产开发企业会计实务》，立信出版社 2006 年版。

［5］唐棠、金岩：《行业会计》，上海财经大学出版社 2010 年版。

［6］傅胜、梁爽：《行业会计比较》，东北财经大学出版社 2011 年版。

［7］许家林、王昌锐、蔡传里：《行业会计》，上海人民出版社 2008 年版。

［8］席君：《看图学房地产开发企业会计》，中国宇航出版社 2012 年版。

［9］徐文锋、徐源：《房地产开发企业会计实务》，广东经济出版社 2009 年版。

［10］周化腾：《房地产会计全流程演练》，中国宇航出版社 2012 年版。

［11］韩艳华："新旧会计准则下房地产开发企业会计处理方法的比较"，《河南城建学院学报》，2010 年第 7 期。

［12］陈光明："房地产开发企业会计核算之我见"，《财会月刊》，2009 年第 8 期。

[13] 田野："房地产企业成本核算现状分析"，《财经论坛》，2011 年第 3 期。

[14] 王广军："简析〈投资性房地产〉准则对房地产企业会计的影响"，《现代商业》，2008 年第 29 期。

[15] 白玉红："浅谈房地产企业成本会计核算"，《财经界（艺术版）》，2013 年第 11 期。

[16] 陈光明："试论房地产开发企业的会计核算"，《审计与理财》，2009 年第 3 期。

[17] 黄振意："新会计准则对房地产企业的影响"，《财会研究》，2009 年第 3 期。

[18] 李会青：《成本会计》，上海财经大学出版社 2013 年版。

[19] 吴再芳：《成本会计》，西南财经大学出版社 2011 年版。

[20] 孟焰、刘俊勇：《成本管理会计》，高等教育出版社 2011 年版。

[21] 万寿义、任月君：《成本会计》，东北财经大学出版社 2013 年版。

[22] 于富生、黎来芳：《成本会计学》，中国人民大学出版社 2009 年版。

[23] 柴顺莉："电影企业会计核算方法特殊性探讨"，《西部财会》，2007 年第 12 期。

[24] 于淼："出版行业成本核算模式初探"，《现代商业》，2012 年第 3 期。

[25] 马台潮："浅析出版社会计的成本核算方法"，《财经界（学术版）》，2010 年第 11 期。

[26] 仪晓娟、魏小敏、高巧侠："中小印刷企业作业成本核算的探究"，《广东印刷》，2011 年第 6 期。

[27] 刘迪："作业成本法在印刷行业的运用"，《科技与管理》，2007 年第 4 期。

[28] 王澳菲："作业成本法在出版企业的应用探讨"，《会计之友》，2013 年第 6 期。

［29］张云、刘晓宏：“作业成本法及其在出版业的应用”，《上海立信会计学院学报》，2003 年第 4 期。

［30］于小镭，李书锋：《新企业会计准则实务指南（集团公司类）》，机械工业出版社 2006 年版。

［31］张荣立，何国纬，李铎：《采矿工程设计手册》，煤炭工业出版社 2003 年版。

［32］杨秀梅：《企业成本核算》，北京理工大学出版社 2012 年版。

［33］赵海龙：《煤炭企业成本构成及其控制研究》，中国财政经济出版社 2012 年版。

［34］陈洪涛、黄国良：“中国煤炭成本核算框架现状及存在问题分析”，《内蒙古煤炭经济》，2006 年第 8 期。

［35］许金嘉：“关于现行煤炭企业成本核算体系的探讨”，《财会与审计》，2005 年第 7 期。

［36］卜华、吴丽君、曹创：“煤炭成本核算体系的研究”，《中国矿业》，2007 年第 3 期。

［37］丁元霖：《成本会计》，立信出版社 2012 年版。

［38］李百兴：《最新行业会计实务系列：建筑企业会计》，中国财政经济出版社 2012 年版。

［39］杨利红：《基建与施工会计》，西北工业大学出版社 2011 年版。

［40］张传湘：《制造业企业成本核算实务》，经济管理出版社 2009 年版。

［41］谢婉娥：《制造业成本核算实务》中国人民大学出版社 2012 年版。

［42］林钢：《制造业成本会计实务操作》，中国人民大学出版社 2003 年版。

［43］程林：《企业成本核算方法与实务》，中国时代经济出版社 2014 年版。